全国青少年校园足球发展报告（2015~2017）

《全国青少年校园足球发展报告》项目组　编

广西师范大学出版社
·桂林·

《全国青少年校园足球发展报告》项目组

组　长：蔡继乐

副组长：张　晨　易　鑫　王　强
　　　　苏　令　高毅哲　李小伟

引言

自2014年11月26日国务院召开校园足球工作电视电话会议以来，全国青少年校园足球工作迅猛发展。全国各省（区、市）纷纷创新校园足球工作，从省级层面开展校园足球工作的总体思路设计，出台推进校园足球相关实施举措。

为了深入推进全国青少年校园足球工作，在全社会营造重视校园足球发展的良好氛围，《中国教育报》从2015年开始推出“校园足球神州行”特别报道，即每个省份都推出一个整版的报道。至2017年初，“校园足球神州行”特别报道完成了全国31个省份的报道。

此次特别报道中每一个版面、每一篇稿件的采写过程，既是一次采访，更是一次调研。我们的记者既是采访报道的记录者，更是实地调研的亲历者。我们所刊发的每一篇稿件，都是目前全国校园足球发展现状的真实写照。基于上述因素，我们决定将这些鲜活的一线采访调研材料，和全国青少年校园足球领导小组办公室提供的相关材料结合起来，整理汇编成《全国青少年校园足球发展报告（2015～2017）》，让更多的人了解中国青少年校园足球发展的现状，让更多的人参与到中国青少年校园足球发展中来，为推进青少年校园足球健康发展献计献策。

《全国青少年校园足球发展报告》（2015～2017）（以下简称《报告》）分为顶层设计、省级行动、地方经验、存在问题、发展建议五个专题，并对已公开刊发的31个省份的“校园足球神州行”报道内容进行汇编。《报告》集纳了各地校园足球的创新举措和最新经验，同时还涉及多地政策出台过程、遇到难题时的解决对策、对校园足球下一步发展的意见建议等内容。

目录

全国青少年校园足球发展报告（2015 ~ 2017）

第一部分：顶层设计

自 2014 年 11 月 26 日国务院召开校园足球工作电视电话会议以来，教育部立即组建成立了全国青少年校园足球领导小组工作办公室，展开顶层设计，出台了一系列创新举措。

经过两年多的探索，目前全国校园足球特色学校已达 1.3 万多所，校园足球试点县（区）69 个，校园足球普及水平大为提高。两年多来，教育部共组织培训全国中小学校长、体育教师、教练员、裁判员等 3 万余名，聘请 115 名高水平外籍足球教师到国内中小学任教。2016 年开展小学、初中、高中和大学四级联赛，完成了 20 项校园足球高中和高校联赛，比赛场次 952 场，7 500 余名学生参加……

2017 年，校园足球将提前完成 2 万所特色学校的建设任务，按照每所学校 1 000 人的规模计算，参与校园足球活动的学生将达 2 000 万人，初步实现校园足球扩大足球人口的目标。

一、成立校园足球领导机构

2015 年 1 月 8 日，为推进全国青少年校园足球工作，经国务院同意，由教育部牵头成立了全国青少年校园足球工作领导小组。

领导小组依据《全国青少年校园足球工作领导小组工作职责及议事规则》，领导全国青少年校园足球工作的开展，履行校园足球工作的宏观指导、统筹协调、综合管理等职责和任务。

领导小组办公室（以下称全国校足办）设在教育部体育卫生与艺术教育司，负责校园足球日常工作。教育部体育卫生与艺术教育司主要负责同志任办公室主任、分管负责同志任常务副主任，教育部监察局、国家体育总局青少年体育司、国家体育总局足球运动管理中心、教育部大中学生体育协会联合秘书处相关负责同志任副主任。教育部、国家体育总局有关司局（单位）负责同志，以及各成员单位联络员任办公室成员。

二、出台校园足球发展文件

为促进校园足球持续健康发展，两年多来，教育部及相关部门出台了一系列促进校园足球发展的文件。

2015 年 7 月 22 日，教育部、国家发展改革委、财政部、新闻出版广电总局、体育总局、共青团中央等 6 部门出台《关于加快发展青少年校园足球的实施意见》。

2016 年 4 月 6 日，国家发展改革委、国务院足球改革发展部际联席会议办公室（中国足球协会）、国家体育总局、教育部共同编制印发《中国足球中长期发展规划（2016 ~ 2050 年）》。

2016 年 6 月 27 日，教育部办公厅印发《全国青少年校园足球教学指南（试行）》和《学生足球运动技能等级评定标准（试行）》。

两年多来，全国校足办组织开展了一系列重要工作，内容涉及全国青少年校园足球骨干师资国家级专项培训，加快发展青少年校园足球重点督察工作，全国青少年校园足球特色学校及试点县（区）遴选等。

三、确定校园足球特色学校

全国校足办成立后，立即启动全国校园足球特色学校遴选工作，面向包括职业学校在内的各地中小学，按省域内中小学总数的 6% ~ 8% 进行总量控制，统筹城乡、区域和学校类型，按高中、初中和小学 1∶3∶6 的基本比例合理匹配，适当向寄宿制学校和九年一贯制学校倾斜。申报校园足球特色学校的标准，一是每周能开一堂足球课；二是有场地能够让学生训练和比赛，保证特色学校至少有 50% 以上的学生参与足球运动。截至目前，全国已分两批次综合认定 13 381 所校园足球特色学校。

与此同时，全国校足办启动了校园足球试验区改革试点工作，目前已分两批认定了 69 个校园足球试点县（区），并确定了内蒙古自治区、青岛市、厦门市、吉林省延边朝鲜族自治州、上海市、云南省、深圳市、武汉市、成都市、郑州市、兰州市、滨州市等 12 个全国校园足球改革试验区。

四、推出全国青少年足球冬（夏）令营活动

全国校足办一直着力研究制定一套符合校园足球发展规律的竞赛体系，其中选拔性竞赛承担着优秀青少年校园足球运动员发掘和培养的重任。经过两年多的实践探索，以全国青少年校园足球冬令营（夏令营）系列活动为代表的校园足球选拔性竞赛已初见成效，为中国足球后备人才储备和培养探索了一条新路。

2015 年 2 月 4 日，2014 ~ 2015 年全国青少年校园足球冬令营在重庆开营，共有来自全国 25 个城市 26 所学校的 600 余名优秀小球员、教练员和指导员参加。此次活动由国家体育总局、教育部、中国足球协会主办，由重庆市辅仁中学校、重庆市第七中学校共同协办。

2016 年 2 月 14 日，2015 ~ 2016 年全国青少年校园足球冬令营在广州恒大足球学校开营，200 多名来自全国各地的校园足球优秀学员在此接受了为期 10 天的足球方面的专业指导和培训。冬令营活动由全国青少年校园足球领导小组办公室主办、中国足协指导。经过该冬令营培训的校园足球学生运动员，在 2016 年国庆节赴西班牙短期访问交流期间，与西甲著名球队马德里竞技队足球学校的同年龄组球员的 4 场交流比赛中，取得了 2 胜 1 平 1 负的成绩，引发了西甲联盟和有关媒体的广泛关注。

2015 年 8 月 15 日，由全国校足办主办的 2015 年全国青少年校园足球夏令营在秦皇岛开幕。参加夏令营的 392 名营员，是在前期全国 10 个分夏令营基础上选拔出来的 9 ~ 16 岁的中小学生。他们分为初中男子组、女子组，小学男子组、女子组及小学混合组 5 个组别进行训练、比赛、单项技术科目测评和体质检测，并由朱广沪、高洪波、臧

连明等足球专家评选出5个组别的最佳阵容。夏令营期间，由26名拥有C级以上足球教练员资格证书的教练员组成教练员团队，指导营员们的训练和比赛。

2017年2月4日 ~ 11日，由全国校足办主办，云南省教育厅、云南省体育局和云南大学共同承办的2016 ~ 2017年全国青少年校园足球冬令营活动，在云南省昆明海埂体育训练基地举办。来自全国22个省（区、市）的148名优秀运动员获选2016年全国青少年校园足球夏令营总营最佳阵容，同时150名校园足球教练员也参加了为期一周的冬令营活动。

第二部分：省级行动

与拥有漫长冬季的内地相比，海南的学生一年四季都能踢足球。海口市滨海九小的教练冼长昆说："一年到头只要愿意，即便是小学球队，每周也都至少可以约上一场比赛。这样高密度的比赛，对提高队员的战术素养帮助极大。"

向北数千公里，在我国最北的省份黑龙江，校园足球同样生机勃勃。位于祖国版图"金鸡之冠"的漠河县，年平均气温零下5.5摄氏度，每年的冬季长达6个月。即便是在这样的冰天雪地中，校园足球仍然开展得热火朝天。

从南向北，从东向西，960万平方公里的土地上，校园足球不分地域，呈现出全方位的良好发展局面。这样的良好局面，离不开省级政府的统筹推进。

一、顶层设计，加强校园足球领导

综观全国，省级政府的不同部门联合成立校园领导小组，成为省级政府统筹推进校园足球的主要方式。

作为全国唯一的足球改革试点省份，内蒙古自治区党委、政府高度重视，自治区党政一把手多次主持召开党委常委会、政府常务会，研究部署全面推进足球改革发展试点工作，自治区政府分管教育副主席任自治区足球改革与发展领导小组组长。内蒙古教育系统上下联动，群策群力，完善校园足球发展的各项政策制度保障，在全国校园足球改革发展中实现了"七个率先"：率先成立了青少年校园足球工作领导小组；率先安排了校园足球专项经费；率先落实自治区校足办人员编制；率先印发了校园足球三年推进计划；率先开展了"内蒙古青少年足球日"校园公益活动；率先完成了四级联赛主要赛事；率先把幼儿园足球趣味活动纳入校园足球联赛。

为了健全校园足球机制，打牢发展基础，黑龙江省教育厅与省发改委、省财政厅、省体育局等6部门联合下发文件，加强青少年校园足球工作。该省成立以分管副省长为组长，省教育厅和体育局一把手任副组长的校园足球领导小组，统筹校园足球的普及和发展。

海南省成立的青少年校园足球工作领导小组，参与人员来自教育厅、文化广电出版体育厅、发改委、财政厅、团省委。这样的组织架构，涵盖了开展校园足球的大部分政府部门和团组织，有力保障了各部门的协调沟通，使活动开展更为顺畅，经济高效。

统筹，使各职能部门形成合力，实现了省一级政府推动校园足球发展的顶层设计。在此基础上，各地及时制定实施意见，把校园足球发展的蓝图落到一个个细节上。

山东省制定《加快发展青少年校园足球的实施意见》，明确 2017 年校园足球在全省各级各类学校全面铺开。济南、青岛、淄博、烟台、潍坊、威海、滨州、临沂等 8 市被确定为校园足球先行试点城市。小学和初中应保证每周安排不少于 1 节足球课，每周至少 3 次足球大课间或课外活动。

宁夏回族自治区制定《宁夏足球改革发展的实施意见》，规划自治区足球发展的近期、中期、远期三大主要目标，从普及青少年校园足球、繁荣社会足球、发展职业足球等方面重点规划，为宁夏足球实现更高更远大目标，提供制度、人员、设施等一系列保障。

陕西省制定《加快推进青少年校园足球工作实施意见》，提出以推进校园足球为突破口，改革学校体育教学，全面提升学生体质健康水平。在全省各级各类学校普遍开展校园足球活动的基础上，到 2017 年，全省建成 750 所中小学校园足球特色学校。

可以预见，在省级统筹的强力推动下，各改革试验区、试点县（区）将充分发挥足球育人功能，把发展青少年校园足球作为落实立德树人的根本任务，遵循人才培养和足球发展规律，理顺管理体制，完善激励机制，优化发展环境，大力普及足球运动。在 2020 年前形成示范带动全省（区、市）基本形成政府主导、学校主体、行业指导、社会参与的发展格局，实现教学体系规范、训练架构完整、人才渠道畅通、竞赛体系完备的成熟发展体系的目标，值得期待。

二、加大投入，完善经费保障机制

足球需要投钱，足球需要场地。教育部在《关于加强全国青少年校园足球改革试验区、试点县（区）工作的指导意见》中要求，在区域内加大对青少年校园足球的投入，设立校园足球专项资金对校园足球改革发展给予支持。探索建立政府支持、市场参与、多方筹措支持校园足球发展的经费投入机制。优化教育投入结构，积极创造条件，因地制宜逐步提高校园足球特色学校经费保障水平。

山东在省教育发展基金会设立校园足球发展基金，按规定由省财政从省本级可安排使用的体育彩票公益金计划中每年按 5% 的比例拨出专款注入，并接受企业和社会团体资助。各地也要加大对青少年校园足球的投入，统筹相关经费，对校园足球改革发展给予倾斜，积极支持校园足球师资培训、各级联赛举办、学生运动伤害保险购买以及足球活动宣传奖励等，探索建立加大政府投入、强化金融扶持，多方筹措支持校园足球发展的经费投入机制。

在新疆，自治区、各地州市每年都拿出专项经费，用于青少年校园足球普及工程；利用中小学校舍改造工程、学校标准化建设工程等项目，修建和改扩建了一批学校足球场；建立了符合全区青少年校园足球特点和发展规律的联赛模式，参加校园足球活动的学校达到 1 000 余所。

2016 年，四川全省用于校园足球的总经费约为 1.7 亿元，其中省市县三级财政投入

约为 1.07 亿元，学校自有经费投入为 0.63 亿元。有关部门提出，在以后的工作中还将充分利用社会资源，调动一切力量，从党政、企业、家长、校友四个层面争取支持。

2016 年，广东使出大手笔，全年共安排近 1.5 亿元资金，用于相关人员培训、奖补及组织开展比赛等，一时震动全省校园。其中，特色学校达标奖补方面安排 3 565 万元经费，按照小学 10 万 / 所，初、高中 15 万 / 所的标准对 2015 年获批全国青少年校园足球特色学校进行奖补。此外，还安排了 970 万元竞赛组织经费给经济欠发达的 14 个地市。小学、初中联赛在市域内完成，高中阶段市内完成分区赛后决出冠军队参加全省总决赛。按照各市学校总数和赛事总体规模，按照 55 万元、70 万元、80 万元三个标准进行补贴。很多广东的校园足球人激动地说，这充分展示了政府发展校园足球的魄力和决心，对他们是莫大的鼓舞。

三、政府牵头，积极引进外部资源

校园足球要搞好，离不开社会外部资源的支持。对广大中小学来说，单凭学校的力量完成这样的目标，既缺少能力，又缺少精力。政府发挥牵头作用，选取重点校发挥示范作用，在此便十分重要。

湖南省衡阳市珠晖区积极探索，成立了珠晖区足球协会，构建了区足球协会领导下的学校俱乐部运作模式，并整合高校和社会资源，组织开展足球活动，形成了政府、学校、社会“三位一体”共同推进校园足球的发展合力。珠晖区还培养了一支教练员、裁判员队伍，这支队伍已成为该区乃至衡阳市足球比赛的主力军。该区与坐落在区内的衡阳师范学院体育科学学院签订了《校园足球合作发展框架协议书》，要求其每年定期安排足球专业学生以顶岗实习等方式，到区内各学校开展校园足球教学和训练。

内蒙古借助市场和社会力量，把周末和节假日都处于空闲状态的校园足球场使用权出让给企业。企业组织足球俱乐部的学员上课，提供师资，对学校的校队、体育老师进行培训，同时，俱乐部学员的安全问题全部由企业负责，与学校无关，这就解除了他们的后顾之忧。

山东省教育厅联合 7 家单位成立了山东省校园足球协会。省教育厅还与国网山东电力公司签署了《合作推动山东省校园足球发展框架协议书》，在教练员培训、校园足球活动组织和城市足球学校建设等方面开展深入合作，为省内校园足球学生搭建了更加专业、更高水平的培训平台。目前，全省已建设“鲁能泰山城市足球学校”8 所，培训教练员 40 余名，同时，依托山东体育学院成立山东省校园足球发展研究中心。潍坊市不断创新机制，充分利用社会资源加强经费保障，搭建市、县、校三级足球联赛平台，购买服务评估校园足球运动开展情况，助推校园足球运动发展。

此外，政府主导打造的竞赛平台，有力保障了校园足球赛事的开展。通过各类比赛，学生们更加真切地体会到足球带来的激情和快乐，促使更多的学生走上了绿茵场。

以活动促进校园足球发展是黑龙江省的一大特色。黑龙江省组织中小学大力开展多层次、多样化的校园足球竞赛活动，如建立四级联赛竞赛体系、丰富赛事活动、举办夏令营和冬令营活动等。此外，各地市结合实际丰富校园足球活动。牡丹江市足球定点学

校利用体育课、大课间活动、课余体育训练和运动会等多种形式开拓校园足球阵地；黑河市从 2008 年起组织开展“小雷米特杯”足球比赛，至今已经成功举办 7 届。

第三部分：地方经验

为了推进校园足球活动，各地在搭建平台、创新体制机制，构建校园足球联赛制度，编制地方特色的校园足球教材，营造校园足球发展氛围等方面做出了成绩，探索出了一些较好的经验。

经过梳理分析，我们发现，各地的经验做法主要体现为以下几种模式。

一、政府主导，加大投入，夯实校园足球基础

近年来，黑龙江省哈尔滨市南岗区青少年校园足球运动发展迅猛，100% 的学校组建了足球队，实现校园足球全覆盖，足球人口最大化。从 2013 年开始，南岗区先后投入 1 100 余万元经费用于训练和比赛。两年前，全区中小学只有两块标准足球场地，如今已铺设了 30 多块足球场，2017 年 90% 的学校将拥有自己的足球场。

作为全国青少年校园足球试点县，辽宁省法库县 2012 年提出了建设“足球之乡”的目标，经过 4 年努力，足球教学已经全面进入课堂，全县 30 所中小学校及 22 所中心幼儿园的 3 万多名孩子全部参加校园足球活动，每周都上足球课，“人人踢球、班班有队、校校参赛”已经成为各学校常态。

法库县将开展校园足球的经费纳入县财政预算，同时鼓励学校向足球倾斜。4 年来，法库县陆续投入资金 1.79 亿元，用于学校和幼儿园的足球场地建设，共建设 63 块塑胶（草坪）足球场地，5 个体育馆；投入 676 万元，购置设备、印刷教材等。

自 2012 年以来，湖南省常德市武陵区倾力构筑校园足球“梦”工程，加大投入和人才培训力度，全区每年投入到学校体育工作的经费不少于 800 万元，其中足球活动不少于 80 万元，全区建成 5 人制标准足球场 15 个，成立男女学生足球队 30 支，校园足球运动学生参与率达到了 80%。

2014 年，广东省广州市教育局按照省级体育传统项目学校每校 5 万元、市级体育传统项目学校每校 3 万元、市校园足球推广学校每校 1.5 万元的标准，申请市财政对 54 所市足球传统项目学校下拨补助经费 176 万元，对 304 所广州市校园足球推广学校下拨补助经费 456 万元，合计 632 万元。

山西省孝义市政府专门设立校园足球发展基金，把每年的 105 万元专项资金列入财政预算，每年还募集资金 50 万元以上，用于保障足球队日常训练和外出比赛各项开支。利用校园足球发展基金，每天为小队员提供 3 元的训练补助，对足球队购买队服、外出参加学习、拉练和比赛的费用进行实报实销，保障足球队日常训练和外出比赛的各项开支。同时，各校园足球学校还专门设立了食堂，为队员免费提供科学营养的早餐和训练用餐。

2014 年底，浙江省义乌市下拨 22.1 万元，按先进单位 12 000 元、优秀单位 8 000

元、合格单位5 000元的标准奖励27所布点学校。除了专项奖励，义乌每年用于市级联赛补贴、奖金20余万元，用于小学、初中和高中近20支球队参加省级联赛30余万元，用于裁判员、教练员、管理干部培训10余万元，加上给优秀布点学校的奖励基金，合计90万元。此外，义乌从2007年起就规定，不少于8%的学校生均公用经费必须用于体育。经费的保障让布点学校干劲十足。

二、研发校本教材，将足球教学纳入课程计划

近年来，湖北省武汉市硚口区组织编写了《硚口区中小学足球》校本教材，并且将足球校本课程纳入学校体育教育工作计划，全区中小学每周安排一个课时落实足球校本课程。在足球课上，孩子们学会了“盘、传、带”等足球基本技能，形成了中小学生人人爱踢球、人人会踢球、人人踢好球的生动局面。

湖南省长沙市德馨园小学历时两年编写了《足球竞训》和《足球与学科》两本校本教材。教材融入基本技能、战术，足球与文学、音乐、美术、英语、信息等内容，由各学科老师负责教授，贯穿小学一到六年级的几乎所有课程。

在校园足球教学和训练体系上，江苏省南京市组织专家编制了《南京市校园足球教学纲要》，按照不同年龄阶段科学设计，有计划地逐步把足球基本知识、基本技能和现代信息纳入中小学体育课程必修内容，不断提高足球教学质量。

从2015学年起，南京市校园足球特色学校每周开设一节足球课，其他中小学保证以足球为主要内容的必要课外体育活动，大力推进校园足球课程建设，逐步形成小学初中多样化、高中专项化校园足球课程体系。

自从上海2012年开始进行高中体育专项化课程改革，曹杨二中的学生们就过上了跟大学生类似的“选修”生活。足球、篮球、网球、乒乓球、羽毛球、健美操……学生们愿意学什么就选什么。而学校则会在每个学年的前两周，先让他们逐个项目体验，以便作出选择。选课后，每个专项班的人数都会被控制在30人以内，如此一来，在足球课上，同学们不但能看到球、摸到球，还能每人真正“玩转球”。紧随其后，“小学体育兴趣化，初中体育多样化”在沪展开，足球亦是重点项目。

在2012年，“校园足球”还不是个热门话题时，上海就已经提出了“把运动队办到学校，让运动员从学校走出”的体教结合理念，希望从课堂开始，增加足球人口，夯实足球人才根基。

到2016年，上海已有90所全国足球特色学校，这些学校每周都会安排至少一节足球课。这样的足球课可不是花架子，市一级会下发足球专项课的指导材料，足球特色学校根据自身情况编制校本教材，连课堂设置都会重新安排。

内蒙古包头市青山区教育局与内蒙古科技大学、包头师范学院体育学院共同“量体裁衣”，设立“青山区中小学生体育校本课程的开发与实践”课题，组织全区足球特色学校开发足球校本课程，编制适合不同阶段学生的教学和训练本土教材。同时，青山还引进了世界先进的“动吧体育”荷兰青训课程。

河南省郑州市金水区中小学按照体育与健康课程标准的精神，结合学校师资、学生、

场地、传统特色等因素，自主开发足球课程，科学设置各水平段课程目标，制订课程规划，同时，成立由高校专家、骨干教师和名师组成的“足球课程推进工作指导组”，对足球课程的顶层设计、课程开发、特色教学等进行指导，使课程建设更具科学性和实效性。

三、培育兴趣，让学生享受足球之乐

湖南省长沙市雨花区各学校在开展校园足球活动中，注重以球健体、以球育人，充分挖掘校园足球的文化内涵。他们认为，开展校园足球活动不仅仅是为了培养足球后备力量，更是为了让更多的孩子感受足球的快乐，使更多的孩子了解足球文化，通过足球体现自己的价值。

每年，雨花区教育局都会组织部分学校举办校园足球文化节，通过活动让每一个学生参与到足球中来，如今，足球绘画、足球宝贝表演、足球游戏等活动已在校园掀起一阵阵足球运动的热潮。

在小学阶段，福建省厦门市执行严格的“减负”措施，为校园足球等体育活动的开展提供了强有力保障。厦门严格规定小学放学时间，减少家庭作业量，让小学生有时间、有精力参加足球训练，让他们共享足球运动的魅力和快乐。

甘肃省天水市在校园足球联赛中十分重视赛场礼仪，运动员上场、退场、换人、双方互换队徽和向裁判致敬等环节都做得很实，孩子们通过4年的历练树立了正确的输赢观念和心态，在竞赛中学会了尊重对手，尊重裁判和观众。天水市校足办还在校园足球QQ空间开辟了“快乐足球”专版，建立了联赛总积分榜和射手榜，及时介绍校园足球活动，和学生互动，设计了“金靴奖”“最佳啦啦操编排奖”等奖项，各布点学校组织学生自己设计队名队徽，目前28所布点校都有各自的队名队徽，在联赛中坚持队徽交换和收藏制度。

四、办校园足球联赛，扩大学生参与规模

以赛代练、以赛促练，是西藏自治区拉萨市发展校园足球的指导思想。拉萨市要求相关小学在每年上半年，以班级为单位开展校内足球联赛，并在每年9月～10月参加全市范围内的校园足球联赛。各相关初中学校要在每年下半年开展校园足球联赛，在每年年初参加市里组织的联赛。

四川省成都市成华区制定了详细的区级足球联赛规则，联赛分小学组、初中组和高中组分别进行。针对小学低学段学生年龄太小，没办法踢场地比赛的情况，该区还专门设计了“带球绕杆”“10米距离双人传球”“20米绕杆跑”等项目。小学四至六年级则开展5人制足球比赛，全场30分钟；初中组为8人制足球比赛，全场50分钟；高中组为11人制足球比赛，全场70分钟。

为了给喜欢踢球的孩子营造一个愉悦的联赛环境，安徽省合肥市在赛事组织上进行了一些探索。合肥校园足球一大特色就是不设名次，用一、二、三等奖的奖励办法来代替排名，而且奖励面非常大，球队只要参加比赛，基本上都能获奖，以此调动各队的参赛积极性。

“比赛多”是上海市开展校园足球的一大特色，现已形成“四横四纵”的赛事体系。“四横”即小学、初中、高中、大学四个学龄段分组，“四纵”指暑期学生足球赛、校际联赛、区际杯赛、国际邀请赛的四级赛事体系，每年市级青少年足球比赛超过 1 000 场。而上海校园足球联盟成员学校，也已从 2012 年联盟成立初期的 226 所，增加到 2016 年的 428 所，在联盟注册的学生运动员也由 4 000 余名增加到 1.2 万余名。

江西省南昌市每年开展区级和市级两级校园足球联赛。小学组比赛全部在周一至周五下午 4 点之后，基本做到主客场制。截至目前，主场率超过了 83%。初中和高中组比赛时间集中在周末两天全天，由校足办专职人员带队，规范赛场赛风赛纪。小学组各校队全年比赛 15 场，初中组比赛 18 场，高中组比赛 7 场，参赛人数 1 000 余人。联赛还设立了最佳射手、优秀门将、优秀指导员、优秀裁判员等奖项。

黑龙江省哈尔滨市南岗区创造各种机会办比赛。目前，南岗区有 68 所中小学，所有学校都开展了校园足球运动；全区 10 余万名在校生中有 940 多支球队，班级有班队，年级有级队，学校有校队；全区每年开展的大小场次足球赛达到 2 500 余场。在 2016 年哈尔滨市中小学生校园足球比赛 6 枚金牌中，南岗区就独揽 5 金。

辽宁省鞍山市把建立科学合理的赛事体系作为普及校园足球、打造校园足球品牌的重要一环。仅 2016 年，鞍山市举行市、区、校级等各种比赛就达到 5 000 场次，校园足球联赛参赛队伍 1 100 支，参赛运动员 3.1 万人次。

宁夏回族自治区石嘴山市教育体育局在全市布局 53 所学校组织开展校园足球联赛活动，每年参加校园足球联赛人数近 2 000 人。通过足球联赛的方式，石嘴山的校园里极大普及了足球运动，更多的中小学生体会到了足球运动带来的乐趣。

五、营造良好的校园足球文化氛围

为增强孩子们的足球意识，甘肃省天水市各布点校和一些规模较大的学校利用校园橱窗、广播站、校报、网络、征文比赛等载体广泛宣传普及足球的有关知识，让师生了解足球、爱上足球。

在对布点学校的业务指导上，天水市特别重视校园足球普及的衔接，着力打造校园足球的生态链，小学生抓足球意识培养，一些优秀的注册球员升入初中和高中后进入新校队。通过不间断的培养训练，既为有天赋的学生打开成才渠道，又以此影响和带动越来越多的学生参与足球运动。

安徽省合肥市习友小学每年都会举行“世界杯”比赛，每个班级任选一个代表国家，比如巴西、荷兰、阿根廷等。在“世界杯”比赛开始的时候，不上场参赛的学生就担任啦啦队，他们不仅要在赛场上支持自己的“国家”，而且要了解自己“国家”的地理知识、风土人情等。在“世界杯”开幕的时候，小队员们还在自己的脸上印上自己“国家”的国旗图案，挥舞着小国旗，有模有样。

在江苏省南京市浦口区泰山小学，随处可见足球元素，连校园中的垃圾桶都是足球形状。2006 年，学校确立了“以足球为龙头，全面培养学生个性特长”的办学特色。通过多年特色发展，如今“泰山小学学生的烙印就是足球”，学校也为国少集训队、江

苏省队输送了多名队员。

福建省晋江市心养小学成立了校园足球俱乐部，提出了“人人一个球，天天玩足球，个个很快乐，家家都幸福”的目标。心养小学校长张金陆说：“每天放学后，学校允许家长凭证件进入校园，和孩子一起踢球玩耍，让学生真正在踢球的过程中喜欢足球，增强学生体质。”

以校园足球布点学校为“主推手”，西藏自治区拉萨市要求布点学校加大足球教学内容的比重，按时完成训练计划，做到在校学生每周不少于两个小时的足球活动时间，争取全校不少于 50% 的学生参加足球活动；举办包括班级间和年级间的足球比赛活动，组建和训练校园足球队。

云南省开远市发展校园足球，采取了“三步走”的发展战略：首先，在各试点学校全面开展足球活动，营造校园足球文化氛围，让足球进入课堂；其次，进一步扩大定点学校范围，在城区学校及部分农村学校开展校园足球活动，实施城乡联动，让城市和农村的孩子共同享受快乐足球；再次，把各试点学校的足球精英集中起来进行强化培训，注重打造校园足球活动教练、裁判骨干队伍，使校园足球联赛制度更加健全规范。

为将足球运动与学校教育教学融为一体，山西省太原市将足球文化融入校园文化建设，发挥足球运动的立体教育功能，以球育德、以球健身、以球促智，并通过举办校园足球节、足球演讲会、足球征文赛、足球文化展等活动，使中小学生在足球运动中培养良好的思想品质，实现自身素质的全面提升。

六、从当地实情出发，因地制宜发展校园足球

以前，大兴安岭地区的孩子们冬季的体育运动项目很少，体育课也是以滑冰、抽冰尜、堆雪人、爬犁、冬季长跑为主。

为了给高寒地区冬季体育课增添活力，发挥校本课程作用，在地区教育部门支持下，大兴安岭地区教师进修学院艺体部主任朱银生经过 5 年的研究与实践，开创了一种适宜在雪地上踢的“雪地足球”。该课程获得了全国基础教育课改教研成果一等奖。

目前，当地校、区县、地区冬季足球联赛和地区运动会都能看见雪地足球的身影，每年有几万人参与雪地足球比赛。黑龙江省中小学器材目录也已将雪地足球纳入其中，并在全省推广。

由于冬季特别寒冷，吉林省延吉市足球训练冬季无法开展。针对这一情况，2012 年市教育局协调相关部门筹措资金 20 余万元，组织中小学足球运动员赴广西北海开展为期 40 天的冬季训练营活动。2014 年全市参加冬季足球训练营的学生达 143 名，市教育局又筹措资金 40 余万元，确保了冬季训练营的正常进行。

重庆市彭水苗族土家族自治县地处山区，经济条件有限，且平地极少。当地因陋就简，以村校为单位开展校园足球并集中在县城举办球赛，以期让村校留守儿童和城里孩子一样有机会参与校园足球，为村校兴趣浓厚、有一定足球天赋和特长的留守学生提供一个展示和交流的平台。

广东省中山市有旅居世界 90 多个国家、地区的侨胞和港澳台同胞近百万人，这既

是中山经济社会发展的重要力量，也是发展校园足球的资源优势。中山市在发展校园足球时，将“洋教练”请进校园指导校园足球活动的开展就多亏了华侨的牵线搭桥。

2012年，中山市人民对外友好协会为市体育局、市足球协会牵线搭桥，使其能与阿根廷——中国文化协会商讨青少年足球项目合作。在华侨的帮助下，2012年5月，孙中山青少年基金会与英格兰足球总会签署了“中英校园足球合作”项目协议，2014年2月中山市分别与阿根廷和哥斯达黎加签署了体育合作交流协议。

在校外引进、拓展资源方面，广州市番禺区充分利用本区业余体育机构和团体，引进校外专业退役的足球人才，例如与明珠足球俱乐部合作多年，设立了20多所足球网点学校，形成了人才梯队，对提升足球运动水平起到很好的作用。

湖北省武汉市硚口区努力打造校园足球“一校一特色”，校园文化的差异，成就了学校各具特色的足球风格。东方红二小、武汉四中的学生训练刻苦，个人能力强，形成了“技术型”的足球特色；双环小学、长丰小学、79中、博学初中、一职教中心的学生身体素质好，作风硬朗，形成了“欧式”足球特色；崇仁二小、安徽街小学、27中、29中、59中的学生足球基本功扎实，善于协调配合，形成了“渗透式”的足球特色。学校足球特色的形成也造就了“一生一特长”。学生在训练比赛之余，有的成为“颠球王”，有的成为“点球杀手”，更有的成为“小梅西”“女C罗”。

七、从管理体制机制着手，打破校园足球发展瓶颈

广西北海二小创立了“三三制”的管理体制，这是保证足球队员的学习成绩和个人成长不掉队、校园足球顺利开展的制度“法宝”。

北海二小资深教练陈志坚告诉记者，“三三制”即以教练员为核心，以“主管领导、教练员、班主任—队员”三位一体进行思想管理，以“教师、教练员、家长—队员”进行三位一体的学习、训练工作管理。这意味着，参加训练的每个学生，学习、训练、思想、个人表现都有专人负责和管理。

一个明显的例子是，每次外出参赛，总有文化课教师一起“出征”，利用比赛间隙辅导队员完成学习任务。队员如果学习退步，教练也会严肃地批评教育。“三三制”的落实，争取到了家长和班主任对校园足球的支持。

河南省郑州市金水区实施“一把手”工程，教体局局长、校长、班主任都是第一责任人，其中突出校长负责制，把学校体育工作和学生体质健康水平作为校长年终考核的重要指标，并对组织不力者进行诫勉谈话和责任追究。

从全区教育管理保障上，北京市延庆区教委将校园足球工作纳入学校考核评价中，要求全区学校将足球活动纳入体育课堂、校本课程和课外活动中，在每周体育课时安排中，加大足球教学及训练内容的比重。

延庆区教委明确了全县小学、初中、高中各学段校园足球任务。小学阶段开展欢乐足球活动，重点激发和培养学生足球兴趣，掌握基本足球技能；中学阶段所有初中学校都成立校园足球队，坚持训练和比赛；高中阶段重点解决足球特长生的再培养和升学路径问题。

为深入推进校园足球，吉林省延吉市政府制定了《延吉市校园足球三年发展规划》，明确了发展校园足球的指导思想和工作目标。“我们坚持以‘普及 + 提高 + 特色’为建设思路，以‘政府主导、行政推动、分段实施、全面推广’为工作策略，全面推进校园足球工作。”延吉市教育局相关负责人说。

延吉市通过多种途径，充分吸收社会资源，筹措建立了校园足球学生奖学金制度，对长期从事足球训练的优秀学生进行奖励，并且不断加强校园足球安全责任意识和防范能力，制定了安全防范规章制度。

延吉市的校园足球实现了“四个融合”：即课堂教学与课外活动相融合、校内训练与校外训练相融合、个别辅导与集中指导相融合、长期训练与短期集训相融合，由此全方位构建了适合延吉市校园足球普及与提高的训练体系。

湖北省武汉市硚口区将校园足球布局定点规划与教育资源优化配置“同步处理”，打造六大教育组团，每个组团同时也是一个校园足球园区。园区内足球教育资源共享，并按照学校区域分布情况，配套建立了“小学—初中—高中”完整的足球人才输送、竞训的对口衔接模式。在小升初就近入学对口分配中，充分考虑学生的足球特长，搭建足球人才输送的“绿色通道”。

八、开辟渠道，破解足球教练不足难题

没有足球教练，校园足球无法开展。随着校园足球活动在全国范围的广泛开展，足球专业师资不足的问题逐渐凸显。

为解决这一问题，安徽省合肥市部分区县开辟了引进优秀体育教师的“绿色通道”，那些专业的运动员、教练员，即便没有教师资格证书，也可以直接面试竞争上岗。合肥市经济技术开发区考虑到优秀的体育人才不一定善于考试，所以让他们面试上岗，但在岗两年内必须拿到教师资格证，才能继续从教。

为保证每所校园足球特色学校配置 1 名以上专职足球教师，最大限度解决足球师资缺乏的问题，江苏省南京市想出了四个“一点”的办法：倾斜一点，新招聘的教师适当向足球人才倾斜；转入一点，鼓励现有体育教师和有足球特长的其他学科教师任教，任教足球课程计入教师工作量；留住一点，从退休教师中返聘部分师资力量；引入一点，聘用优秀退役运动员承担校园足球课余训练、球队教练、比赛裁判和赛事组织等工作，聘请现役运动员、教练员和足球专业的大学生担任学校的足球社会指导员。

天津市河东区转变观念、整体布局，多形式统筹师资，建立协作校机制，充分利用足球优势校资源，辐射周边学校，带动校园足球活动在各校共同开展；聘请优秀足球退役运动员作为教练员，定期到学校指导学生训练；举办足球教练员、裁判员培训班，定期对体育教师进行足球专项培训。

为了解决足球专业体育教师不足问题，北京市延庆区采取政府购买服务的方式，委托经纪管理公司对全县 80 名中小学体育教师进行为期 15 天的足球教练课程培训，使每所学校至少拥有 1 ~ 2 名足球教师。

在师资培训上，内蒙古自治区包头市青山区与蒙超体育经营管理有限公司开展战略合作，采取“教练换场地”的方式进行合作，即青山区提供学校球场给蒙超公司在双休日开展训练，蒙超公司聘请知名教练米罗西，结合公司引进的阿贾克斯青训教材，每周为青山校园足球教练上一节课，同时米罗西还要为每次提供场地的学校进行球队训练。

2016 年 4 月，黑龙江省哈尔滨市南岗区开展校园足球国际理念推广月活动，邀请了前曼彻斯特女足教练来交流访问。此后，南岗区又引进了 3 名外教为全区中小学开展为期一年的训练指导。他们在南岗区各个学校巡教指导，有效地提升了师生们的足球专业水平。他们的训练方式强调系统性和科学性，从基本功开始就扎扎实实地打好基础，在日常训练中也更注重对学生规则意识的培养。

九、梯度递进，打通足球人才培养通道

随着校园足球活动开展不断深入，越来越多的家长和老师注意到了一个问题：孩子到了高中阶段就不能频繁参与比赛了。2014 年 9 月，安徽省合肥市启动了高中足球联赛，并将合肥一中、六中、八中等校确定为校园足球定点学校，招收足球特长生，足球项目也被列入体育中考考试内容，校园足球得到了进一步发展。

广西壮族自治区北海市二小成立了不同年龄层次的训练队，按年级与年龄分为 3 个梯队：一、二年级为预备队，三、四年级为基础队，五、六年级为尖子队。一、二年级容易兴奋，也容易转移注意力，适合进行一些训练敏捷度的竞争游戏，如果过早地让学生为了打比赛苦练，不但效果不好，还很容易让他们厌烦、放弃足球。等学生到了五、六年级，就要加强技术练习。如今，二小已经形成了“预备队—基础队—尖子队”的“一条龙”训练体制。

宁夏回族自治区灵武市实行足球特长生中考升学特殊政策，近年来凭借足球特长升入普高的学生每年在 20 人以上，通过足球考上大学的已有 21 人。球队不用担心断层，踢球学生的升学出口问题也得到解决。

福建省厦门市不少学校在选拔队员时，除了看球技和潜力外，还十分注重考查学生的文化课成绩。在厦门二中，学校对足球班学生实行分流制。在初二，对那些潜力不足、在足球上提升空间不大的学生，劝其到普通班就读，集中精力学好文化课。对运动天赋好、成绩合格的学生，将他们保送到高中部，以后可以攻读大学体育专业。对那些文化课成绩非常出色的学生，鼓励他们考高中、考名牌大学，同时把足球作为特长继续发展。

经过多年努力，辽宁省鞍山市校园足球在组织管理、联赛运营、运动员输送衔接、特长生招生政策、经费保障等方面已经建立了完善的运作机制，在各种比赛中取得了丰硕成果，向国家、省专业队和职业运动队输送了大批足球人才。目前，已有 63 人在中国足协注册，还有 19 人分别入选辽宁队 U13 组、U11 组。鞍山市校园足球布局学校的运动员已为辽宁宏运、北京国安、广州恒大等国内多家中超足球俱乐部输送了大批优秀足球后备人才。

第四部分：存在问题

目前，全国各地开展青少年校园足球的热情高涨，创新举措频频推出，越来越多的孩子享受到了足球带来的快乐。同时，随着校园足球逐步走向深入，一些困扰校园足球发展的问题也随之出现。

一、观念落后

由教育部门主管校园足球两年多来，校园足球在开展中遇到的最重要问题仍是“思想观念”。

一方面，在目前以分数和应试为主要导向的教育观念下，仍有很多家长和老师根深蒂固地认为，“踢足球影响孩子学习”，不支持孩子踢足球。其实，学习知识与体育锻炼并不矛盾。孩子可以在球场上收获快乐，可以在快乐中促进学习。除了成绩，健康的身体、健全的人格，对孩子的发展更为重要。德智体全面发展，这也是素质教育的应有之义。

另一方面，一些地方和学校对校园足球的认识比较狭隘。很多人一讲到校园足球或者体育运动，就认为是校队或者是少数体育特长学生的事。甚至有个别校长认为，“校园足球特色校就是建一支校队，拿几个冠军就行了”，没有充分发挥校园足球育人的核心功能。

开展校园足球，必须在立德树人和教育综合改革的框架中进行综合考量。校园足球要提高的不仅是学生的足球技能，更重要的是增强学生的体质健康、培养学生的健全人格。各地各级教育部门和学校应把校园足球作为推进学校体育教学改革的突破口，把学生学习和掌握运动技能当作体育教学的目标，推进体育真正融入、回归教育体系，这实质上也是教育综合改革的题中应有之义。

二、场地缺乏

足球运动对场地要求相对较高，记者实地调研发现，很多中小学“连孩子做操都没有地方，更没有场地给孩子踢球”，场地缺乏是制约校园足球进一步普及的一大因素。

在城市，很多中小学面积有限，学生踢球只能“见缝插针”；在农村，大多数学校的操场是土操场，孩子们踢球“晴天一身土，雨天一身泥”。

为了让孩子们开展体育运动，北京市朝阳区用 23 天时间，腾退校园周边 16 家商户，拆掉了一栋楼，在寸土寸金的二环边，硬是给孩子们“抠”出了一块占地 3 500 平方米的操场。

曾培养出 40 多名国脚的校园足球试点校——武汉市新合村小学，位于一处拥挤的老旧居民区内，校园面积只有 6 000 多平方米，无法开展 11 人制足球，学校就安排 7 人制足球；学生不能同上足球课，学校就安排各班轮流上。为了扩大学生的训练场地，学校还打算将楼顶利用起来，建笼式足球场，“上天入地”拓展学生运动场所。

但是要真正解决校园足球运动场地问题，眼睛不能只盯着校园，还应盘活社会资源。

要让更多社会球场免费向孩子开放，同时学校运动场地节假日也应向社会开放。在规划体育场馆建设时，所有新建场地要由社区和学校共享，并充分利用城市和乡村的荒地、闲置地、公园、人防工程等，因地制宜建设一批简易实用的足球活动场地，见缝插“足”。

三、师资不足

“缺师资！”这是很多基层教育局局长和校长共同的心声。在记者调研中，几乎所有的学校都表示，既缺足球教师也缺足球教练。

所谓缺足球教师，主要是指缺乏懂足球的体育教师。从全国范围看，中小学专职体育教师普遍缺编，很多体育教师是从语文、数学等其他学科“改行”而来，不懂体育更不懂足球。即使是师范院校体育系毕业的老师，很多人的专项也不是足球，对足球运动只是“看过一些”“学过一点”的纸上谈兵。大部分校园足球试点学校，足球教师主要是学校里对足球有兴趣和热情的普通教师。学校开展校园足球首先要提高学生的足球兴趣，因此，相比于专业的足球教练，足球教师懂得教育规律、熟悉学生心理特点，更具有优势。下一步教育部门应继续加大培训力度，除了在体育教师中培养足球教师，还可以对喜爱足球的教师开展专门培训。

所谓缺足球教练，主要是指缺乏懂教育的高水平的足球教练员。很多专业足球教练和退役运动员，因为教师招考门槛，很难进入教师队伍。如新疆喀什某农村小学，曾经多次获得过全国足球比赛的冠军。从校外聘请专业足球教练，学校无法解决编制和工资待遇，最后只能拿出“招聘保安”的岗位，虽然是足球教练，但身份是保安，待遇也只能按照保安的待遇算。

不少地方和学校建议，下一步政府部门应制定专门的校园足球兼职教师管理办法，鼓励学校引进高水平的教练员、退役运动员，引入市场化运作机制，借助职业足球俱乐部的青训力量，培养一批既有教师证又有教练证的“双证”校园足球专业师资。

四、经费短缺

目前，各校开展校园足球的经费，主要来源包括政府拨款、校园足球专项资金和教育经费，其中生均教育经费占大头。对于学校来说，教师聘请、修建和维护场地、组织和参加赛事等，都需要大量经费支持，因此校园足球开展资金短缺问题始终突出。

养一支校园足球队要花多少钱？南方某中学校长给记者算了一笔账：一支 20 人的校队，外聘教练费用每年十万元，与同省的其他学校踢一次比赛，交通费、住宿费、餐饮费、补助费等至少要万元以上，要是到外地参赛，费用还要翻番，“每年的费用少则三四十万元，多则五十万元以上”。

西北某校园足球试点校的校长告诉记者，学校没有用于支持校园足球的经费，球队外出参加比赛都靠自己和老师到企业找赞助，很困难。

同时，由于目前很多财政经费属于专款专用，“给学校盖楼的钱，就不能建操场”。学校给学生球员每天喝一袋奶或者加一个鸡蛋，这些费用均无法在学校经费中列支。

2017 年 3 月教育部出台的《关于加强全国青少年校园足球改革试验区、试点县（区）

工作的指导意见》指出，“设立校园足球专项资金，对校园足球改革发展给予支持”。一些地方和学校建议，政府部门应加大投入力度，最好制定出明确的投入“硬杠杠”。

五、赛事杂乱

有学校反映，目前各地各部门主办的校园足球赛事众多，学校参与热情很高。但另一方面，一些企业或个人，也瞄准了这个“香饽饽”，巧立名目，设立各种五花八门的赛事，并将收取参赛费作为获利手段。一些领导热衷比赛成绩、名次，有的搞不符合教育规律的长期集中封闭训练，个别人甚至在校园足球比赛中弄虚作假。

一位校长告诉记者，他们学校一年收到的各类参赛邀请二三十个，有时候一支校队要分成两部分去参加不同的比赛。

参加比赛、切磋球技、开阔眼界，并从中发现校园足球好苗子是十分必要的。但校园足球赛事必须有序组织，不能一窝蜂、一哄而起搞赛事，不可将之作为“生财之道”。同时，应淡化成绩和名次，切忌急功近利，坚决杜绝搞纯竞技，防止校园足球运动“跑偏”，真正让足球和文化教育有机融合。

六、成长成才通道不畅

记者调研发现，目前校园足球在人才的培养和流动中，仍存在明显的体制机制障碍，成为校园足球从普及到提高的“天花板”。

新疆喀什的“儿子娃娃”足球队曾在中国足球民间争霸赛中，以绝对优势捧得娃娃组“球王”桂冠，上演了一出从村小到全国冠军的校园足球“传奇”。然而，球队获得全国冠军后却遇到了前所未有的烦恼——28 名队员陆续走了 27 人，只剩下了一名门将。该校校长告诉记者，很多队员是在学校不知情的情况下“不辞而别”，大部分去了北京、广州等地的俱乐部或足球培训学校。而这样的问题，在很多校园足球开展较好的学校同样存在。

在中国职业足球日渐红火的背景下，越来越多的职业足球俱乐部开始重视青训，好的校园足球苗子也成为各俱乐部“争夺”的目标。一些经纪人或俱乐部看上了某个学校的苗子，不通过校方或者当地教育部门，而是私下找到家长，口头开出优厚条件，直接就把学生带走了。学校即使事后知情，也无力阻止，多年的精心培养全打了水漂。

普及性的校园足球和职业足球的人才培养模式完全不同，那么，“冒尖”的校园足球苗子到底该如何成长？首先，应当畅通校园足球人才的升学通道。要允许足球特长生在升学录取时合理流动，特别是在义务教育阶段突破学区或就近入学的限制。同时在国民教育体系内，打造从小学到大学的足球运动教育机构体系；其次，应当畅通校园足球人才进入职业足球的通道。建立衔接贯通的校园足球与职业足球体系，鼓励双方联合培养足球苗子。特别是要借鉴国外足球经验，实行校园足球青训补偿制度，保护学校的人才培养和合法利益；再其次，应当畅通校园足球与体育产业的通道。一些地区和学校可以先行先试，对于当前校园足球发展中遇到的一些问题如资金短缺、师资场地不足等，借助市场机制来进行补充和完善。

第五部分：发展建议

新形势下发展青少年校园足球，是事关我国教育事业发展的全局性、战略性、长远性工作，反映了百姓的殷切期待，是教育系统立德树人的使命所在。

2017 年两会上，教育部部长陈宝生同志在记者会上谈到校园足球下一步工作时表示，做好校园足球不是一个速效的工作，需要较长的时间，需要社会的理解，需要各方面的支持，发展校园足球需要做好普及、竞赛、培训、标准、短板、交流、协同七件事，这为校园足球下一步发展指明了方向。

对于校园足球发展，建议下一步重点做好以下几点工作。

一、做大分母抓普及

发挥人口资源优势，切实提高普及率，夯实未来中国足球崛起的青少年基础。建议继续推进校园足球特色学校、校园足球试点县和改革试验区建设，积极构建“特色学校 + 试点县（区）+ 改革试验区”一体的立体推进格局。完善校园足球特色学校的遴选机制，培育一批校园足球教育教学典型，发挥其在发展青少年校园足球中的引领、示范和带动作用，带动青少年校园足球整体发展。在进一步优化布局的基础上，完成 2025 年校园足球特色学校建设 5 万所的目标任务。同时，切实加强对全国青少年校园足球特色学校的指导与监管，完善考核评价与管理办法并实施督查，建立校园足球特色学校的退出机制。

二、做强分子抓竞赛

进一步完善校园足球竞赛体系，与青训体系紧密结合，从竞赛中选拔优秀后备人才。建议建立稳定的校园足球赛事、完备的赛系和严明的赛纪。组织开展好校园足球竞赛工作，规范竞赛管理，加快推进稳定规范的赛制建设，让校园足球特色学校的校内比赛、市内联赛成为常态化赛事。同时，建设和完善高校高水平足球队竞赛体系。

三、师资队伍抓培训

现在校园足球师资队伍人才匮乏。因此，既要利用国内外资源，对体育教师、校长抓紧培训，又要把现有运动员利用起来，请他们当教练、做培训。建议逐级落实教体结合要求，通过现有教师队伍结构调整、招聘、兼职等形式补充一批师资，通过培训提高师资水平。完善足球师资培训体系，继续组织开展好校园足球骨干教师和校长培训，并加强校园足球教练员培训基地建设。聘请国内专业足球讲师和外教大规模培训校园足球教练员，为每所校园足球特色学校培养持有教练员等级证书的校园足球教师、教练员，着力提升校园足球教师、教练员的教学实践能力和综合职业素养。

四、有序发展抓标准

校园足球要有序发展、循序渐进，不能一窝蜂、一哄而起搞运动，因此要制定好各

种标准，如工作标准、竞赛标准、选材标准等。建议建立完善严格的分层、分类标准体系，通过制度建设，健全竞赛、人才培养和工作标准体系。鼓励有条件的学校开展以足球为特色的“一校一品”体育教育改革工作，规范指导校园足球特色学校的教学工作，指导学校组织开展校园足球课余训练。同时，尝试建立业余校园足球俱乐部和校园足球协会制度，以引领校园足球发展。

五、保障条件抓短板

坚持内涵与外延并重，用好现有资源，调动地方积极性，引入竞争，形成校园足球健康发展的管理模式，补齐管理短板。现在校园足球最大的短板是场地，建议积极配合政府有关部门和地方政府加快场地设施改造建设，加大场地设施建设力度，把校园足球场地建设纳入足球场地建设规划，创造条件满足校园足球的发展，为特色足球学校、为孩子们提供一块绿茵场。

六、开阔眼界抓交流

校园足球要“走出去”，和别人交流，向强者请教，跟强手比赛。要进一步加强国际交流与合作，将足球强国强调的爱国主义、合作精神、规则意识融入校园足球工作，服务立德树人的育人宗旨。建议选派优秀的校园足球苗子到国外参加高水平比赛，以赛代练。选拔校园足球教练员赴海外开展专业学习培训。继续实施校园足球师资海外引智计划，聘请高水平外籍足球教师到国内中小学校任教。

七、加强管理抓协同

要加强合作，有机衔接，增进部门间相互支持，共同推动青少年校园足球健康发展。建议进一步加强与体育部门的合作、与企业的合作，只有各方面协同起来，加强管理，才能促进中国足球的发展。特别是要和中国足协等部门处理好校园足球与青训体系的关系，对接好校园足球四级联赛和 U 系列竞赛及选拔机制，建立健全足球运动员注册共享机制，研究制定一批青少年校园足球行业标准，加强对青少年校园足球的指导。

北京市

核心提示

北京市将完善市级、区级、校级、班级四级联赛体系，力争每年各级联赛场次不少于1万场。建立市级、区级和校级三级培训机制，用3年时间实施体育教师足球专项培养计划，确保义务教育阶段每所学校至少有一名体育教师胜任足球教学与训练。

北京市延庆区康庄中心小学课间足球操。（王灿　摄）

省级行动

北京市将出台推进中小学校园足球实施意见

2016年足球项目纳入中考体育选测项目

北京市将出台推进中小学校园足球实施意见，2016年足球项目将纳入中考体育的选测项目，同时探索如何在高中体育会考中进行足球项目测试。

根据实施意见，北京市将在市级教育经费中，每年设立专项经费用于校园足球的发展。全市义务教育阶段学校，体育课将强化足球教学内容，小学阶段的核心是培养学生足球运动的兴趣和爱好，初中和高中阶段主要提高学生的足球技术和战术水平。小学要从地方课时或校本课时中，每周拿出一课时用于足球项目教学，确保每周上好一节足球课。

北京市将完善市级、区级、校级、班级四级联赛体系，力争每年各级联赛场次不少于1万场。建立市级、区级和校级三级培训机制，用3年时间实施体育教师足球专项培养计划。聘请国内外足球专家、北京高校教授、高级足球教练员和退役足球运动员等，参与校园足球的发展，确保义务教育阶段每所学校至少有一名体育教师胜任足球教学与训练。

为解决足球运动场地条件问题，北京市将采取市、区两级政府统筹，通过政府购买服务的方式租用社会场所开展足球活动。在城区校园内外因地制宜，建设小场地和笼式足球场等特色化场地，并在远郊区县利用社区空间、空闲地段，改造上千块简易足球活动场地。

北京市还将通过政府购买服务的方式，鼓励小学三至六年级学生利用课余时间，到指定的体育俱乐部参加足球培训和训练，并对每课时的培训费用给予相应的补贴。在部分优质民办学校建立足球特色班，政府将出资支持学生的学习费用。

在普及的基础上，北京市还将加强对北京市奥林匹克教育学校体育后备人才培养基地（足球）和足球传统项目学校的建设，在运动员（学生）梯队建设、高水平运动员（学生）引进、场地设施建设等方面给予支持。全市将建立3个校园足球培训中心，建立200所足球特色学校，并在10个远郊区县义务教育阶段学校全面实施校园足球项目。

（《中国教育报》记者　施剑松　2014年12月8日报道）

地方经验

“有个足球，孩子们就动起来了”

——北京市延庆区创新青少年校园足球工作纪实

北京市延庆区明确了全区小学、初中、高中各学段校园足球任务。小学阶段开展欢乐足球活动，重点激发和培养学生足球兴趣，掌握基本足球技能；中学阶段所有初中学校都成立校园足球队，坚持训练和比赛；高中阶段重点解决足球特长生的再培养和升学路径问题。

冬日上午明媚的阳光下，一群小学生伴随着音乐在操场上做起欢乐的足球操。这是在北京市延庆区康庄中心小学举办的“校园足球在行动”启动仪式上，记者曾看到的生动场景。位于北京市西北远郊区的延庆区，近年来将校园足球与学校教育相融合，走出了一条特色鲜明的“小足球盘活大教育”之路。

注入新动力　开展特色校园足球活动

康庄中心小学是延庆区的一所农村学校，2004 年，学校成立了第一支校园足球队。“成立足球队的原因很简单，农村学校体育器材少。”校长纪桂武说，“校园里有块平地，再配个足球，孩子们就能动起来。”

原本只是一个农村学校最经济实惠的选择，没承想却激发了孩子们的热情。在学生们的强烈要求下，学校的足球队正式成立，有十几名男孩跟着一名体育教师定期训练。

看到足球对孩子们体育锻炼立竿见影的促进，康庄中心小学开始了校园足球实践过程的一系列探索。2009 年，学校提出了校园足球普及与提高的思路，以普及促提高，以提高带普及。当年 12 月，学校的班级联赛机制正式形成。

2010 年 9 月，学校在一至六年级全面落实每周每班一节足球课，形成了分学段不同类型的足球课堂教学模式。从当年 12 月开始，校园足球与语文、英语、品德、美术、音乐等学科整合的实验研究在学校推开。

2011 年 4 月，学校完成了“快乐足球”课间操的创编，并固化为学校特色足球操；2012 年 5 月，举办了学校首届足球节；2013 年，创造性地开展“足球大课间活动”，形成了全体学生参与的常态足球课外活动机制；2014 年，编排、设计了校园足球啦啦操，男生踢足球，女生也可以参与进来。

“如今，延庆区很多学校都像康庄中心小学一样，开展特色校园足球活动，校园足球给学校教育注入了新动力。”延庆区教委主任魏旭斌告诉记者。

搭建大平台　校园足球局面就此打开

2014 年 5 月，延庆区将校园足球工作列为政府重点推进的工作，区体育局、区教委将普及校园足球认定为全区深化教育改革的特色项目。区委书记和主管区长直接挂

帅，教委和体育局共同成立校园足球管理办公室，联合推动校园足球工作。

区里聘请了全国著名足球教练金志扬、首都体育学院院长钟秉枢为顾问，谋划全区校园足球发展思路。确立了“小足球，大教育”的理念，即“以球润德、以球健体、以球启智、以球育美”。

魏旭斌告诉记者，延庆区明确了全区小学、初中、高中各学段校园足球任务。“小学阶段开展欢乐足球活动，重点激发和培养学生足球兴趣，掌握基本足球技能；中学阶段所有初中学校都成立校园足球队，坚持训练和比赛；高中阶段重点解决足球特长生的再培养和升学路径问题。”

从全县教育管理保障上，区教委将校园足球工作纳入学校考核评价中，要求全区学校将足球活动纳入体育课堂、校本课程和课外活动中，在每周体育课时安排中，加大足球教学及训练内容的比重。全县按照“小学生每人一球，中学生每班一球”的标准为学校配发了足球。明确规定学校要把市级统筹的课外活动资金的 20% 用于校园足球工作中，每年全区用于推动校园足球工作的资金在 200 万元以上。

为了解决足球专业体育教师不足的问题，延庆区采取政府购买服务的方式，委托经纪管理公司对全县 80 名中小学体育教师进行为期 15 天的足球教练课程培训，使每所学校至少拥有 1 ~ 2 名足球教师。每年组织中小学生足球联赛，不同层次的比赛贯穿全年，逐渐形成以赛代训、以训促赛的足球氛围。为解决校园足球人才梯队问题，延庆区还建立了顺畅的小升初、初升高的升学和奖励机制。

真抓出实效　亟待开发的教育富矿

一系列促进校园足球发展政策的实施，使延庆区中小学的学生面貌发生了明显的变化，最直观的感受是学校里踢球的孩子多了。所有学校的所有学生每天都在踢足球，而且都是在家长支持下主动去踢足球。为了踢球，有的学生放学不愿回家，有的放弃了家长强求报名的其他兴趣班，还有的怎么也不愿意转回老家上学。

踢足球最直接的效果是学生们的身体好了。体质监测数据表明，学生的柔韧性、弹跳性、耐力、爆发力、肺活量与多年前的毕业生相比有明显提高。学生中“小胖墩”少了，“小眼镜”也少了。因为喜欢在室外踢球，很多学生放弃了在家上网、打游戏、玩手机，视力明显提高。

足球给学生带来的变化不只是身体上的，更有精神上的。学生的荣誉感、责任感、意志品格、永不服输的精神、团队合作意识、合作能力、思维能力在校园运动中都得到了明显增强。尤为显著的是，独生子女所缺乏的抗挫折能力以及人际交往能力得到了明显改善。

有的学生通过足球训练，改变了娇生惯养的脾气；有的学生通过参加班级足球联赛，班集体荣誉感得到增强；有的学生因为加入足球队，团队合作意识、责任意识、公平竞争意识明显增强；有的学生当上了足球队长，组织能力、交际能力、表达能力不断提高；有的学生因为怕耽误足球训练，上课更加专心听讲，及时完成作业，主动找老师辅导，学习效率明显提高。

康庄中心小学六（2）班女生孙颖说："我没听妈妈的话去学舞蹈，而是练了 6 年足球。每一场训练都在磨炼着我的意志，每场比赛都在促使我加油。我成了赛场上的野丫头，但我就喜欢大家叫我野丫头。"

"政府统筹，教育部门与体育部门形成合力，在推动校园足球工作中真正做到了体教结合，受益的是全县 48 所中小学的 22 578 名学生，不仅为了孩子们的现在，更是为了孩子们的未来。"魏旭斌说。

（《中国教育报》记者　施剑松　蔡继乐　李小伟　2014 年 12 月 8 日报道）

朝阳区将推出区级校园足球课程读本

记者从北京市朝阳区教委获悉，朝阳区校园足球课程读本初稿已经完成，12 月 24 日将报送专家评审会评审，一旦通过评审，便有望成为北京市首部区级校园足球课程读本。

朝阳区校园足球课程读本分为小学、初中、高中三个学段，朝阳区教委已经先期确定了 40 余所中小学，首批开展校园足球课程试点。朝阳区教委副主任姜继为说："朝阳区教委今年专门下发了《'阳光足球'推进工作方案》，在积极研发区级校园足球课程读本的同时，面向全区体育师资开展校园足球培训，今年已经完成培训 180 人次，预计 3 年内全区所有体育师资全部掌握足球教育技能。"

为保障校园足球持续开展，朝阳区 2014 年设立了财政专项，拨付 600 万元资金用于全区校园足球场地挖潜改造和师资培训，目前，已经形成了"四层三段"的区级校园足球联赛体系，全面覆盖了中小学校内、学区、大片区、区级四个层次和甲级、乙级、丙级三段竞技层级。

根据朝阳区"阳光足球"工作方案要求，2015 年，朝阳区开设"阳光足球"地方课程，改善学校足球训练条件，实现校校有球队的目标。在普及的基础上，朝阳区还将选择具有工作基础、球队有一定水平的学校，命名为"阳光足球特色校"，重点提升校园足球水平和示范引领作用。通过校级联赛发现、培养更多优秀小球员，组织"足球专题训练营"进一步提高技术水平。

姜继为说，朝阳区有重视体育教育的传统，2010 年朝阳区在全市率先出台了加强学校体育工作的意见，2011 年率先建成了区级体质监测中心。近年来，学生和家长对体质健康越来越重视，客观上也要求学校加强学校体育工作。2014 年，朝阳区确定了通过发展校园足球落实教育部提出的体育艺术"2+1"目标的工作思路，通过行政引导，促使学校重视校园足球。

"我们积极探索符合中小学生特点的足球训练、人才培养模式，提高足球在朝阳区青少年中的普及程度和竞技水平，力争把校园建设成为足球人才成长的摇篮。"姜继为说。

（《中国教育报》记者　施剑松　2014 年 12 月 8 日报道）

特色学校

清华附小形成浓厚足球特色氛围

小足球踢出大健康

在最近的国家体质健康测试中，清华大学附属小学学生的肥胖率、近视率均出现了两位数的下降，全校“小胖墩”“小眼镜”基本消失。这个喜人的变化源于学校长期将包括校园足球在内的体育课程作为学校核心课程开展，形成了富有清华附小特色的校园足球氛围。校园小足球，踢出了孩子们的大健康。

在清华附小，学生每周有 5 节体育课，其中 3 节为国家体育课程，1 节是学生根据兴趣自选的体育课程，还有 1 节是专门的校园足球课。很多学生为了能早到学校多踢一会儿足球，而参加晨练微课堂，早早起床到校。早睡早起的作息习惯，慢慢养成。

通过体育锻炼，学生身上发生的变化不仅于此。高质量的训练和良好的作息，让越来越多的学生不仅吃饭香，课堂上坐得住、学得好，相互之间也更加合得来。

清华附小早在 2011 年就制订了校园足球发展五年规划。从校园足球的定位、课程设置、教练配备等方面，规划设计学校校园足球发展。目前全校校园足球活动形成了三级体系：立足课堂教学，重基础；开展校园足球活动，提兴趣；建立足球社团，强技能。学校建立了校园足球班级联赛制度，采取专项比赛与团队比赛相结合的方式，一至六年级全部进行联赛。

至 2014 年 12 月，清华附小有 4 名足球专业教师和 4 名兼职足球教练员，全部取得了亚足联 C、D 级教练员资格。其中 2 人为专业队足球退役运动员，4 人为体育院校足球专业毕业。学校先后聘请北京师范大学体育与运动学院院长毛振明教授和中国教育科学研究院研究员于素梅博士等各级各类专家担任学校体育课程指导专家，使体育教师团队的专业素养显著提升。

依托清华大学丰富的体育运动资源，清华附小还积极争取大学体育部的支持：著名足球国际裁判孙葆洁亲自来学校与同学交流足球，并执裁学生的比赛。在学校校园足球的带动下，很多家长担当班级足球教练或裁判。同时，学校的足球场地在周末免费开放，供学生和家长开展足球活动和比赛。

（《中国教育报》记者　施剑松　2014 年 12 月 8 日报道）

人物风采

谢朝阳：退役后投身校园足球

我没想过眼前这些学生都能成为专业足球运动员。他们在我这儿，如果除了足球还能学到些做人的道理，我这个教练就算合格了。

谢朝阳站在18中操场上特有范儿。在他面前，小队员们眼神专注，动作一点儿都不敢马虎。他说："我没想过眼前这些学生都能成专业足球运动员。他们在我这儿，如果除了足球还能学到些做人的道理，我这个教练就算合格了。"

43岁的谢朝阳，曾是国安队队长，家住北京丰台的方庄。这是北京最早的一个大型社区，5平方公里的范围内聚集着27个中小学、幼儿园等教育机构。足球是社区里最普及的体育运动。2004年底退役后，谢朝阳就在自家附近的一所青少年足球俱乐部当上了教练，一干就是10年。

2004年，正值中国职业足球的低谷，校园足球也不景气。为了招到一个天赋不算太高的学生，俱乐部的几个教练要去孩子家里给家长做工作。面对只想玩一玩的学员，谢朝阳形容当时的心情就两个字"纠结"。

"不过现在好多了，家长们越来越意识到体育锻炼对孩子的重要，来参加训练的学员也越来越多。"谢朝阳说，"人多了，训练就可以系统化。"

谢朝阳现在指导北京市属示范中学18中的初中校队。2014年，这个队拿了3个冠军，分别是中学生校园杯、北京百队杯和北京奥城杯。他说："明年我还要带队伍到韩国比赛，让学员们见识一下国外校园足球的水平。"

从专业运动员转型为校园足球教练，谢朝阳说："我总觉得足球不只是一项体育技能，也是一种教育学生的方式。比如说，如何克服困难？如何面对失败？训练前后要自主收拾训练器具，见到师长一定要问好。"谢朝阳认为，对习惯了个体生活的独生子女来说，足球可以教育他们在集体中如何与人相处，并在训练过程中养成良好的行为习惯和意志品质。

在谢朝阳的足球启蒙年代，最典型的管理方式是"三集中"。所谓"三集中"，就是所有学员生活、训练和学习全部集中在一起。"从足球规律来说，一个孩子能不能成为球星受身体天赋、训练质量等很多因素影响，'三集中'那种流水线培养模式，成才率并不高。从孩子成长的角度来看，过早地脱离正常学习接受职业足球训练，一旦被淘汰，未来的出路渺茫。"谢朝阳说。

在谢朝阳看来，校园足球长远的发展应该是把足球运动的普及与提高结合起来。"一堂体育课，一个教师带着40多个孩子带带球，可以让学生对足球有些兴趣，但北京这个城市的足球水平要提高，还是要建立一批重点的足球学校。如果有10所中学每年能往梯队各输送两名队员，那梯队每年一批队员就是20个啊！"

"这方面，我们的近邻日韩的经验值得学习。他们真是在教育系统打通了足球人才的成才通道，建立了完整的学生联赛体系。"谢朝阳说，"现在中国高中学生的肺活量相当于日韩初中生的水平。过去中国学生在东亚身高和体重都是第一，现在身高第一已经被日本拿走了，体重，咱们还是第一。"

（《中国教育报》记者　施剑松　2014年12月8日报道）

黑龙江省

核心提示

以活动促进校园足球发展是黑龙江省的一大特色。黑龙江省组织中小学大力开展多层次、多样化的校园足球竞赛活动，如建立四级联赛竞赛体系、丰富赛事活动、举办夏令营和冬令营活动等。

2016年12月，在哈尔滨市校园雪地足球男子决赛中，育红小学正在与市师范附小对战。（张威　摄）

省级行动

黑龙江因地制宜因势利导发展校园足球

冰天雪地涌动足球热潮

位于祖国版图最北处“金鸡之冠”的黑龙江省漠河县，年平均气温只有零下 5.5 摄氏度，冬季更是长达 6 个月。即便是在这样的冰天雪地中，校园足球仍然踢得热火朝天。

为了健全校园足球机制，打牢发展基础，黑龙江省教育厅与省发改委、省财政厅、省体育局等 6 部门联合下发文件，加强青少年校园足球工作。该省成立以副省长孙东生为组长，省教育厅和体育局一把手任副组长的校园足球领导小组，统筹校园足球的普及和发展，同时，加大经费支持力度，支持特色学校发展。2016 年省财政拨付校园足球专项经费 500 万元。

为了在大中小学普及推广校园足球，黑龙江深化教学改革，提高学生足球技能。大力推进学校体育运动项目化教学模式，开展形式多样的足球运动和相关教育活动，鼓励有条件的学校建立以足球为特色的“一校一品”“一校多品”体育教学模式，在义务教育学校体育课中开设足球课程，在普通高中（职业中学）、大学开设足球选项课。足球特色学校要把足球列入学校体育课主要教学内容，全校学生全员参与，并掌握相应的足球基本知识和技能。

以活动促进校园足球发展是黑龙江的一大特色。黑龙江组织中小学大力开展多层次、多样化的校园足球竞赛活动，如建立四级联赛竞赛体系、丰富赛事活动、举办夏令营和冬令营活动等。此外，各地市还结合实际丰富校园足球活动。牡丹江市足球定点学校利用体育课、大课间活动、课余体育训练和运动会等多种形式开拓校园足球阵地；黑河市从 2008 年起组织开展“小雷米特杯”足球比赛，至今已经成功举办 7 届；大兴安岭教育局雪地足球课程改革课题荣获国家基础教育课程成果一等奖，研发的雪地足球已在全国北部地区得到推广。

冬季时间长是黑龙江的地域特点。黑龙江教育系统深入学习领会总书记“冰天雪地也是金山银山”的重要讲话精神，认真贯彻落实省委、省政府部署要求，积极开展“百万青少年上冰雪”活动，扎实推进大中小学冰雪体育运动，强健学生体魄、锤炼学生意志品质，促进学生德智体全面发展。

为了全力打造黑龙江地域特色品牌，促进冬、夏两季青少年体育活动协调发展，从 2016 年冬季起，黑龙江省体育局、省教育厅举办了全省校园雪地足球联赛，旨在激励广大青少年崇尚冬季户外冰雪体育运动。以哈尔滨、齐齐哈尔、牡丹江、大庆、鸡西、黑河 6 个市地为试点单位，组织本地区所属县区总数的 60% 及以上的县区开展雪地足球县区级联赛。试点市地所辖县区开展雪地足球活动的学校不低于该地区学校总数的 60%，并以试点市地为中心，辐射周边市、县、区，普遍在 6 个市地形成联赛制度。

（《中国教育报》记者　唐琪　张晨　李澈　曹曦　2017 年 1 月 19 日报道）

地方经验

哈尔滨南岗：

足球“踢”进每个校园

东北的深冬时节，视线所及到处都是银装素裹。

操场上课间活动的孩子们分作几组，或在教练的指导下有模有样地练习传球、控球，或在白雪覆盖的赛场上开展一场热火朝天的雪地足球赛，这是记者日前在黑龙江哈尔滨南岗区育红小学看到的场景。

近年来，南岗区青少年校园足球运动发展迅猛，100% 的学校组建了足球队，实现了校园足球全覆盖，足球人口最大化。

“用各种由头办比赛”

作为一所诞生于人民军队的学校，育红小学的办学风格有着鲜明的“军旅文化育人”特色。而近几年学生在区、市各级校园足球联赛上屡次斩获大奖，让校园足球成为了育红小学另一张闪亮的名片。

育红小学校长姚颖介绍，目前学校已经做到了班班有球队，周周有足球课。“每人一球、每天一练、每周一课、每学期一赛”已是常态。

育红小学在普及校园足球上成绩显著，南岗区其他学校也不甘示弱，纷纷想要上门挑战。

“我们现在是用各种由头办比赛，学校、学生、家长的热情都非常高。”南岗区教育局副局长石晓薇一提起校园足球，话匣子打开了就关不住。

目前，南岗区有 68 所中小学，所有学校都开展了校园足球运动；全区 10 余万名在校生中有 940 多支球队，班级有班队、年级有级队、学校有校队；全区每年开展的大小场次足球赛达到 2 500 余场。

2016 年哈尔滨市中小学生校园足球比赛的 6 枚金牌中，南岗区独揽 5 枚。

校园足球受到热捧，归根结底是大家从中尝到了甜头。

“最开始推广校园足球的工作并不顺利。”石晓薇说，“很多学校对此并不热心，原因多种多样，有的受场地和经费限制，有的怕学生踢球受伤，还有的觉得不过是一门体育课……”

直到普及校园足球的效果在一些先行先试的学校体现出来：学生们体质增强了，精气神儿上来了，其他的学校才开始奋起直追。

石晓薇举了个例子，南岗区内的铁岭小学，几年前学生体质监测得分连年倒数，校领导被约谈。“铺上了球场，踢起了足球之后不到半年，学生体质就显著提高了。”

从 2013 年开始，南岗区先后投入 1 100 余万元经费，用于训练和比赛。两年前，全区中小学只有两块标准足球场地，如今已铺设了 30 多块足球场，到 2017 年，90% 的

学校都将拥有自己的足球场。

“学生们收获了荣誉感”

姚颖发现，自从爱上了踢球，学生们不仅体质增强了，而且在家在学校也更懂事了。

“通过踢球，学生们收获了荣誉感。”姚颖说，“有个学生以前很羞怯，踢了球之后表现很好，现在越来越有自信，有时候见我提起足球得意得很。我开玩笑说，考试不到多少分以后不让你踢，他紧张得不行。”

对此，哈尔滨第七十三中学体育教师李伟同样深有体会。七十三中是老牌足球强校，李伟在这里读高中时就热爱足球，大学读了体育教育专业，毕业后回到母校当体育教师，教得最多的还是足球。

李伟带的队员里，体育特长生比较多，体育生活泼好动难免有些调皮捣蛋的行为，李伟给队员们立了一条规矩：凡违反校规校纪被发现者，一律退出球队。

“在训练过程中，很多最开始‘刺头儿’的学生变得有纪律性，也越来越懂得为人处世和做人的道理。”李伟说，“有的学生犯错误后，自己先憋不住了，主动来向我坦白。”

足球队每天下午后两节课训练，有的学生到了高三紧张的备考阶段还对球队恋恋不舍，一有机会就来参加训练。实际效果证明，学生的成绩并没有因为踢球受到影响，相反，学生因为体质增强和更懂得约束自己、利用好时间，学习成绩反而提高了。

在石晓薇看来，除了对“身”的锻炼，踢足球更重要的是对“心”的培养。足球比赛中蕴含的团队精神、纪律性和规则意识对塑造孩子的人生观和世界观作用很大。“我们坚持做到四结合：将校园足球与体育教学紧密结合，与阳光体育运动有机结合，与校本课程有效结合，与社会实践活动有机结合。”

小小的足球承载着孩子们的快乐、信心和荣誉。每人一球、每周一课、每学期一赛，是南岗学子成长中值得回味的丰富经历。以球辅德，以球养德，促进学生良好意志品质的形成；以球健体，以球强身，促进学生强壮体魄的形成；以球促智，以球增识，带动学生文化课的学习，从而促进学生的全面和谐发展。

校园来了足球外教

在育红小学的操场上，指导学生踢球的除了普通体育教师，还有两个外国人。虽然语言不通，但在翻译的帮助下，学生们和外教交流得有声有色。

两名外教中，年轻帅气的叫安德，来自巴西；年纪稍长满脸络腮胡子的叫马里安，来自塞尔维亚。两人都曾长期在欧洲职业联赛踢球，退役后被南岗区聘请来做足球教练。

2016 年 4 月，南岗区开展了校园足球国际理念推广月活动，邀请了前曼彻斯特女足教练来交流访问，育红小学就是当时活动的第一站。“孩子们在外教带领下，上了一节训练课后意犹未尽，争着用有点儿蹩脚的英语跟教练交流，要求签名合影。”姚颖说。

此后，南岗区又引进了 3 名外教为全区中小学开展为期一年的训练指导，安德和马里安就是这时被引进来的。他们在南岗区各个学校巡教指导，有效地提升了师生们的足球专业水平。

外教们的专业素养和一丝不苟的职业精神让中国师生深深折服。他们的训练方式强调系统性和科学性，从基本功开始就扎扎实实地打好基础，在日常训练中也更注重对学生规则意识的培养。

“原来足球课可以这样上。”这是很多学生上过外教的课后发出的感叹。

“对我来说，足球是一种信仰，它已经融入到我的生命当中。”从小就开始踢球，并最终成为职业球员的安德告诉记者。

安德和马里安毫不掩饰自己对中国的喜爱：“这里非常安全，人们都很热情友好，中国的同事们怕我们在新环境感到寂寞，经常陪我们一起吃饭。”

同时，两名外教也对中国校园足球的问题直言不讳地提出了自己的看法。“训练过于注重比赛导向，家长们有时候太急于看到成果。”安德说。

对此，石晓薇也表达了自己的忧虑：“办比赛的过程中，遇到过有的学校和家长过于看重成绩，甚至因此产生了一些矛盾。针对这种情况，我们明确提出要杜绝假球、黑哨之类不良风气污染校园足球的土壤。足球比赛就是要公平、阳光，本质上我们是要通过推广校园足球来育人。”

如今，南岗区已被确立为全国青少年校园足球试点区。南岗学子在全国各类校园足球赛事中屡获殊荣。（七十三中学男足代表黑龙江省参加全国中学生足协杯赛，获得骄人成绩；2015年南岗区选派的10支代表队参加黑龙江首届“谁是球王”校园足球争霸赛，获得两金、两银、一铜的好成绩。）

“更为重要的是，我们的孩子因校园足球而茁壮，因校园足球而精彩！”石晓薇说。

（《中国教育报》记者　李澈　张晨　唐琪　曹曦　2017年1月19日报道）

黑龙江大兴安岭：

让足球在雪地上飞

在零下30多度滴水成冰的室外，在被茫茫白雪覆盖的操场上，能不能踢足球？

“不能！”这是很多人的答案。

然而，记者近日走进祖国的最北端——大兴安岭地区，却见到了这样一番景象：孩子们穿着厚厚的棉衣，戴着帽子，在操场上奔跑着，铲球、过人、射门……每个孩子的头上都冒着热气。激烈的场面，一点也不亚于普通的足球比赛。

“寒冷的天气，挡不住我们开展校园足球的热情。”大兴安岭地区教育局局长黄桂林告诉记者，这里一年有一半的时间处于结冰期，冬季平均气温达到零下22摄氏度。茫茫的林海，没膝的积雪，是这里留给初到者的印象。

以前，大兴安岭的孩子们冬季的体育运动项目很少，体育课也是以滑冰、抽冰尜、堆雪人、爬犁、冬季长跑为主。记者在大兴安岭加格达奇区曙光学校的体育课上看到，学生们先是做热身运动，听教师讲完动作要领后，每人领了一个足球开始投入地练习起来，丝毫不畏惧寒冷的天气。

“2015 年，学校给每个学生都发了一个足球，做到了人人有足球。”曙光学校校长李海英自豪地说，自从推广校园足球以来，老师和学生们对此热情很高，尽管冬天室外寒冷，训练和上课从来没有落下。

但学生们手中的足球却与普通足球有些不一样。球的表面黑红相间，用反毛的牛皮制成，摸上去很柔软，体积和重量都比普通足球要大一些。

“这个‘雪地足球’，是我们大兴安岭的发明专利。”大兴安岭行署教育局副局长焦德文拿着一个球告诉记者。

为了给高寒地区冬季体育课增添活力，发挥校本课程作用，在地区教育部门支持下，大兴安岭地区教师进修学院艺体部主任朱银生经过 5 年的研究与实践，发明了一种适宜在雪地上踢的“雪地足球”。

朱银生介绍：“跟常规足球场比，雪地要滑得多，反毛的表面便于控球，也能增大摩擦力，让球在雪上滚得慢一些。”这项发明获得了全国基础教育课改教研成果一等奖。

除了外观与普通足球不同，大兴安岭还为雪地足球设计了一套专门的比赛规则。目前，当地校、区县、地区冬季足球联赛和地区运动会都能看见雪地足球的身影，每年有几万人参与雪地足球比赛。黑龙江省中小学器材目录也已将雪地足球纳入其中，并在全省推广。

不仅雪地足球，焦德文介绍，近年来大兴安岭在校园足球上持续增加投入，已有包括曙光学校在内的多所学校入选全国青少年校园足球特色校。在 2016 年的黑龙江全省校园足球联赛上，大兴安岭取得了有史以来最好成绩：新林二中男子足球队和实验中学女子足球队进入全省总决赛，其中，新林二中男子足球队获得了总决赛第三名。

（《中国教育报》记者　李澈　张晨　唐琪　曹曦　2017 年 1 月 19 日报道）

特色学校

哈尔滨市育红小学：

孩子们“老喜欢”踢球了

深冬的哈尔滨，白天气温都在零下 20 多度，连停在路边的小汽车都盖着棉被，用东北话说，“贼啦冷”。

当记者走进位于哈尔滨市南岗区的育红小学时，正值上午大课间。在特意保留冰雪形成的冰场上，孩子们正在进行各种各样的雪上锻炼：冰壶、冰球、轮胎滑雪，当然还有雪上足球。

雪地上，特聘的巴西教练安德和塞尔维亚教练马里安，正带着一队男生、一队女生分别练习足球的基本动作。尽管小脸冻得通红，孩子们依旧热情不减。

记者叫住四年级（8）班的女生小雪，想聊两句，只见她说着话，两眼还一直跟着足球跑。她说，这两个外国教练教得“特别好”，自己每天都想踢球，“老喜欢了”。

育红小学是南岗区第一批铺上足球场的学校，也是黑龙江省最早开展校园足球的学校之一。2015 年，学校夺得南岗区足球联赛男、女双冠，2016 年女队与各区联队一起，夺得全市冠军。目前学校“每人一球、每天一操、每周一课、每学期一赛一会”已经成为常态。

从建足球校队之初，学校就设计了标识、队旗、队徽，以及夏季、春秋季两套队服，形成统一形象。校长姚颖告诉记者，为了做好基础建设，学校先后规划出 6 个足球场，自制足球器材，购置大量足球及训练器材。2015 年投入 20 余万元建设 2 块 5 人制足球场地，2016 年投入 40 余万元铺设塑料拼装场地，近三年体育教师培训经费在 3 万元以上。学校还有一个体育厅、一块室内训练场。

在姚颖看来，校园足球关注的应是普及，我们不是在培养职业球星，目的主要是打造足球文化、感受足球魅力、培养足球精神、培养健全人格、锻炼健康体魄。

在这样的理念指导下，学校想方设法吸引更多的孩子加入到足球活动中。例如，在全校各班各周开设一节足球课，每天大课间做足球操、训练基本动作，每周开展一节走班式足球选修课等。

在提高方面，学校也尽可能保证时间足、专业性强的高水平训练。目前，男女校队基本做到每周 5 天训练。经常性训练带来了水平的提高，学校在今年全区的足球联赛上屡创佳绩。

在很多地方，校园足球要开展起来，老师有热情、孩子有热情，但家长不支持就很难办。育红小学考虑到这一点，积极带动家长参与。各学年组建家长足球队，参加训练和比赛，班本课程还邀请了有足球特长的家长来授课。凡举办足球联赛，家长们都热情高涨；遇到校队外出比赛、教师人手不够的时候，家长们还主动请缨，协助教师管理学生。当比赛取得荣誉时，家长们还会给教练送锦旗、献花，表达谢意。

姚颖说，孩子踢足球，家长们最担心的就是影响学习。但在开展校园足球的过程中，大家发现，孩子们踢球一段时间以后，荣誉感、责任感、合作意识都变强了，非常上进，成绩往往是越来越好，“那家长们当然没有意见啦”。

（《中国教育报》记者　唐琪　张晨　李澈　曹曦　2017 年 1 月 19 日报道）

大兴安岭新林区二中：

林海雪原走出足球小将

在前不久举行的黑龙江省校园足球四级联赛总决赛初中组比赛中，杀入了一匹“黑马”：大兴安岭新林区二中足球队获得季军，并荣获体育道德风尚奖，创造了大兴安岭中学生足球项目的最佳成绩。

在新林二中，足球运动备受追捧，蔚然成风。每个班级的球队都有自己的队名和队服，很多都是由学生自己设计，就连不会踢球的女生，都积极加入啦啦队。在这里，足球不仅仅是一项运动，更是一种风尚、一股热潮。说到足球，每个师生都能自豪地讲述

"足球故事"。

"在全省校园足球四级联赛季军争夺战中，我们上演'逆袭战法'，3∶0 击败强大的佳木斯莲江口中学队，在整个赛事 5 场比赛中有 18 粒进球。" 57 岁的球队主教练何金祥谈到这些，情绪高昂，好像依然身处赛场。

有着 35 年教龄的何金祥是这支球队的主心骨，球队的大事小情都需要他处理。多表扬、少批评、认真总结得失，是他的教学法宝。每天的技战术训练、技术统计都是他工作的组成部分，队员们学习和生活上有什么困难，他也是全力想办法解决。虽然不是足球"科班出身"，但他从心里喜爱足球，经常查阅资料，学习战术技能，借鉴国内外青训的手段，不断改进训练方式方法。每次正式比赛后，他都让队员写赛后感，让队员们在比赛中学习经验，总结不足。

10 号选手韩东旭是球队核心，他品学兼优，学习成绩每年都是年级前 10 名。"我从 11 岁开始踢球，踢足球对我来说是一种乐趣，通过踢球锻炼了身体，也得到了快乐。"韩东旭说。

林永强是球队的后防中坚力量，每次比赛他都要肩负起很多的防守任务。新林二中校长王喜春特别向记者介绍了这名队员："这个孩子有孝心、有责任心。由于家里经济条件比较困难，这次去省里参赛只带了 50 元钱，回来时给妈妈买烧鸡、巧克力花了一半，剩余 25 元又带回了家。"

在采访过程中，记者心中满满的感动。孩子们怀揣着美丽的足球梦想，在艰苦的条件下，磨炼意志、提高自我，他们的目标很简单也很伟大——有朝一日，成为绿茵场上那颗最闪亮的明星。

（《中国教育报》记者　曹曦　2017 年 1 月 19 日报道）

吉林省

核心提示

吉林省的校园足球改革着力于四个方面：第一抓普及；第二抓教学和训练；第三抓竞赛；第四抓“一校一品”的“1+X”运动模式推广。此外，延边州被教育部确立为三个“全国校园足球改革试验区”之一，与此同时，吉林省还申报了全国校园足球特色学校171所，并组织10名校园足球教练员赴法国留学进修。

延吉市建工小学组织低年级的5人制比赛现场。（资料图片）

省级行动

吉林：“十条保障”条条给力校园足球

2015 年 7 月，吉林省建立了以组织保障、师资保障、场地保障、经费保障、赛事保障、激励保障、教学科研保障、评价保障、基地保障、安全保障等“十保障”为重点的校园足球长效机制，为全省校园足球发展提供了强劲的动力。

据了解，吉林省长期以来就十分重视校园足球的普及开展，为全省校园足球开展提供有力保障。早在 1964 年，延边朝鲜族自治州就被国家体委列为足球重点地区，1993 年又被确立为全国足球改革试点区，曾 19 次获得全国萌芽杯、贝贝杯、幼苗杯、希望杯等全国比赛冠军，并为 30 多所国内重点大学输送了 150 多名足球运动员，为中国足球队培养了 40 余名国脚，为全国省级足球队输送了 400 多名足球运动员，并多次代表国家参加亚洲中学生足球锦标赛。近年来，吉林省加大投入、实施完善农村义务教育学校音乐、体育、美术器材装备项目，各地、县也加大投入，积极改善校园体育设施，各级各类学校塑胶运动场地逐年增加。长春市政府从 2014 年开始每年投资 4 000 万元，用于开展学生课后校内阳光体育和艺术特长学习活动及“健康假期”评比活动。省、地、县各级政府的高度重视，为深入推进中小学校园足球运动打下了坚实的基础。

按照教育部和国家体育总局的文件要求，2009 年吉林省确定了以延边和长春为重点城市的校园足球发展战略，并纳入当地体育、教育发展规划。据了解，吉林省的校园足球改革着力于四个方面：第一抓普及，第二抓教学和训练，第三抓竞赛，第四抓“一校一品”的“1+X”运动模式推广。另外，吉林省还鼓励延边大学、东北师范大学、吉林体育学院等高校将教学实习与各地中小学足球训练和教学相结合，深入学校加强指导，提高水平，同时，也解决足球师资不足的问题。吉林大学、延边大学等高校有经验的体育教师还依照中小学体育课程标准和少年儿童身心发展特点，编写新的足球课程用书，使足球教学内容更科学、实用。部分市州教育局还将足球项目纳入中考体育加试项目，极大地调动了学生和学校参与校园足球运动的积极性。

2015 年上半年，延边州被教育部确立为三个“全国校园足球改革试验区”之一，同时，吉林省申报了全国校园足球特色学校 171 所，选派了一批教育行政领导和县政府领导及足球特色学校校长参加国家级培训，年内还组织 10 名校园足球教练员赴法国留学进修，以提升校园足球改革的创新能力。教育厅体卫艺处处长刘强强调：“引导更多的学校开展足球教学和足球竞赛，吸引更多的学生参与足球运动，目的是实现校园足球的育人、健身、引领其他体育运动的三大功能，最终达到青少年身心健康、体魄强健和培养全面发展的青少年足球后备人才的战略目标。”

（《中国教育报》记者　赵准胜　张婷　刘文彧　2015 年 7 月 2 日报道）

地方经验

体教结合，构建普及与提高训练体系

延吉：校校有球队　人人爱踢球

延边朝鲜族自治州的足球运动始于20世纪初。因为悠久的历史渊源，足球已深深融入到延边的政治、经济和文化生活中。1964年，延边朝鲜族自治州被国家体委列为全国16个足球重点地区之一，1993年又被确立为全国12个足球改革试点地区。作为延边朝鲜族自治州的首府，延吉市的足球运动员人才济济，20世纪50年代至今，陆续为中国国家队培养出40余名国字号运动员。

班班有球队，天天有活动，人人爱足球

足球运动在延吉市具有广泛的群众基础，深受青少年喜爱。目前，延吉市共有各级各类学校45所，体育教师215人，其中足球专业教师91名，占体育教师总数的43%。每一所学校都有足球专业的体育教师，也都有足球场地，为校园足球的开展打下了良好的基础。全市80%以上的学校将足球作为每天一小时大课间活动的主要内容，部分学校还自编了足球韵律操，并在全校普及。

延吉市建工小学有3项足球比赛。上半年举行“校长杯”集中赛；下半年举办全校年度足球联赛；而周末的年级足球挑战赛要贯穿全年，形成了“班班有球队、天天有活动、人人爱足球”的局面。

截至2014年底，延吉市共有足球特色学校8所，各足球特色学校由足球专业的体育教师担任教练。同时，各特色学校都成立了以校长为组长的校园足球工作领导小组，不断加大对校园足球的资金投入。据统计，各特色学校每年在场地、器材、训练和比赛中的投入达10万元以上。

由于冬季特别寒冷，延吉市足球训练冬季无法开展，因此，2005年起各特色学校自筹资金赴广西北海足球基地进行训练。针对这一情况，2012年市教育局协调相关部门筹措资金20余万元，组织多名热爱足球、品学兼优的中小学足球运动员赴广西北海开展为期40天的冬季训练营活动。2014年全市参加冬季足球训练营的学生达143名，市教育局又筹措资金40余万元，确保了冬季训练营的正常进行。

赛前有准备，赛中有创作，赛后有评论

随着学校足球活动的普及化、常规化、规范化，足球精神也渗透于学校的各项教育活动中，实现了潜移默化的育人效果。

“首先是学生们懂得了足球礼仪，每场足球赛，小运动员们都遵循标准化的足球礼仪。”延吉市五中校长尹景丹告诉记者，“每场比赛我们都会评出最佳阵容、最佳球员、最佳守门员和最佳指导，无论是运动员还是观众，都能受到‘规则、礼貌、诚信、公正’

等价值观教育。”

不仅如此，每年的足球大联赛，各学校各班级赛前都要设计和征集队名、队标、队旗，赛中进行专题绘画和摄影创作，赛后还要进行观赛征文和赛后评论等活动。

“多年积淀下来的阳光、自信、开朗、向上的体育精神，提升了学校管理水平，丰富了学校内涵，成就了我校的特色和校园文化。”延吉市建工小学校长李顺福说。按照不同年龄段学生的足球技能标准，延吉市建工小学还编写了低年段和高年段两套足球校本教材，并纳入学校教学计划。通过体育课、校本课，保证了学生在校期间的足球总课时达到 380 学时。另外，学校每天还安排了 20 分钟的阳光足球活动，即 5 分钟足球操和 15 分钟不同学年段的足球活动。

体教结合，政策引导，建构新体系

早在 1995 年，延边州便提出了“主动结合、紧密结合、有效结合、创新结合”的思路和方向，通过足球开始了体教结合之路，在体教结合工作中，举办多种形式的足球赛，随之相继出现了业余体校和业余俱乐部等各类足球组织，使全市校园足球得到了蓬勃发展。

2008 年 5 月，延边州教育局在初中毕业体育考试中设立了足球科目选项，使足球成为高中升学考试的重要科目。同时，出台了足球特色学校跨区域招生、中考体育免试、降分录取等政策，极大地调动了全市广大学生参与校园足球的积极性。

为深入推进校园足球，延吉市政府研究制定了《延吉市校园足球三年发展规划》，明确了延吉市发展校园足球的指导思想和工作目标。“我们坚持以‘普及 + 提高 + 特色’为建设思路，以‘政府主导、行政推动、分段实施、全面推广’为工作策略，全面推进校园足球工作。”延吉市教育局副局长石林说。

据了解，延吉市政府通过多种途径，充分吸收社会资源，筹措建立了校园足球学生奖学金制度，对长期从事足球训练的优秀学生进行奖励，并且不断加强校园足球安全责任意识和防范能力，制定了安全防范规章制度。

另外，延吉市始终把加强校园足球教练员队伍建设作为开展校园足球活动的重要内容之一。教育局协调人社局、编办等部门，在体育教师招聘方面为足球专业教师开辟“绿色通道”。2012 ~ 2014 年共招聘足球专业体育教师 26 名，壮大了校园足球教练员的队伍。

为提高校园足球教练员队伍素质，市体育、教育行政部门举办多期教练员培训班，聘请体校专业足球教练到部分学校进行现场指导，并积极选派教练参加州级、国家级培训。采用多种方式提升现有体育教师足球教学实践能力，把足球纳入与延边大学地校合作战略。多层次培养专业人才，加强各类足球职业教育，多渠道培养复合型足球运动应用人才。

记者通过采访发现，延吉市的校园足球实现了“四个融合”：课堂教学与课外活动相融合、校内训练与校外训练相融合、个别辅导与集中指导相融合、长期训练与短期集训相融合，由此全方位构建了适合延吉市校园足球普及与提高的训练体系。

（《中国教育报》记者　赵准胜　刘文彧　黄泽峰　2015 年 7 月 2 日报道）

长春市净月区学生家长，对校园足球从“恼火”到“感激”

“多亏了学校的坚持”

9 岁的闫可欣就读于长春市净月区新城大街小学。小姑娘十分喜爱足球，一下课，就围在足球教练身边讨教。这个学期，学校新发的足球已经被她踢烂了。“我想当校队队长。”闫可欣悄悄告诉记者。

闫可欣是山东人。几年前，她的爸爸和妈妈来到长春，靠打工维持生活，一家人的日子过得并不宽裕。对自己的孩子能成为学校的小球星，可欣妈妈王艳秋赞不绝口。

如今，校园足球是净月区教育的一张“名片”。不只是新城大街小学，全区 16 所公办中小学都成立了学校校园足球队。全国 2 万所足球特色校，净月区占了其中的 3 所。

“9 年前，我们想推广校园足球的时候，谁也没想到足球能像今天这么火。当时的想法很简单，就是为了让孩子有个好身体。”净月区社会发展局教育科科长吴明丽笑着说。

话还得从 2006 年的一次课堂抽查说起。那年冬天，区教研中心对全区的体育课堂教学进行抽查，结果很不乐观。长春的冬天特别冷，开展户外运动比较困难。许多学校干脆就把体育课停了，改在班里自习或是上主课。

体育课开展不起来并非小事。区教研中心主任王大亮通过分析发现，净月区孩子的身体素质明显低于全国水平，无论是肺活量还是耐力，相差不少。

如何调动起学校和教师开展体育活动的热情？区教研中心想了一个高招：举办全区校园足球联赛。比赛不是为了培养尖子，而是强调普及，让冬天的体育课开起来，让更多的孩子跑起来。

2007 年，全区首届“校园足球赛暨体育课堂验收活动”如期召开。区里规定，每支校园足球队一半的参赛队员，需由大赛组委会抽签决定，保障比赛的普及性。

比赛开始了，但问题马上也来了。由于足球训练整体水平不高，孩子们在赛场上状况百出：有的一窝蜂地抢球，五六个人滚成了一团；有的违规不断，连基本的足球规则都没搞清楚；更严重的是，比赛中有孩子在冲撞中受伤了、流血了。

家长一下就恼了，“我们孩子受伤了，你们谁负得起责”；有的校长也不干了，“学校的任务是升学，花这么多精力让孩子踢球有什么用”。

那段时间，区教研中心的压力特别大。到底要不要继续推广校园足球？冬天强调户外运动是不是错了？该不该加大体育课的运动量？这些问题困扰着教研员们。

此时，区领导给教研员们吃了一颗定心丸：身体素质是孩子的未来，不能为了成绩，不要身体。放心做吧，要做，就做出个样子来。

停滞的校园足球又开展起来了。当教研员看到孩子们在雪地里踢球时的兴奋劲儿时，也憋不住跑入雪地，与孩子们滚在了一起。

缺少训练，不懂规则，那就从头做起，手把手培训教师。区里新出台了校园足球赛规则，强调技术和战术，禁止铲球，禁止激烈的冲撞，连高抬腿都是禁止的；在体育教

学中，强调足球的趣味性，让每个学生都参与其中，提高孩子们的足球水平。

王大亮到每一所学校去听课，带着体育老师研究怎样教好足球课。在他看来，校园足球赛不是竞技体育，而是要向 45 分钟要质量，不允许学校加班加点训练。不要刻板地只注重动作的传授，而是要让孩子们用脑踢球，理解足球的魅力。

体育老师的课堂在悄然变化。第五十五中学杜吉勇老师慢慢摸索到了足球教学的关键点，他将足球比赛改造成传球、运球游戏，在娱乐中加强基本功练习。他还搞起了 5 人制足球赛，四名男生带一名女生，女孩子再也不会被排除在外。

随着孩子参与度的提高，他们渐渐能对足球提出自己的想法了，有的甚至能和老师讨论战略战术了。

杜老师的经验很快在全区推广。老师在精心教，学生在认真学。新城大街小学周凤军老师很快发现，有的孩子竟能在比赛中上演“帽子戏法”，这在原来是从没有过的。

扎实的课堂教学，让教研员和老师们有了信心。到第二届足球联赛时，孩子们的动作规范了，比赛也有战术了，受伤大大减少了。

看到孩子们的体格越来越棒，原来反对的家长和校长，也积极鼓励孩子踢足球了。

这些年，区里不断加大投入，为学校铺上了人工草坪，引进高水平足球师资，给比赛增加经费，推动着校园足球的发展。为了让足球苗子更好地发展，净月区还成立了小、中、高足球俱乐部，打通了足球人才培养通道。

在一年一次的校园足球联赛中，小队员的水平稳步提升，荣誉和成绩也接踵而至。先是有小队员不断被星探发现，成为专业队的签约队员；后来，在全市和全省的比赛中，净月区的校园足球也常常拿到冠军；最后，成为全省代表，捧回了全国大赛的桂冠。

校园足球也唤醒了净月区的体育教育。除了足球，全区学校还开展了三门球、花式跳绳、排球等多个特色项目。家长杨胡月感慨地说：“多亏了学校的坚持，才给孩子打好了身体的底子。”

（《中国教育报》记者　张婷　赵准胜　2015 年 7 月 2 日报道）

人物风采

伤退球员圆梦校园绿茵场

——记延吉市第五中学足球队主教练梁吉哲

2015 年初，随着延吉市第五中学足球队挺进 2014“谁是球王”中国足球民间争霸赛青少组全国八强，古铜色皮肤、中等身材，每天陪着孩子一起哭一起笑的梁吉哲走进人们的视野。

1980 年出生的梁吉哲曾是专业的足球运动员，1999 年师从李虎恩在延边足球队打专业比赛。2000 年在一场比赛中，梁吉哲膝部粉碎性骨折，残酷的事实宣判了他专业运动员的职业生涯就此终结。带着无限遗憾，梁吉哲选择退役，进入延边大学学习。

为梦想重建校园足球队

2006 年大学毕业后，梁吉哲通过考试应聘成为一名体育教师。虽然职业变了，但令梁吉哲庆幸的是，从事体育教学工作的同时，每天还可以接触到心爱的足球，这就意味着自己心底的足球梦还没有完全破灭。延吉市第五中学浓郁的足球文化、辉煌的足球历史，令梁吉哲全身充满了力量。他开始对职业进行规划，暗下决心通过自己的努力重新实现心中的足球梦……

目标明确后，梁吉哲做的第一件事就是招兵买马。他一边在学校学生中挖掘有潜能的苗子队员，一边到全市各个小学预约招生。为了选拔综合素质好的运动员，他经常往返于龙井、图们等地招生（外地学生遇到食宿问题，他就将其带到家里吃住）；为了进行全面系统的训练，他自费为运动员买训练工具、训练装备；为了确保整个校园足球队的延续性，足球队招生之初，梁吉哲就率先从新生入手，给每个学年段的运动员分组。经过 3 年的努力，截至 2010 年，五中足球队已经发展成为一支拥有 20 余名运动员的队伍。为了让运动员训练形成制度化，梁吉哲推行了校园足球队长效机制，规定每天下午 2：30 至放学为球队训练时间。另外，每个暑假、寒假，梁吉哲还带着学生开展封闭集训。

“球队发展到今天，当然离不开校领导的支持。”梁吉哲说，“学校几任领导，都非常重视学校足球队建设。”经过 8 年的积淀，目前延吉市五中足球队已经形成了自己的特点，足球队专业基础功非常扎实。在队员训练上，梁吉哲非常重视队员身体协调性和脚法、腿法以及作战思路的培养。梁吉哲认为，青少年踢足球不是单纯地穿上球鞋拼体格，而是带着智慧带着思考去踢球。如果一味强调体力、耐心培训，那么孩子的足球生涯很难走远。“初中阶段，就是一个足球运动员的基础培养阶段，犹如盖楼房的打地基阶段，只有这个阶段做扎实，未来的路才能走得更长更远。”梁吉哲说。

球队训练也须“高效”

“可以说五中校园足球队是梁吉哲一手带出来的，每个运动员的成长路上都洒满了梁吉哲艰辛的汗水，每个奖牌背后都记录着梁吉哲的默默付出。”五中校长尹景丹说：“在球队训练上，梁指导还善于用学校的高效课堂模式进行指导。”对此，梁吉哲也深有体会。原来，“绿茵梦之队”之前经常在关键比赛中“掉链子”，明明技术、战术都占优势，却因为心理因素发挥不出应有的水平。“你看国外的球员，在比赛中大声喊战术，越是重要的比赛越兴奋，往往就能发挥出 120% 的战斗力。我们的学生比较内向，遇到重要的比赛，心理压力大，畏首畏尾，自然发挥不好。”梁吉哲边分析原因边说，“我可以教他们技术、战术，但心理素质的培养却不是一朝一夕的事情。在高效课堂中，学生们大胆发言、密切配合，自信心与沟通能力提高了许多，这在足球比赛中非常重要，也体现得非常明显。”

如今，“绿茵梦之队”足球社团是五中最庞大、最引人注目的社团，如何有效提升每个社团成员的足球技能，开展丰富的足球社团活动呢？梁指导说：“每个年级都有球队，我们充分利用这些‘小教练’资源来带动广大社团成员，我只给‘小教练’提供‘大纲’和思路，然后在场边当顾问，‘小教练’们都很自觉，也很有耐心，最重要的是他们通过社团活动认识到训练效率的重要性。”

就这样，因伤退役的梁吉哲在校园绿茵场不断延续着他的足球梦……

（《中国教育报》记者　赵准胜　刘文彧　2015 年 7 月 2 日报道）

辽宁省

核心提示

辽宁省将足球纳入学校必修课，启动编制《辽宁省校园足球教学训练指导手册》，构建课程体系。辽宁省将扶持和鼓励校园足球特色学校建设作为校园足球教学改革的重中之重。辽宁省通过举办全省足球学校校长、足球教师和管理人员三级培训，选派足球教练员赴国外培训，解决足球教师短缺的燃眉之急。

足球小将脚下功夫利索。（资料图片）

省级行动

辽宁：构筑校园足球普及体系

将足球纳入学校必修课，开展足球精品课创评活动，加强足球教师培训，完善校园足球训练和赛事活动……近年来，辽宁省将校园足球作为学校体育工作的突破口，积极探索校园足球的课堂教学、课余训练，建立联赛和培训制度等，努力构筑全省校园足球普及推广体系，以此示范带动全省学校体育的改革发展。

校园足球课程建设是普及校园足球的核心和基础。辽宁省将足球纳入学校必修课，启动编制《辽宁省校园足球教学训练指导手册》，构建课程体系，实施大单元教学，在足球试点县（区）和特色校推行“每周一节足球课”，保证全体学生系统掌握足球基本知识和基本技术。大力引导学校开发足球校本课，要求学校将足球项目融入“体育艺术2+1项目”活动内容，鼓励学校开发足球教学、训练、活动等多层次、多门类的校园足球课程，以增强校园足球活动的趣味性。辽宁省还组织专家团队对各地区校园足球校本课程进行指导和深度开发，建设校园足球精品课资源库，开展校园足球精品课创评活动，引领校园足球教学上层次、上水平。

辽宁省将扶持和鼓励校园足球特色学校建设作为校园足球教学改革的重中之重。2016年在全国率先对省内首批402所全国青少年校园足球特色学校及试点县（区）进行督导检查，并对校园足球专项资金绩效进行评估，对14所不达标的特色校亮黄牌，削减其专项资助经费，并限期整改。动态督导检查，有效提升了校园足球特色校及试点县（区）对校园足球的重视度。

缺少专业化足球师资是掣肘校园足球发展的关键。辽宁省从加强校园足球教师培训工作入手，一方面通过举办全省足球学校校长、足球教师和管理人员的三级培训，选派足球教练员赴国外培训，充实优秀退役运动员教练员到教师队伍等途径，解决足球教师短缺的燃眉之急。另一方面，在省内体育专业院校根据发展校园足球的实际需要调整培养方案，加强足球专业教师培养；适度调整体育、师范类高等院校体育相关专业教学计划，增加足球教学内容，以此培养数量足够的专业化足球师资。

辽宁省将完善校园足球训练和赛事活动作为提升学生足球运动兴趣、激发青少年顽强拼搏和团结协作精神、检验各地区各学校开展校园足球工作水平的重要措施，明确要求校园足球试点县（区）和校园足球特色校，科学编制校园足球训练计划，利用课余时间和节假日定期开展训练，保证校园足球队每周集中训练不少于5课时；倡导校园足球试点县（区）和校园足球特色校，引进专业足球教练，指导学校足球队科学开展日常训练，保证训练质量；选派优秀足球团队或选拔优秀学生球员参加系统的足球集训，定期与国内外优秀的学生球队开展互动交流，开阔学生视野，快速提升技战术水平。据统计，辽宁省自从建立“校县市省、小初高大”双维度四级联赛运作机制以来，仅在省域内就举办校园足球赛事5 000场，30 000余人次参加，使校园足球竞技水平显著提高。

（《中国教育报》记者　王友文　刘玉　2017年4月5日报道）

地方经验

玩转小足球感受大快乐

——辽宁鞍山推进校园足球工作纪实

北方冬季，寒凝大地。鞍山市宁远镇小学中心校操场上，一群孩子奔跑着、呐喊着，华丽的躲闪，漂亮的铲球，迅猛的突击。操场边，“啦啦队”们小脸冻得通红，不停地挥舞手臂加油助威。

校长倪拥说，因为开展校园足球，这些农村孩子走出了国门。学校足球队 2013 年获得了“与世界有约”希望工程青少年足球邀请赛冠军，并代表中国赴瑞典参加“哥德堡杯”世界青少年足球赛，在 198 个队伍中杀入了 64 强。

2009 年，鞍山市被确定为首批 44 个全国青少年校园足球布局城市之一，现有全国校园足球特色学校 41 所。近几年，本着“重在普及、贵在发展、凸显特色”的理念，鞍山市把建设校园足球硬件设施纳入推进教育均衡发展的大格局规划之中，把普及推广校园足球纳入招生考试改革战略之中，让学生在玩转“小”足球中感受到了“大”快乐。

政府牵头打造标准化足球场
数亿资金夯实校园足球基础

走进鞍山市立山区红拖中学，400 米标准塑胶跑道、足球草坪与学校基础设施建设相得益彰。这是一所位于城市最北端城乡接合部，且有半数学生是外来务工人员随迁子女的农村学校。“近几年，政府投资为学校建设了风雨操场，配置了足球运动设施，为开展校园足球提供了良好条件。”红拖中学郭玉良书记说。

缺场地、缺经费、缺教练，是目前全国开展校园足球面临的普遍问题。面对这些难题，鞍山有自己的解决方案。

缺场地，政府解决。市政府把每年改造 20 所薄弱学校作为为市民办实事项目之一。2009 年以来，全市建设操场 162 块，总面积 90 万平方米，累计投入资金 3.2 亿元。

缺经费，教育投入。市教育局每年投入 20 多万元进行足球联赛，全市每年投入 100 余万元，用于外出比赛，学习培训，添置足球、球门等设备。

缺教练，教体结合。市教育局与市体育局联合，连年组织布局学校校长培训班、校园足球教练员培训班和校园足球中小学骨干教师专项培训班，全年培训校园足球教练员 2 000 余人次。

精心经营中小学联赛品牌
打造独具特色的足球文化

2016 年 5 月 17 日，当裁判员吹响比赛结束的哨音，铁东区健康小学师生涌向操场，和队员们拥抱在一起庆祝胜利，他们高呼：“我们升级了！”而另一旁风光小学的老师

则不停地抚慰含着泪花的小球员：“别伤心，明年我们还会回来的。”

铁东区教育局体卫艺科科长贾景文介绍，该区 12 所全国校园足球特色学校每年度举行的比赛叫“甲级联赛”，其余 14 所中小学校之间的年度比赛叫“乙级联赛”。根据比赛成绩，“甲级联赛”的最后一名和“乙级联赛”的第一名进行年度“升级比赛”。这种竞赛体制极大地激发了学校与学生的集体荣誉感和团队精神。

鞍山市把建立科学合理的赛事体系作为普及校园足球、打造校园足球品牌的重要一环，建立了“333”联赛模式，三个“3”分别强调示范性、普及性和课程性。

据统计，仅 2016 年，鞍山市举行市、区、校级等各种比赛就达到 5 000 场次，校园足球联赛参赛队伍 1 100 支，参赛运动员 3.1 万人次。

实行中考足球特长招生
打通足球人才培养通道

2015 年，鞍山市出台了在城区省示范性高中招收足球特长生的中考政策。在初中阶段参加校园足球联赛的学生，可以报考足球特长生，享受中考文化课降分政策。这一政策一出台便受到家长和学生的热捧。

按照《2016 年鞍山市足球特长生测试方法与评分标准》，报考的学生应先通过足球专项入围考试，专项成绩不能低于 60 分。通过入围考试者，根据报考的不同学校可享受不同的文化课降分政策。足球特长生录取，依据各校招生计划，按照文化课成绩在入围的考生中由高分至低分择优录取。被录取后，体育特长生必须按时参加学校组织的训练和比赛，对于不参加训练和比赛的体育特长生，根据学校相关管理办法，取消其特长生资格和待遇，并转入普通高中就读。

目前，鞍山市已有近百名足球特长生就读于鞍山一中、三中、八中等重点高中。

经过多年努力，鞍山市校园足球在组织管理、联赛运营、运动员输送衔接、特长生招生政策、经费保障等方面已经建立了完善的运作机制，在各种比赛中取得了丰硕成果，向国家、省专业队和职业运动队输送了大批足球人才。目前，已有 63 人在中国足协注册，还有 19 人分别入选辽宁队 U13 组、U11 组。鞍山市校园足球布局学校的运动员已为辽宁宏运、北京国安、广州恒大等国内多家中超足球俱乐部输送了大批优秀足球后备人才。

“如今，校园足球在鞍山已不仅仅是提高学生身体素质的手段，更是推进素质教育的有效载体，校园足球文化已经成为学生的学习内容和生活方式。”市教育局体卫艺处处长孙长虹说。

（《中国教育报》记者　刘玉　王友文　2017 年 4 月 5 日报道　通讯员　高英）

把校园足球作为全县的一件大事

——辽宁省法库县足球教学全面进课堂

在2016年辽宁省校园足球联赛初中女子组比赛中，法库县东湖三中女子足球队获得第四名。本次比赛代表了辽宁省初中女子足球的最高水平，校长耿彪说："成绩是对师生刻苦训练的最好回报，也将激励我们进一步做好校园足球工作。"

作为全国青少年校园足球试点县，法库县2012年提出了建设"足球之乡"目标。经过4年努力，足球教学已经全面进入课堂，全县30所中小学校及22所中心幼儿园的3万多名孩子全部参加校园足球活动，每周都上足球课，"人人踢球、班班有队、校校参赛"已经成为各学校常态。

建设"足球之乡"是法库县提升全县文化品位和人口素质战略目标的重要组成部分。县委、县政府为此出台专门文件，县委书记、县长亲自担纲，在全社会形成合力共同推进。

法库县将开展校园足球的经费纳入县财政预算，同时鼓励学校向足球倾斜。4年来，法库县陆续投入资金1.79亿元，用于学校和幼儿园的足球场地建设。共建设63块塑胶（草坪）足球场地，5个体育馆；投入676万元，购置设备、印刷教材，采购足球3.5万个；办理了校方责任险、意外伤害险、运动员意外伤害险。

在推进校园足球进程中，法库县同步加强足球师资队伍建设，采取按需特批、顶岗实习、专家培训等多种办法，建立了一支专兼职结合的足球教师队伍，基本满足了教学所需。4年来，全县招聘体育教师46名，与沈阳体育学院合作，共派181名大学生顶岗实习教授足球。对全县172名体育教师每年进行全员培训，邀请辽沈著名球员肇俊哲、王静野等培训指导。县里还选派东湖三中体育教师马超参加了2016年中国校园足球教练员赴法国留学项目，回来后成立了名师工作室，将法国青少年系统训练的方法结合地方实际辐射到了全县。

法库县利用评先评优这个平台，利用政策导向与激励机制，让体育教师充满干劲。法库县还将足球教育纳入素质教育，把足球教育成果列入学校绩效考评。霍福吉、沈君辉等以足球教师身份被评为市、县优秀教师。

据介绍，法库县从2015年起就将足球课排进中小学课表，县里自编《中小学足球课程县本教材》作为教学指导，使足球课教学更加系统、规范。现在，全县每所学校每周体育课中必有足球课，保证所有学生都能接触到足球。法库县将联赛作为校园足球普及的基础，通过建立班级、年级、校级"三级联赛"制度，让校园足球走得更远。

开展校园足球，促进了全县学生的身心健康。据监测，近年来，法库县学生肥胖率和视力低下率均有所下降。其中视力低下率由2012年的14.02%下降到2016年的4.95%；肥胖率由2012年的23.52%下降到2016年的19.27%，肺活量平均值大幅提高。

（《中国教育报》记者　刘玉　2017年4月5日报道）

特色学校

沈阳市铁西区勋望小学：
每个学生都能体会足球乐趣

一年一度的校园足球节是沈阳市铁西区勋望小学学生最期待的节日。2016年6月中旬正值欧洲杯足球季，勋望小学举办的“足球嘉年华”活动将足球节全面升级，以足球特色学校身份邀请沈阳市12支小学强力战队展开比赛，深化邻校友谊，共同为沈阳打造“足球之都”展现实力。

提起董礼强、徐亮、肇俊哲、王霄等优秀球员及亚足联足球讲师张鹏等，大家都不陌生，他们均为勋望小学毕业生。学校先后为国家、省市级球队输送了50多名优秀球员。校长陈冬梅说，除了有厚重的足球文化历史，勋望小学作为全国青少年校园足球特色学校，近年来还不断深入研究学生喜欢的足球课堂教学，不断改善体育特色活动、社团活动和足球训练项目。

为增加足球基本人口，勋望小学积极推动具有本校特色的足球课程，组织骨干教师编写校本足球教材。学校通过设计多项活动，让学生们人人都有机会与足球相遇、相伴，并体会足球乐趣。足球社团是孩子们最喜欢的一个社团。

2012年，勋望小学举办首届校园足球文化节。联赛中，各班级足球队捉对厮杀，小队员摩拳擦掌，跃跃欲试。2013年在“放飞足球梦快乐满望园”足球节上，孩子们用热情洋溢的足球宝贝舞蹈和精彩的球技秀为活动增添了激情和乐趣。2014年“望园绿茵场童嬉世界杯”足球节恰好“邂逅”世界杯，校园里掀起了追世界杯球星、追球队的热潮。孩子们自己绘制喜欢球队的国旗、足球吊旗，把它们悬挂在教学楼厅廊，文化与艺术并扬，健康与幸福并植。2015年“炫酷足球激爽望园”足球节，邀请了沈阳市优秀校园足球队一起切磋球技……每年足球节，校园里都充满了浓浓的足球氛围：利用升旗仪式举办启动仪式；走廊里、立柱上、班级文化墙上，到处都是孩子们的作品；还有诸如手抄报、海报、追星之旅、为自己班级球队设计队服和队徽等活动。绿茵场上，不仅有球队成员的身影，每一个学生都有机会小试身手。

2015年，勋望小学聘请前沈阳金德队队员张杨等退役专业运动员担任足球教练，给孩子们讲足球的历史、规则以及观赛礼仪，让有天赋的学生踢足球，让其他学生懂足球。据该校副校长胡江宁介绍，学校将足球课分为校本课，即正常体育课；自选课，就是学生们按照自己的爱好，选择足球等体育兴趣班；还有拓展课，即由张杨领衔的教练团队组建足球校队，并要求班级里有校队学生的班主任，要及时给校队学生补课。

（《中国教育报》记者　刘玉　2017年4月5日报道）

人物风采

大连四十四中足球教练王鹏飞：

既教学生踢球，又教学生做人

见到王鹏飞是在下班时间。周五下午 5 点，大连市第四十四中学的学生们陆陆续续走出校门，王鹏飞和他的队员们却仍然在操场上训练。

王鹏飞，32 岁，四十四中体育教师、校足球队主教练。王鹏飞是土生土长的大连人，足球城浓厚的氛围使他从小喜欢上了踢球。2004 年他如愿考入渤海大学足球训练专业，毕业后成为了一名教师。因专项业务能力突出，2010 年，25 岁的王鹏飞被任命为校足球队主教练。

做一名学校足球教练是十分辛苦的。除了每周 21 节课的正常体育教学工作外，还有 15 节足球训练课。和其他教师每周平均 10 节课的工作量相比，王鹏飞每天的日程都排得满满的：每天上午 9：30 ~ 10：00 的课间操时间，带领队员做力量练习；中午 12：00 ~ 12：30 在会议室上足球理论课或思想教育课；下午 1：00 ~ 3：20 上学校的体育课，3：30 ~ 5：00 足球队训练。此外，足球训练周六周日从不间断，暑假不休息，寒假休息六天，周而复始。“周六周日和寒暑假都是无偿训练。”王鹏飞告诉记者。

谈到自己始终保持旺盛工作热情的原因，王鹏飞说这一切都源于对足球的热爱。“我是校园足球的受益者，”采访中，王鹏飞不时地强调这一点，“我从小就参加学校训练，参加区长杯、市长杯足球赛，一直到高中都是校队球员，所以对足球就有很深的感情。”现在王鹏飞的校队总共有 35 名队员，除了王鹏飞外，学校还聘请了三名退役的职业队员当他的助手。

虽说担任教练工作仅仅几年，王鹏飞和他的团队已取得了不俗的成绩：三次市长杯冠军、两次辽宁省中学生足球赛亚军、两次全国冠军杯赛赛区冠军，并闯进了全国冠军杯总决赛四强、世界青少年足球赛 U13B 组亚军等，他本人多次被评为优秀教练员，学校足球队也成为了全国校园足球重点示范队。而他所带的队员中，已有 16 人进入职业足球俱乐部梯队，其中 1 人入选国家青年队。看着王鹏飞展示的那一大堆奖杯奖牌和证书，真有点儿不敢相信这都是一个三十出头的小伙子获得的。

除了优异的比赛成绩，四十四中足球队还是一个满满正能量的集体。王鹏飞制定了严格的队规，他要求每一个队员都要学习好，要具备绅士风度。通过和队员们的共同努力，慢慢改变了老师和同学对体育生固有的印象。队员们都是各班级的班干部，成绩排名也靠前。在平时的训练中，除了足球训练外，每周还安排一个德育方面的主题活动，比如足球装备的摆放、文明用语以及帮助、鼓励队友等，让队员通过足球学到做人的道理，在赛场上做到从内心尊重裁判员和对手，在场下是一个优秀的学生。每次比赛结束后王鹏飞会带领队员集体感谢大会服务人员，集训后去食堂吃饭，队员都主动排在最后，不挑食、不剩饭，吃完饭后的饭桌一定会是颗粒不剩。

王鹏飞十分好学，目前已经持有亚足联 C 级教练员证书，并被推荐进入亚洲足联 B 级教练员培训班学习。2016 年，他被国家教育部选派赴法国留学，以考试成绩第一名、总成绩第二名的成绩顺利毕业，被评为优秀学员，并被推荐进入 2017 年中国校园足球讲师培训班学习。

（《中国教育报》记者　刘立凯　2017 年 4 月 5 日报道）

天津市

核心提示

天津市印发《天津市关于加快发展青少年校园足球的行动计划（2015～2017年）》，提出到2017年，可建设200所青少年校园足球特色学校，创建一至两个国家级青少年校园足球试点区县，经常参与校园足球活动学生达到15万人，基本形成政府统筹、社会参与、保障有力的青少年校园足球发展服务体系。

天津市河东区香山道小学学生在足球班级联赛中拼抢。（余闯　摄）

省级行动

天津市印发加快发展青少年校园足球行动计划

2017 年建成 200 所校园足球特色校

天津市七部门印发《天津市关于加快发展青少年校园足球的行动计划（2015 ~ 2017 年）》，提出到 2017 年，天津市可建设 200 所青少年校园足球特色学校，创建一至两个国家级青少年校园足球试点区县，经常参与校园足球活动学生达到 15 万人，基本形成政府统筹、社会参与、保障有力的青少年校园足球发展服务体系。

天津市提出，坚持推广普及原则发展校园足球。遵循教育规律和足球发展规律，支持学校普遍开展足球活动，鼓励青少年广泛参与足球运动，锻炼意志品质，提升技术能力，夯实足球人才基础。同时，坚持问题导向，深化体制机制改革，加强顶层设计，注重政策、标准和关键项目引导，在足球普及、教学训练、竞赛评价、师资建设和质量检测等重点环节取得突破。

在校园足球建设布局上，天津市提出，重点建设一批青少年校园足球特色学校，以点带面推动校园普及和质量提高。将足球列入各级各类学校体育课教学内容，积极探索多样化的足球教学模式。校园足球特色学校要适度加大体育课学时比重，每周至少安排一节足球课，建立校园足球课外训练制度，建立班级、年级和校级足球队，提高训练水平，鼓励组建女子足球队，吸引女生参加足球运动。

发展校园足球，高素质师资队伍是关键。天津市提出，实施校园足球教师培训工程，开展足球教师教学竞赛、经验交流和教研活动，提升足球教师教学实践能力和综合素养。制定校园足球兼职教师管理办法，鼓励专业能力强、思想作风好的足球教练员和裁判员及有足球特长的其他学科教师、退役足球运动员及志愿人员担任兼职足球教师。为具备相应教师资格的退役运动员转岗到中小学担任足球教师创造条件。建立天津体育学院足球学院，加强体育教育专业建设，鼓励学生主修、辅修足球专项，培养高素质足球教师。探索校园足球专业人员等级认证制度。到 2017 年，完成 1 200 名校园足球管理人员、教师、教练员、裁判员培训工作。

场地缺乏是全国不少地区发展校园足球的瓶颈。天津市提出，将校园足球活动场地建设纳入学校建设总体规划，按照因地制宜、逐步改善的原则，加强校园足球活动场地设施建设，满足校园足球活动需求。在现有青少年培养、实践基地建设中，规划和建设好足球场地设施。依托学区、学校建立青少年校园足球活动中心。采取新建场地、改建现有场地、租用社会场地、共用社区场地等多种方式，统筹解决校园足球场地设施不足等问题。探索建立教育与体育、学校与社会、学区与社区共建共享足球场地设施的有效机制。

（《中国教育报》记者　余闯　李小伟　2016 年 9 月 8 日报道）

地方经验

来了“洋教练” 孩子们踢得欢

——天津市河东区推进中小学校园足球活动纪实

天津市第五十四中学学生庞启嘉酷爱踢球，是国家一级运动员。2016年高考，他以优异的成绩升入中国农业大学，实现了特长发展和学业深造双丰收。

这是天津五十四中常年开展“行健教育”特色办学成果的一个缩影，也是天津市河东区推进中小学校园足球活动的一个见证。近年来，河东区在开展校园足球活动过程中，始终把育人摆在首位，致力于扩大足球人口的同时，促进青少年身心健康成长。

“谁丢掉了足球传统，谁就是学校的罪人”

河东区大力营造校园足球文化，不断完善场地、器材、师资等配备，让中小学生了解足球知识、掌握足球运动基本技能，提高校园足球运动普及率。“在丰富多彩的活动中，中小学营造了良好的校园足球文化氛围。”河东区教育局副局长陈静说。

记者近日走进天津五十四中，校长王保庆站在陈列室的一座座奖杯前，向记者介绍建校60年来的足球发展史：1983年被命名为天津市足球传统校；2004年被教育部、国家体育总局命名为国家级体育传统项目学校，是教育部指定的国家级培养高水平体育后备人才学校……

“一到中午，初中和高中的孩子们都在操场上踢球，毕业班的也踢，热火朝天，呐喊声此起彼伏，吵得我从没午休过。但我依旧非常支持孩子们踢球。”王保庆乐呵呵地说，学校历届校长都在讲一句话：谁丢掉了五十四中足球传统，谁就是五十四中的罪人。

如今，在天津五十四中，每个年级班班都组建了足球队，构建了包括班级每年的足球级赛活动、年级足球社团活动和校级足球训练活动的校园足球活动体系，通过班级联赛择优组成年级足球队，每年还与教工足球队进行足球友谊赛。

通过知识讲座、体艺教育等多种形式活动，河东区香山道小学的足球运动被师生、家长广为接受，目前已做到“班班有队伍、训练不间断、人人有发展”，建立了一至六年级各年龄段梯队足球队，并建有完善的运动员档案。

河东区香山道小学校长陈立萍说，低年级学生以足球游戏为主，熟悉球性、了解足球、培养兴趣；高年级开展班级联赛，融入了啦啦操展示、最佳球员和阵容等多方面评选，让学生在参与活动过程中都能体验足球运动带来的乐趣。

在河东区，从绿茵场到教室、讲台，以“团结合作、遵规重则、拼搏竞争”足球精神为核心打造的校园文化浸润着学校的每一个角落。

多措并举，建立校园足球发展联动机制

2016年秋季刚刚开学，河东区香山道小学就在筹备行政会议，专门研究部署足球

工作。副校长徐鹏主抓这块工作，他告诉记者，学校每学期召开两次足球专题行政会议，遇到临时性工作还会不定期开会研究。

“校园足球形成了‘一把手’亲自抓、分管领导具体抓，体育组和各年级组、各班全面参与的联动机制，做到目标明确、措施有力、保障到位。”徐鹏说。

2015 年，河东区被评为全国青少年校园足球试点区，成为全国首批试点区县之一。成绩取得的背后，是河东区推出的校园足球发展“组合拳”作为支撑，在师资建设、经费投入等多方面实现了良性运转。

将足球纳入校本教材，上好每周一节足球课；每年组织班级足球联赛，形成以赛代训、以训促赛的良好氛围；将足球活动与大课间活动有机结合起来，丰富校园足球活动的内容和形式……记者在河东区多所中小学采访，听到最多的声音就是如何细化教体部门的校园足球实施方案，落实到本校具体活动中。

天津市八十二中确立“以足球为龙头，全面培养学生个性特长”的办学特色，逐步形成“健康、合作、快乐”的足球文化理念。学校加强对体育工作的全面领导，以发展女足特色项目为契机，促进校园足球运动普及。

作为“一把手”，天津八十二中校长卢春荣承担着校园足球活动的领导、协调工作，统筹处理教学大纲制订、师资培训、竞赛、球员注册等任务。她告诉记者，每年由学校体育组协同德育处在初、高中年级开展班级足球联赛，体育组负责编排规程、组织实施；德育处负责监督比赛、管理学生，将成绩纳入班级学期考核中。初中年级比赛采用 7 人制，每个班要求必须有一名女生参赛。

学校每年向体育工作投入的经费不低于总经费的 10%，对训练、比赛、服装等足球方面支出予以优先保障。学校有 100 多个足球，各种训练标志齐全、数量充足，训练设施安全到位，切实为孩子们的足球活动创造了便利条件，师生喜欢、家长欢迎。

强化师资，培育品学兼优足球后备人才

“荷兰籍教练迈克合同到期，感谢他为我校足球水平提升作出的贡献。一个月后，我们将迎来西班牙足球教练。”2016 年 8 月 29 日，王保庆在微信朋友圈晒出校园足球发展“外籍教练来助阵”的好心情。

2015 年 11 月，教育部聘请了 3 名荷兰籍足球教练来到河东区。迈克在天津五十四中开展教学工作，将先进的足球教学理念和训练方法带到了中国的孩子们身边。

河东区教育局局长郑若兴说，河东区努力建设好运动员、教练员和管理人员这三支队伍，提升管理人员的认识水平和专业素养，为教练员提供多种多样的专业培训；通过教练员教学水平的不断提高，再带动运动员竞技水平的不断进步。

随着校园足球活动在全国范围的广泛开展，足球专业师资不足是个显著问题。为此，河东区转变观念、整体布局，多形式统筹师资，建立协作校机制，充分利用足球优势校资源，辐射周边学校，带动校园足球活动在各校共同发展；聘请优秀足球退役运动员作为教练员，定期到学校指导学生训练；举办足球教练员、裁判员培训班，定期对体育教师进行足球专项培训。

为推动女足发展，天津八十二中聘请河东区业余体校教练李国建和学校足球专业体育教师薛彬组成“双教练”模式，用扎实的专业能力和丰富的带教经验指导女足训练。河东区香山道小学有专职足球教练2人，又外聘了2名教练员，学校鼓励和支持他们外出学习，参加足球培训活动，提高足球训练水平。天津五十四中有5名足球专项教师，不断完备师资体系，组织体育组全体教师进行区级校园足球教练员培训，并选派窦伟老师赴法国进行校园足球教练员学习。

此外，河东区还研究制订小升初体育特长生方案等，系统解决足球训练的连续性和稳定性等问题，保证有足球特长的学生能够继续坚持足球运动、发展足球爱好、提升足球技能，培育品学兼优足球后备人才。

“团队理念是足球的灵魂所在，拼搏精神是足球的制胜要诀，规则意识是足球的骨骼精髓，精湛技艺是足球的华彩乐章。”王保庆说，“我们要创造条件，让足球成为孩子们的最爱。”

（《中国教育报》记者　余闯　李小伟　2016年9月8日报道）

城区小场地“玩转”快乐足球

——专访天津市和平区教育局局长张素华

“我们区域面积小、训练场地有限，之前从没想过在学校场地共享机制下，校园足球活动能开展得这么好。”天津市和平区政协副主席、区教育局局长张素华说起校园足球，仍为孩子们有了训练场地津津乐道。

张素华说到的“小场地”是有现实依据的。和平区位于天津市中心，中小学目前只有两块相对标准的足球场地，迫于场地狭小，乒乓球、游泳、篮球等便于小场地开展的项目被列为区域体育项目。

场地是发展校园足球重要且关键的一个因素。为推动校园足球普及和开展，张素华因地制宜，倡导建立场地共享机制，积极探索利用小场地开展校园足球的策略，努力破解发展难题。

“首先得扭转运动是为了比赛的观念。”张素华说。校园足球的开展是以足球项目为切入点，培养学生敏捷思维、身体协调、素质过硬和团队精神，并非只停留在单纯的足球比赛阶段。和平区积极引导中小学体育观念，把开展足球游戏、社团等形式多样的足球活动作为校园文化建设的重要内容，通过开展“身边的足球”，让足球运动融入学生生活、扎根校园。

足球讲究脚上功夫，练球必须得有大场地甚至标准场地吗？张素华认为，在锻炼学生足球技术动作、身体协调性等方面，小场地与大场地发挥着同等作用，没有场地局限。此外，张素华调研后发现：“一定意义上讲，足球技术与场地无关。利用‘小场地’，也可以演绎足球‘大天地’。”

在要求每所学校将足球列入体育课教学、成立校园足球队的基础上，张素华还建

立了场地资源共享机制，校际本着就近原则，以学区为单位，以大场地学校为核心，辐射周边小场地学校，实现场地资源共享。“有场地的学校足球训练安排得很满，附近其他学校的队伍都来训练。”张素华说着拿起一张表，向记者介绍和平区学校场地共享规划情况。

张素华说，目前学校场地分为 3 个片区，设小学和中学两个训练组，每个片区的 10 所左右中小学均有 3 个场地可以共享。以第一片区为例，第二南开中学、汇文中学和和平区万全小学的场地由 11 所中小学共同使用；而第二片区的 3 个场地，由片区里的 9 所学校共享。

2015 年，和平区举办首届中小学校园足球联赛，通过足球比赛活动，让更多青少年体验和享受足球快乐。此外，举办校园足球夏令营和冬令营，开展足球技术训练和交流比赛，聘请天津市于根伟青少年足球俱乐部教练团队进行现场技术指导授课，全区各中小学足球专项教师进行观摩学习；建立教体结合工作机制，区教育局、区体育局与天津体育学院合作发展校园足球运动，选派足球系大学生到中小学担任校园足球辅导员，每周到学校指导学生足球训练。

张素华说，为给校园足球发展规划、师资培训提供专业技术支持，和平区还成立了校园足球中心组开展专项策略研究，定期召开校园足球专题研讨会，研究小场地开展校园足球策略。在翻新或规划校舍时会充分结合地域特点，在保证学校原有场地面积的基础上增建两层楼高的半地下“风雨操场”，以达到在采光、通风效果良好的情况下，可以满足日常及特殊天气下的学生活动需求。

“目前，和平区有 4 所全国青少年校园足球特色学校。我区将以特色学校为基础，以点带面推动校园足球普及和质量提高，促使经常参与校园足球活动的学生数量持续增长。”张素华说。

（《中国教育报》记者　余闯　李小伟　2016 年 9 月 8 日报道）

特色学校

河西区土城小学让孩子们尽情享受足球

这里走出十多名国脚和足坛名将

天津市河西区土城小学位于老城区，占地面积小，是一所“小小学”，却有着两块大大的足球场，在外人看来与之体量“极不相称”。在百余年的办学历程中，同样坚守的还有她 60 多年的足球传统。

这里曾先后涌现出沈福儒、左氏三兄弟、翟良田等十多名国脚和足坛名将，是天津市小学中唯一的一所国家级体育传统学校，被誉为“培养足球人才的摇篮”。

近年来，土城小学在全面推进素质教育的进程中，借发展校园足球的东风，进一步确定推广升级版足球提升计划，创建品牌；营造“足球文化”，将足球与一小时体育锻炼、大课间活动结合起来，面向全体、尊重差异，让孩子们都能尽情享受快乐足球。

土城小学校长魏庆钢说，从一年级入学开始，学校的每个孩子就有了一个特别的朋友——自己的专属足球。在校6年，这个“朋友”一直陪伴孩子成长，孩子们每天踢足球，享受着足球运动带来的快乐。

记者走进土城小学综合楼二楼的足球荣誉室，一幅幅足球明星照片、一座座奖杯，见证了学校足球运动发展的历程，积极影响着一代又一代孩子刻苦训练、立志成才。足球书吧、传授足球技能技巧的文化墙，教学楼三楼的足球主题教育厅，生动展现了学生们驰骋在绿茵场上的场景。

魏庆钢说，学校精心设计，全面推进足球普及，做到“四进”，即让足球进课堂、进课间、进课外、进德育活动。“小小的足球里，装载着大大的教育理想，小足球、大教育，就是要树立足球的大教育观，以足球为平台，落实德育、体育、智育和美育，促使学生在德智体美等方面得到生动、活泼的发展。”魏庆钢说。

围绕这个目标，班级联赛首先被固定下来，班级开展循环赛，孩子们为自己拼搏、为自己加油，校园联赛冠军在孩子们心中的分量不亚于大力神杯。开展每周一节校本足球课，创编快乐足球课间操，每天课间操时间，全校学生涌入操场，与足球共舞，形成了全体学生参与的常态足球课外活动机制。

阳光映衬着孩子们的笑脸，显得格外灿烂，绿茵场上人声鼎沸，这是土城小学的足球节。每年9月，是土城小学一年中最热闹的日子。活动为期一个月，学校动员“人人参与、人人动起来”，足球绘画、足球摄影、足球征文等系列活动，让足球节隆重而精彩，每个孩子在足球活动中都能发挥特长，找到适合自己发展的平台。

“能拼善搏、勤学苦练、团结奉献、精湛技艺”，是土城小学的“十六字足球精神”，也是师生学习和工作共同追求的目标。因为足球，师生有了共同的梦想；因为足球，师生共同成长。学校建立以校内教师为本、以“业训”教师为指导的足球教学复合型团队，教师经过学习、校外培训，经专业教练引领，人人能胜任足球教学，拓展和提升了体育教学能力和团队凝聚力。

如今，土城小学逐步形成了“人人能踢球、班班有球队、周周有比赛”的足球发展局面。魏庆钢说，足球给孩子们带来的变化是有目共睹的：身体更好了，肥胖率、近视率逐年下降。足球带给一个孩子的是进步，而带给一群孩子的是荣誉感、责任感、团队意识、合作精神、耐挫折能力，“这些书本里严肃的字眼，在一场场班级联赛之后，孩子们都有了切身体会”。

有了全员踢球的基础，土城小学足球发展不断续写辉煌。近年来，学校先后被市、区上级部门命名为“足球重点校”“体育明星校”“培养体育后备人才学校”“天津泰达足球培训中心小学训练基地”。校足球队在全国各级比赛中取得优异成绩，两年来，先后有4人入选国家青年队、1人入选天津泰达队、18人入选天津泰达青少年梯队，实现以普及促进提高、以提高带动普及。

（《中国教育报》记者　余闯　李小伟　2016年9月8日报道）

内蒙古自治区

核心提示

内蒙古自治区在全国校园足球改革发展中实现了“七个率先”：率先成立青少年校园足球工作领导小组；率先安排校园足球专项经费；率先落实自治区校足办人员编制；率先印发校园足球三年推进计划；率先开展“内蒙古青少年足球日”校园公益活动；率先完成四级联赛主要赛事；率先把幼儿园足球趣味活动纳入校园足球联赛。

呼和浩特市蒙古族学校女足队欢庆胜利。（资料图片）

从“0”到“1”的破门

——内蒙古校园足球改革发展的试点之路

数说内蒙古校园足球

613 所。2015 年内蒙古遴选申报并扶持建设了 613 所国家级校园足球特色学校，涵盖高中、初中、小学各学段。

8 312 场次。2015 年，全区四级杯赛和四级联赛达到 8 312 场次，参赛队伍达到 3 583 队次，参赛运动员达到 62 942 人次。

14.25 亿元。2015 年自治区本级财政直接用于足球事业改革发展约 14.25 亿元，其中近 10.3 亿元用于校园足球。

辽阔的草原，奔腾的骏马，翱翔的雄鹰……

由于特定的人文、地理和传统因素，骑马、射箭、摔跤等运动一直是内蒙古的名片，也代表着蒙古族人民的自豪。足球，在这里却是一片荒漠：专业基础和相关产业几乎为“0”，有效资源也非常有限。

2014 年 9 月，内蒙古被国务院正式确定为全国第一个足球改革与发展试点省份。如何在足球的荒漠上建起“金字塔”？内蒙古把目光聚焦到了校园。

在自治区足球改革发展的蓝图里，内蒙古将青少年校园足球作为全区足球改革发展的重点。经过一年多努力，以校园为重点的内蒙古足球，实现了从“0”到“1”的重大突破：从无规划体系、无联赛体系、无人才体系、无职业队伍、无经费保障和无足球文化的“0”起步阶段，发展为有“1”个组织领导体系、“1”个专门工作机构、“1”个专业人才梯队、“1”个专项经费保障机制、“1”系列足球赛事和“1”个热情参与足球运动的庞大群体。

立法保障校园足球发展

内蒙古被确定为全国足球改革试点省份后，自治区党委、政府高度重视，自治区党委书记王君、自治区政府主席巴特尔多次主持召开党委常委会、政府常务会，研究部署全面推进足球改革发展试点工作。自治区政府分管教育的白向群副主席任自治区足球改革与发展领导小组组长，亲临一线，全力推进足球改革发展，特别是重点推进青少年校园足球工作。

“普及青少年校园足球是一项长期性、基础性工作，所以内蒙古一直在按照久久为功、功成不必在我的要求，扎实推进校园足球工作，为推进全区足球改革发展夯实基础。”白向群说。

2014 年 12 月，《自治区校园足球工作三年推进计划（2015 ~ 2017 年）》正式发布。计划提出，青少年校园足球是自治区足球事业的基础性工程，要让足球运动重驻校园，重返学科，重回课堂，以校园为主阵地，探索形成符合自治区实际、体现自治区特色的校园足球发展道路。

“在内蒙古足球运动改革与发展之初，校园足球不仅直接承担着普及足球运动、扩大足球人口的重大奠基使命，而且间接承担着校外赛训、青训梯队、竞赛体系、人才队伍和文化建设等多口径、跨行业的艰巨任务。”自治区教育厅厅长、自治区青少年校园足球工作领导小组组长侯元，对内蒙古校园足球有着清晰的定位。

2015 年 8 月，内蒙古又被教育部确定为全国校园足球改革试验区，包头市青山区和呼和浩特市赛罕区被确定为全国校园足球试点县区。面对前所未有的发展机遇，内蒙古教育系统上下联动，群策群力，完善校园足球发展的各项政策制度保障，在全国校园足球改革发展中实现了“七个率先”：率先成立青少年校园足球工作领导小组；率先安排校园足球专项经费；率先落实自治区校足办人员编制；率先印发校园足球三年推进计划；率先开展“内蒙古青少年足球日”校园公益活动；率先完成四级联赛主要赛事；率先把幼儿园足球趣味活动纳入校园足球联赛。

苏日格月东是锡林郭勒盟东乌珠穆沁旗实验小学足球教练，作为一名基层的校园足球工作者，他对自己现在的工作环境很满意：“场地、器材、经费都有保障，孩子们也很喜欢踢球。从区里到盟里到旗里，对我们的支持力度都非常大。过几天，我们就去海南冬训。”

要实现快速发展，就得有实实在在的举措。内蒙古通过“六纳入”，即把校园足球纳入立法保障、纳入全面深化改革总体部署、纳入党委和政府重要议事日程、纳入经济社会发展规划、纳入各级财政预算、纳入对盟市厅局的年度综合考核内容，形成全区整体推进的合力，从管理体系、理论体系、政策体系、赛事体系、协作体系、人力体系、保障体系、文化体系、共建体系等方面搭建起了九大体系联动的工作系统。

特色引领提高足球普及程度

已是寒冬腊月，但在包头市正翔民族幼儿园，一群满脸稚气的孩子正在充气垫围起来的小球场上你追我赶，奋力追逐足球。虽然孩子们“踢”得没什么章法，但却乐在其中，旁边的家长看得也是津津有味。当亲眼见证这样“从娃娃抓起”的欢乐场景，就不难体会到内蒙古在普及校园足球工作上所下的力气。

为了提高校园足球的普及程度，内蒙古坚持因地制宜、特色引领，确定了校园足球以“育人”为宗旨，以“普及”为目标，探索总结了面向全体、全面发展、分类指导、因材施教、普及奠基、职业引导的校园足球发展内在规律。在全区 12 个盟市、102 个旗县区，形成了 115 个各级校园足球领导小组负责统筹指挥，115 个校足办负责协调运行，613 所国家级校园足球特色学校具体落实执行的三级梯形网络管理体系。

自治区校园足球三年行动计划提出，按照普及、提高、示范的递进原则，逐步形成国家级、自治区级、盟市级、旗县（市、区）级特色校分级布局，校园足球活动覆盖全区所有大、中、小学和幼儿园，到 2017 年底，使经常参与校园足球竞赛和活动的学生达到 60 万人左右。

校园足球活动的普及，不仅扩大了学生中的足球群体，而且也带动了家长对足球运动的热情。记者走进包头市一机七小，正赶上学校举办亲子足球赛，由学生和家长分别组队“厮杀”。家长们按照自己的孩子班级编队比赛，场边孩子们震天的助威声，让人仿佛置身万人体育场。七小体育教师刘涛告诉记者：“几个月的时间，学校就组织了400多场亲子足球赛，现在不少家长也爱上了足球，还经常自发私下组织踢比赛。”

一年6.3万青少年踢联赛

开展校园足球，专业教练缺乏是最大的瓶颈之一。据统计，2014年内蒙古中小学共有9 800余名体育教师，具有足球背景的体育教师仅有725人，具备足球专业技能的师资更为缺乏。

为了改变师资缺乏的现状，内蒙古着力打造满足校园足球发展的人才体系。2015年组织了高密度、多层级、分专业的培训，覆盖了行政管理部门、特色校校长、教练员、裁判员等各个领域，合计5 100余人次。

“我来学校执教才半年，就已经参加了三期足球教练培训，收获太大了。”刚从业余俱乐部被挖到校园的呼和浩特市蒙古族学校教练张永春告诉记者。

要提高校园足球水平，科学合理的赛事体系也是重要一环。结合内蒙古青少年身体条件好、意志品质强的独特优势和少数民族有崇尚运动、热爱体育的民族文化传统，内蒙古分类设计了学段衔接的校园足球“4+1”联赛（小学、初中、高中、大学 + 幼儿园），把幼儿园足球趣味活动纳入校园足球联赛体系。联赛按照国家级、自治区级、盟市级、旗县级四级纵向递进，小学、初中、高中、高校四级横向竞争，5人制、7人制、11人制分类提高的原则，开展纵横交错的竞赛活动，实现校园足球联赛全覆盖，培育“主席杯”“盟（市）长杯”“旗（县、区）长杯”“校长杯”“娜荷芽杯”等主流品牌活动。

据统计，为了发挥竞赛的引领作用，仅2015年上半年，全区四级杯赛和四级联赛就达到8 312场次，校园足球联赛参赛队伍3 583支，参赛运动员6.3万人次。

为613所足球特色校建场馆

内蒙古虽然夏季气候宜人，但是整体气候特点是风大、干旱、寒冷，结冰期长达5个月，东北部地区寒冷期更是长达7个月。这些气候特点对学校体育和校园足球的开展有很大影响。

为解决这个问题，2015年 ~ 2016年，自治区计划安排3亿元资金，为边境、“三少”民族等30个旗县（市、区），建设30个公共足球场馆，供学校和社会共享。2015年末，自治区再次统筹安排财政资金6.13亿元，每所特色学校拨放100万元，作为足球场馆建设引导性投入，用于613所全国青少年校园足球特色学校场馆建设。

而在海南设立冬训基地，则是内蒙古着力打造的另一个全新平台。它既是集教学、训练、比赛为一体的训练基地，也是展示自治区足球改革与发展成果的南方窗口。其中，教育系统主要负责统筹组织各地安排当地学生参加集训，并做好学训期间的文化课教学和日常管理工作。

除了场地和基地建设，内蒙古在经济社会发展任务重、财政压力大的情况下，优先发展校园足球事业，率先设立了校园足球专项经费，2015 年自治区本级财政投入近 10.3 亿元用于校园足球。“2014 年我们盟的各项学校体育活动经费大概为 100 万元，而 2015 年光校园足球的经费就达到了 360 万元。”锡林郭勒盟教育局体卫艺科科长巴图孟克说。

此外，为了解除学生和家长的后顾之忧，内蒙古还将逐步完善小学、初中、高中、大学足球特长生招生政策，建立足球后备人才认定标准及升学管理制度，扩大高校招收高水平足球运动员的数量，畅通足球特长生培养输送通道，逐步理顺以高校为龙头的大中小学“一条龙”足球梯队建设和运行机制。

“内蒙古将在普及校园足球的同时发挥足球的育人功能，不断推进素质教育，建设足球乐园，让孩子们通过踢球增强身体素质和意志品质，培育团结协作精神。”白向群表示。

（《中国教育报》记者　翁小平　张晨　郝文婷　2016 年 2 月 23 日报道）

地方经验

包头青山区：

招才引智“助攻”校园足球

曹斗杰是内蒙古包头市青山区哈达道小学的校长。一聊起校园足球，这位戴着黑边眼镜、文质彬彬的校长，立刻激情四溢。在他的带领下，即便是在白雪皑皑的寒冬，哈达道小学的校园足球文化，依然能让人感到“盎然春意”。

当了 20 多年校长的曹斗杰，把“阳光体育、快乐足球”的理念铺到了校园每一个角落，不仅把足球和摄影、现场解说、啦啦操等文体活动相结合，甚至语文、美术等课程上也要有足球元素，形成了独特的校园足球文化。

“现在发展校园足球的环境这么好，管理部门出了很多好政策，孩子喜欢踢球，以后的出路也不用愁，我们要是再不加把劲儿做点事，就太说不过去了。”他说。

近年来，青山区坚持把校园足球作为学校体育改革的突破口和中心任务，出台了不少曹斗杰所说的好政策：全面普及足球课程，重视各个学校足球文化的渗透；加强场地和器材配备，所有办学单位都有了人工草坪；为足球特长生提供升学“绿色通道”等。

青山区教育局副局长徐利斌自豪地向记者介绍，2015 年，青山区被教育部命名为全国青少年校园足球试点县（区），13 所中小学入选全国青少年校园足球特色学校。

为了实现“弯道赶超”，青山区特别注重引进高校和社会专业力量，“助攻”校园足球发展。

在课程体系上，区教育局与内蒙古科技大学、包头师范学院体育学院共同“量体裁衣”，设立“青山区中小学生体育校本课程的开发与实践”课题，组织全区足球特色学校开发足球校本课程，编制适合不同阶段学生的教学和训练本土教材。同时，青山区还引进世界先进的“动吧体育”荷兰青训课程。

在师资培训上，青山区与内蒙古蒙超体育经营管理有限公司开展战略合作，采取“教练换场地”的方式进行合作，即青山区提供学校球场给蒙超公司在双休日开展训练，蒙超公司聘请知名教练米罗西，结合公司引进的阿贾克斯青训教材，每周为青山区校园足球教练上一节课，同时米罗西还要为每次提供场地的学校进行球队训练。

米罗西到包头后，通过对幼儿园、小学、初中、高中孩子们的足球训练、比赛进行长期的观察，发现了很多错误的训练方法和比赛中孩子们存在的问题，例如头球差、传接球不到位、基本动作不规范、教练训练水平差异大、训练方法陈旧、技战术水平不高等问题。青山区的教练们也对米罗西给予了很高的评价：“一个著名的职业队教练，这么仔细认真地对待孩子的足球教学，让我们肃然起敬。”

青山区还与蒙超公司一起参与制订了被称为“金字塔计划”的包头市青少年校园足球高水平梯队培养计划。未来，包头将从包括青山区学生在内的全市中小学生中选拔足球苗子，坚持外教独立选材、外教带队，打破学籍限制，加大训练和比赛投入，为优秀足球运动员提供最合适的就读学校和成才渠道。

“虽然我们的校园足球起步晚、基础薄，但希望用我们的‘加速度’，让青山的校园足球之路越走越远、越走越宽。”青山区教育局局长张文科说。

（《中国教育报》记者　翁小平　张晨　郝文婷　2016 年 2 月 23 日报道）

特色学校

呼和浩特市蒙古族学校：

一支校园女足的场上与场下

发展女足，难；发展校园女足，更难。

但在内蒙古自治区首府呼和浩特，有这样一支校园女子足球队：她们经历过濒临解散的困厄，也曾代表中国荣登世界冠军奖台，坚守 30 年，在草原上绽放出铿锵玫瑰。

时光回溯至 1993 年 3 月，以色列特拉维夫。

一支来自遥远、陌生的中国的中学生女子足球队，受到了世界多国媒体瞩目——她们，以五战五胜、不失一球、净胜 40 球的巨大优势，获得第四届世界中学生运动会女足冠军。

“中国人，厉害！”对手由衷地为她们竖起大拇指。

但对手们不知道的是，这支女足的队员，全部是一所普通中国学校的普通中学生，她们甚至没有一块真正的绿茵场。

1986 年，在时任呼和浩特市副市长巴图苏和支持下，呼和浩特市蒙古学校（以下简称蒙校）决定，成立一支女子足球队，这也是当时自治区第一支校园女足。

没有场地，学生们自发到土操场上捡石子，洒水，平整操场。每到训练时，孩子们跃动的身影，在飞扬的尘土中若隐若现。

缺少教练，老师们便自学足球知识，从最基本的传球、停球、射门，一步一步地教起。

没有经费，校长力排众议，从有限的办学资金中切出一部分，许多老师对此颇有微词，其他学校也认为“市蒙校不务正业”。

付出很快就收获了回报：1992 年、1993 年，市蒙校两次获得全国青年女子足球比赛冠军。1993 年，她们第一次走出国门，第一次穿上了印有五星红旗的球衣……

好景不长，伴随着中国女子足球运动整体步入低谷，蒙校女足也遇到了发展瓶颈：尽管战绩始终不俗，但许多家长认为“踢球没前途”，不愿让孩子继续踢，足球队招生困难，蒙校女足面临生存困境。但校长、教练以及一批热爱足球的孩子，依然咬牙坚持……

有一件事，一直让校长阿布日固记忆犹新：一年寒假，孩子们到南方参加比赛，只能坐 30 多个小时的硬座，回来时买不到车票，不得不留在南方过年，“但孩子们依然很快乐，因为有足球可以陪伴她们”。

“好日子终于来了！”阿布日固告诉记者，“2014 年 9 月，内蒙古被确定为全国足球工作试点省区，我们学校被列为校园足球试点学校，学校女足又迎来了发展的春天。”

土操场“鸟枪换炮”，学校建起了一块标准的 11 人制足球场，一块 7 人制小足球场，“现在即使冬天，孩子们也可以在人工草坪球场训练了”。学校还建立了球队诊疗室，聘请了两名队医，购置了医疗康复设备。

教练也有了一支专业化的团队。当年的校工敖军，如今已是亚足联“认证”的 A 级教练，还有前女足国字号球员郜玲玲、启蒙教练乌仁高娃、专业守门员教练周天然，此外，学校还外聘了国家 A 级教练董晨旗等 5 名教练员。

球队经费也不用再“挤牙膏”了。仅 2015 年，上级部门就给蒙校下拨了 100 万元的专项经费开展校园足球。“今年寒假，学生去海南冬训，来回都是坐飞机。”

现在，从小学到高中，呼和浩特蒙校女足队伍已经扩展到 4 支不同年龄的梯队，参加专门训练的学生近百人。

“更重要的是，整个校园足球的生态变了。”阿布日固说，学校女足队员历届高考升学率 100%，成为各高校争抢的“香饽饽”，家长们也自然支持了。“近几年，从蒙校走出的高水平运动员达近百人。”

“阿校长，咱们学校的男足发展怎么样？”记者的提问仿佛触碰到了阿布日固校长内心的“痛处”。

阿布日固有些难过地说，现在，学校实在没有条件和能力再建一支男足了。学校虽有两块足球场，但仅能满足体育课和 4 支女足的训练；学校开展校园足球虽有经费，但经费还是不足，每年缺口还有数百万元。

“左思右想，学校还是先保住女足吧。”阿布日固无奈地说，“以后，随着条件不断改善，我相信蒙校未来也会有一支同样出色的男足队伍。”

（《中国教育报》记者　张晨　翁小平　郝文婷　2016 年 2 月 23 日报道）

新疆维吾尔自治区

核心提示

新疆维吾尔自治区（以下简称新疆）教育行政部门利用中小学校舍改造工程、薄弱学校改造工程、学校标准化建设工程等有利时机，修建和改扩建了一批学校足球场。同时，创新联赛机制和活动形式，建立了符合青少年校园足球特点和发展规律的新的联赛模式。联赛在自治区 15 个地州市、89 个县市区的近 1 000 所中小学校展开。

新疆昭苏县喀夏加尔镇学生在操场上练足球。（刘梦　摄）

省级行动

打造校园足球“新”特色

——专访时任新疆教育厅厅长吐尔逊·伊不拉音

近年来，新疆按照“强基础、调机制、上水平”的总体思路，扎实推进青少年校园足球工作，取得显著成效。

在推进校园足球活动的实践中，新疆如何不断破解难题？对推进校园足球的重要性又有着怎样的认识？《中国教育报》记者就此专访了时任新疆教育厅厅长吐尔逊·伊不拉音。

记者：在推进校园足球工作中，新疆进行了哪些有意义的探索和实践？

吐尔逊·伊不拉音：自治区党委、政府对校园足球工作高度重视，在开展工作中，我们也想了不少办法。比如，自治区和各地教育行政部门利用中小学校舍改造工程、薄弱学校改造工程、学校标准化建设工程等有利时机，修建和改扩建了一批学校足球场，来满足青少年学生课外活动和课余训练的需要。

同时，我们创新联赛机制和活动形式，带动全区青少年校园足球发展。我们改变了以往联赛形式，建立了符合青少年校园足球特点和发展规律的新的联赛模式。联赛在自治区 15 个地州市、89 个县市区的近 1 000 所中小学校展开。

记者：我们知道，新疆校园足球队在全国的比赛中频频夺冠，很多业内人士认为，新疆校园足球有着别的地方没有的独特优势。请问您怎么看？

吐尔逊·伊不拉音：与新疆是歌舞之乡一样，足球在新疆也是一种文化现象。这离不开新疆各族青少年身体素质优良、有着参加足球运动先天的优势，也离不开自治区各级教育和体育部门的密切合作，强力推动和扎实有效的工作。

通过近年来一系列努力，自治区中小学生参加足球活动的人数，由原来的 3 万多人增加到现在的 30 多万人。

有了广泛的基础，校园足球的发展就有了坚实的根基。今后，我们还要更加努力把校园足球工作做好，为取得更好的成绩打牢基础。根据自治区教育厅“十三五”规划，至 2020 年，新疆将创建 900 所足球特色学校，争取国家资金，计划重点扶持 200 所学校建设标准足球场。

记者：新疆发展校园足球，除了增进学生体质健康，在其他方面还有什么意义？

吐尔逊·伊不拉音：全面振兴和发展青少年足球事业是我国从体育大国向体育强国迈进的客观需要，对于促进社会和谐稳定和经济发展，满足各族人民群众的精神文化需求有着重要促进作用。

下一步，我们将通过努力，逐步以政府为主导、社会和企业参与、体教融合、普及与提高结合，符合青少年成长规律和现代职业足球运动发展规律，以校园足球为龙头，争取国家和社会以及企业的大力支持，扩大校园足球普及面，打造校园足球升级版。

（《中国教育报》记者　蒋夫尔　张晨　高毅哲　2016年7月16日报道）

地方经验

天山深处的足球梦

——“天马之乡”新疆昭苏校园足球纪事

在绿茵茵的草原上，一群孩子像一匹匹撒欢儿的小骏马，快乐地追逐着一只黑白相间的足球。

身旁，是盛开的金灿灿的油菜花；抬头，是壮丽的天山汗腾格里峰皑皑的雪线。

这里，是祖国的最西陲——新疆维吾尔自治区伊犁哈萨克自治州昭苏县，以出产“腾昆仑，历西极”的天马闻名于世。

这里，聚居着哈萨克族、汉族、蒙古族、维吾尔族等21个民族，他们的身体里都流淌着满腔热血，热爱足球是他们共同的特点。

记者辗转飞机、火车、汽车，从北京长途跋涉4 500公里，走进有着“天马之乡”之称的昭苏，深切地感受到这里的孩子对足球最质朴、最真挚的爱。

苏吾克托海孩子们的足球梦：“在最寒冷的地方，有最火热的校园足球”

走进昭苏县萨尔阔布乡苏吾克托海学校，一群8到12岁的女生，正在坑坑洼洼的操场上欢快地踢球。

“苏吾克托海，在哈萨克语中的意思是‘寒冷的森林’。”站在操场边，校长巴合提努尔告诉记者，昭苏是伊犁州最冷的县，苏吾克托海是昭苏最冷的乡，每年11月到第二年3月，苏吾克托海一直有雪。

但大雪丝毫不能阻挡孩子们踢足球的热情。“在最寒冷的地方，有最火热的校园足球。”昭苏县教育局党委副书记杨天华感慨地说。

为什么这里的孩子如此喜爱足球？

苏吾克托海学校是一所九年制的哈萨克族母语学校，700多名学生都是附近牧民的孩子。翻过山，就是哈萨克斯坦。

每年3月，春季来临，牧民们就要离家游牧，孩子们也要迎来8个月的独立生活——自己做饭、做家务、上学，或被寄放到亲戚家，一直到11月父母转场回来。

“因此，在缺乏父母陪伴时，足球就成为孩子们最好的伙伴。”巴合提努尔说。

六年级学生艾波兰是校足球队的队长，虽然已经13岁了，但由于营养缺乏，他长得很瘦小。他的父母在100多公里外的草原上放牧，艾波兰和上初二的姐姐一起看家。

虽然身体瘦小，但艾波兰训练非常刻苦，技术很好，也很灵活。为了让自己的身体

更壮一些，他每天都坚持跑步上学放学，“差不多20公里吧”。

“这里的孩子都很能吃苦。”巴合提努尔说，苏吾克托海学校以前教学质量很差，在全县排名倒数。2014年11月，学校开始发展校园足球，孩子们进步很快，学校的教学质量也因为足球得到了带动。“虽然我是物理老师，但现在也亲自教孩子们踢足球。”

现在，苏吾克托海学校仍然没有一块标准的足球场，也没有一名专业的足球教练，但是这里的孩子们把足球当作自己生命的一部分。女队员孜依帕有一条美丽的大辫子，但为了踢球，她和其他喜欢足球的女生一样，剪掉了自己漂亮的长头发。

“明年，学校就会盖起一座新食堂和一座宿舍楼，变成寄宿制学校，将来学校也会建起塑胶操场，苏吾克托海的校园足球队也会踢出伊犁、踢出新疆。”巴合提努尔对未来充满信心。

塞里克老师的足球梦：
“不仅让孩子们锻炼身体，更要培养民族团结意识”

在昭苏县喀夏加尔镇中心学校的操场上，塞里克正在带学生训练，毕业于伊犁师范学院体育系的他，是昭苏校园里唯一一名专业出身的足球教练。

喀夏加尔镇中心学校有1 200多名学生，除了男女足4支校队外，几乎每个孩子都会踢足球，甚至学前班的孩子也会参加比赛。

塞里克告诉记者，学生们的身体素质都很好，但足球基本功不行，所以他把重点放到训练基本功上。每周校足球队要训练3次，每次两个小时，每个周六还会加训。“足球训练是一个长期的过程，毕竟昭苏的校园足球才刚刚起步，还要慢慢来。”

据杨天华介绍，以前足球在昭苏中小学校园里很罕见，近年来随着国家大力发展青少年校园足球，县委、县政府对开展校园足球十分支持。

2015年4月，在县委书记钱志福的大力支持下，昭苏第一次举行了校园足球县级联赛，更是让校园足球火了起来。“虽然昭苏还不是国家校园足球试点地区，但我们要求每所学校都要按照校园足球特色学校的标准，在每周体育课中开设一节足球课，打造校园、片区、县域三级联赛，力求做到‘人人踢足球，周周有比赛’。”昭苏县委常委、宣传部长卓力德拜·吉尔哈力拜介绍说。

为了培训校园足球师资，昭苏专门邀请哈萨克斯坦的国际知名青少年足球训练专家巴吾伊尔江上课。“巴吾伊尔江的到来，给昭苏的校园足球打开了一扇窗户，也让师生们看见了足球世界的精彩。”卓力德拜说。经过系统化培训的42名昭苏体育教师已经在全县33所学校成立了46支校园足球队，近千名学生参加正规的足球训练。

塞里克告诉记者，踢足球不仅让这里的少数民族孩子身体得到锻炼，也能从小培养他们的团结协作精神和民族团结意识，“这才是我们开展校园足球最重要的收获”。

“大个子杨”的足球梦：
“让少数民族孩子通过足球融入到现代的文化中”

“新疆运动人才的潜力，就和这里的石油、棉花一样，全国都是需要的。”

说这句话的人叫杨威，他有多重“身份”——首都体育学院原教师、香港华威体育文化投资有限公司董事长、昭苏天马青少年足球俱乐部董事长，当然还有他最喜欢的身份——“大个子杨叔叔”。

“大个子杨”身高一米九，身姿挺拔，说起话来声若洪钟，简洁明了。在昭苏的中小学校园，他早已被孩子们和老师所熟知。

“我很感谢大个子杨叔叔，他给我们足球队送来了球衣和新足球。”苏吾克托海学校学生加依达尔告诉记者。

1984 年，曾经是篮球专业运动员的“大个子杨”，从新疆考入北京体育学院（现北京体育大学）体育教育系，毕业后他又在北京高校任教多年，后来又到香港经商。

“为什么最终又回到了新疆？又选择了校园足球？”

面对记者的提问，“大个子杨”沉思了一会儿，说：“新疆是我的家乡，这里有着绝美的自然风光，但这里的体育产业市场化水平低，发展相对落后，我想为家乡做一点实事。更为重要的是，我想让新疆少数民族的孩子，通过足球、通过体育，融入到先进、现代的文化中，让草原民族找到文化的自尊和自信。”

现在仅在昭苏，他创办的天马足球俱乐部，就在 30 多所学校建立了校园足球基地。如今，致力于推广校园足球的“大个子杨”，“现在一年的大部分时间，都穿梭在昭苏各学校，与踢足球的孩子们在一起”。

“大个子杨”坦言，在中国体育推广事业中，自己只是一个“分母型人物”，“但我相信在政府的大力支持下，自己从事的事业，能为新疆孩子们的未来多搭几座桥”。

（《中国教育报》记者　张晨　高毅哲　蒋夫尔　2016 年 7 月 16 日报道）

特色学校

藏在小巷中的乌鲁木齐五小，是校园足球冠军之师

四夺国际比赛冠军的背后

与屡战屡败的中国男足相比，这是一支屡战屡胜的冠军之师——4 次国际比赛冠军，9 次全国比赛冠军，21 次自治区比赛冠军……

特别是 2013 年，在希望杯国际青少年足球邀请赛上，他们横扫日韩，7 战全胜，以进 43 球仅失 3 球的巨大优势获得 U13 组冠军，一时间，他们成为全国球迷津津乐道的话题。

这就是乌鲁木齐五小足球队，藏在一条小巷中，很不起眼。作为校园足球最高水平的学校，球队虽声名远扬，但他们日常的一面却少为人知。

走进乌鲁木齐五小，正值校队训练，操场摆满了各式专业训练器材，乍一看，记者以为来到了某家职业足球俱乐部。五小足球队主教练亚里买买提・马合苏提（以下简称

亚里），穿着一身运动装，脖子上挂着哨子，在场边来回巡视，大声提醒着运动员，还不时亲自做个动作示范。

趁着训练间隙，亚里坐到场边，与记者交流起来。

亚里曾是新疆师范大学体育系的一名专业足球运动员，却因伤病，在最黄金的职业年龄退役。1994 年，大学毕业的亚里被分配到五小，成为一名体育教师。

虽然分配到一所小学工作，但亚里的心里却很兴奋：他很早就听说乌鲁木齐五小有着良好的足球氛围，20 世纪 60 年代，这所学校就成立了校足球队，1987 年被授予自治区足球传统项目学校称号，曾代表新疆征战全国的"萌芽杯"足球赛。

到五小报到的第一天，亚里见到了为学校足球队呕心沥血多年的老教练木塔里甫·卡德尔，他一再叮嘱亚里："一定要把五小的足球传统传承下去。"白天，亚里要上体育课，放学后再训练校队，晚上住在学校废弃的仓库里。

新疆孩子身体素质出色，但由于缺少关注和资金，很难得到高水平、有保障的训练。但在五小，20 多年来学校换了四任校长，不变的是每一任校长对校园足球的支持，不变的是亚里带领着一拨又一拨孩子，一直奔跑在绿茵场上。

由于战绩出色，在新疆，亚里和他的足球"巴郎子"都被当作英雄，五小足球队受到了新疆维吾尔自治区党委书记张春贤的接见。

"张春贤书记直接批示，给学校拨了 30 万元，专门用于足球队。"亚里说。

五小现有 5 支不同年龄段的足球队，队员是从全校 3 000 多名学生中挑选出来的，由 7 名不同的教练分别负责。

球场上，正在奔跑训练的一群男孩中，夹着一个身材瘦弱的小姑娘。卸球，盘带，过人，射门……小姑娘灵活的身影穿梭在绿茵场上，足球也像粘在她的脚上。

这个小姑娘是学校六年级学生艾克旦·艾力。由于比女队其他队员水平高太多，平常她和男队员一起训练，也是男队的队长。在比赛时，她也经常和男队员一起上场，并为五小捧回了国际比赛的冠军。

发型和身材都很像梅西的艾克旦，对自己的未来很有信心，"我要去国家队"。她告诉记者。

近年来，五小给内地职业足球俱乐部输送了不少队员，他们中的一些人甚至已经加入了国外高水平足球俱乐部。

在五小，有一间专门的荣誉室，里面摆满了大大小小的奖杯和锦旗，荣誉室的墙上，有一行大字"足球梦从这里起航"。

荣誉室里还有亚里珍藏了 20 年的"宝贝"——他带过所有队员的比赛参赛证。亚里希望，有一天这些爱好足球的孩子能不断成长，进入新疆队、国奥队、国家队，出现在世界杯的赛场上。那时，这些参赛证不仅是荣誉，也是最好的见证。

（《中国教育报》记者　张晨　蒋夫尔　高毅哲　2016 年 7 月 16 日报道）

新疆喀什“儿子娃娃”足球队：

从村小到全国冠军的“足球传奇”

9 场比赛，进了 91 个球，只丢了 5 个球；在“谁是球王”中国足球民间争霸赛中，以绝对优势捧得娃娃组别“球王”桂冠。

一时间，这群来自新疆喀什的“儿子娃娃”火遍了全国，金志扬、迟尚斌等足球界“大腕”对他们的技术和意识赞不绝口。

令人意想不到的是，取得这样辉煌战绩的球队，竟然出自新疆一所农村小学——喀什市夏马勒巴格镇中心小学。记者日前走进该校，实地探访这段从村小到全国冠军的“校园足球传奇”。

走进校园，虽然已放暑假，但烈日下“儿子娃娃足球队”的训练一丝不苟，队员间的跑位穿插、拉边扯动以及脚下娴熟的动作让人眼前一亮。如果不是主教练居来提·祖农介绍，很难想象他们只在一起训练了两年。

“儿子娃娃”是维吾尔族对有责任心、有担当的男子的夸赞。“冠军不是天上掉下来的，而是一天一天练出来的，这群‘儿子娃娃’都是好样的。”在训练场边，夏马勒巴格镇中心小学校长阿布都艾尼·阿布力孜告诉记者，队员们平时训练十分刻苦，每天训练两到三个小时，即使古尔邦节、开斋节等节日也不中断。

场地边，一堆已经踢得快要烂掉的足球，仿佛无声地诉说着孩子们的努力。

夏马勒巴格镇中心小学共有 1 600 多名学生，还下辖 5 个教学点，该校的双语教学和“第二课堂”活动在当地十分有特色。孩子们一直喜欢踢足球，以前没有场地时，他们用几块砖头摆个球门就开始踢。2012 年，学校在扩建后拥有了自己的运动场，随后组建了校足球队，并成为全国校园足球的布局学校。

足球让夏马勒巴格镇的孩子们第一次走出喀什，坐飞机到北京参加比赛。11 岁的迪力木拉提·依斯拉木是球队的守门员，他告诉记者，北京的足球场、草坪太美了，在天安门广场观看升国旗仪式是自己最难忘的记忆。

夺得全国冠军后，全校师生对足球的兴趣更浓厚、更有信心了。阿布都艾尼介绍说，学校分四个层面开展校园足球：一是梦想足球。28 个“儿子娃娃”足球队员为了自己梦想踢足球，他们希望像自己的偶像 C 罗、梅西一样成为职业运动员，为国争光。二是快乐足球。每周二的体育大课间，让所有孩子走进足球场，尽情享受足球运动带来的快乐。三是健康足球。每天早上上学之前，学校为孩子们敞开球场，让他们踢足球锻炼身体。四是幸福足球。学校每个周末都向社会免费开放球场，让喜欢足球的老百姓有地方踢足球。

2015 年 3 月，夏马勒巴格镇中心小学把“儿子娃娃足球队”注册成商标。“我们不是为了赚钱，而是想保护这个来自校园的足球品牌。希望未来更多的人，通过我们这支

‘儿子娃娃’足球队，了解新疆足球、了解新疆教育，进而了解新疆。”说到未来，站在球场边的阿布都艾尼声音越来越大……

（《中国教育报》记者　张晨　高毅哲　蒋夫尔　2016 年 7 月 16 日报道）

宁夏回族自治区

核心提示

目前，宁夏回族自治区（以下简称宁夏）25个市、县（区）先后出台了具体的实施意见，成立了相应的工作机构，通过制订校园足球工作实施方案、加强校园足球协会建设、组织联赛及强化校园足球工作评估检查等，使全区校园足球呈现出规范化、科学化发展的良好态势。

2016年8月，首届贺兰山青少年足球赛上，石嘴山市小队员与对手角逐。（资料图片）

省级行动

校园足球成宁夏青少年品牌运动

2016 年 10 月，宁夏青少年校园足球联赛在银川举行，这是近年来自治区规模最大的一届校园足球赛事。比赛设初中组、高中组、大学组三个组别，共有 35 支球队 700 余名运动员参加比赛，据自治区校园足球领导小组办公室负责人介绍，宁夏近年来大力推进“青少年体育活动促进计划”，校园足球已成为全区青少年体育的品牌之一。

建立校园足球工作机制，做好校园足球普及工作。为加强青少年校园足球工作，自治区成立了校园足球工作领导小组，建立了责任明确、统筹协调、齐抓共管的校园足球工作机制。目前全区 25 个市、县（区）先后出台了具体的实施意见，成立了相应的工作机构，通过制订校园足球工作实施方案、加强校园足球协会建设、组织联赛及强化校园足球工作评估检查等，使全区校园足球呈现出规范化、科学化发展的良好态势。为全面提高全区校园足球普及率，自治区在校园足球基础好、场地和师资条件较为完善的地区开展了校园足球特色学校及试点县（区）的遴选工作，已确定 128 所全国校园足球特色学校和 2 个试点县（区），将足球列入学校体育课教学内容，认真完成校园足球联赛、足球训练等任务。

开展规范的校园足球竞赛，加大校园足球师资培训力度。为提升全区校园足球竞技水平，自治区校足办制定了《全区青少年校园足球竞赛体系实施方案》，各市、县（区）逐步建立起以学校为单位参加的小学、初中、高中、大学校园足球四级联赛体系和以县（区）组队参加的选拔性校园足球竞赛体系。石嘴山市和银川市连续数年在辖区学校中组织校园足球联赛，每年的比赛达到 1 000 多场，银川市仅市级联赛参赛队伍就超过 40 支，各县区组织的校园足球联赛的参赛率普遍达到 80%。在体育教师队伍建设方面，2005 年以来自治区累计招聘体育教师 942 名，约占全区现有体育教师总数的三分之一，基本满足了学校体育工作的需求。同时建立校园足球教练员专家讲师库，定期举办校园足球教练员培训班，组织 342 名校园足球行政管理人员、特色学校校长、中小学校足球教师、教练员、裁判员参加国家级培训，组织特色学校校长 128 名、足球教师 474 名参加了自治区培训。

加快学校体育场地设施建设，健全学生激励机制。近年来，宁夏各级政府累计投入 5.4 亿元改善学校体育办学条件，自治区政府将农村学校体育场地改造列入民生计划，通过实施“农村中小学体育运动场地改造项目”，仅 2015 年就建设完成农村中小学体育运动场 30 个，今年再建设足球场 30 个，为保证中小学生开展校园足球活动创造了良好的条件。与此同时，全区各级教育行政部门和校园足球特色学校逐步健全学生激励机制，完善足球特长生招生升学政策，高中阶段校园足球特色学校和示范高中每年按照 1 ~ 2 支足球队组建标准招收足球特长生，制定高职院校高水平运动队管理办法，探索实施高职院校高水平运动队自主招生考试，为足球特长生发展铺路。

（《中国教育报》记者　陈晓东　2017 年 1 月 11 日报道）

地方经验

石嘴山：足球跳动在矿工之城

石嘴山俗称石嘴子，因贺兰山延绵至此、山石突出似嘴而得名。在宁夏的校园足球版图上，石嘴山市也恰好是“突出”的那一块。

石嘴山号称“塞上煤城”，是重要的无烟煤生产基地。和拥有多特蒙德、沙尔克04等著名球队的德国鲁尔区一样，矿工聚集的石嘴山，也有着浓厚的足球氛围。早在2009年，石嘴山市就被批准为44个国家级校园足球布局城市。此后，石嘴山的足球运动就迎来了春天。

校园联赛已经搞了24届

每逢周末，石嘴山市很多中小学的校足球队，就会集中在同一块球场，展开新一轮校园足球联赛的争夺。

作为一座有着足球传统的城市，到2016年，石嘴山的校园足球联赛已经进行到第24届。为了能够使各个学校的队员相互学习、相互交流，比赛安排在周末同一地点进行，从上午9点开始，一直到下午4点结束。

尽管赛事已经进行到第24届，但是普及却是这几年才开始的。刚开始普及的时候，许多学生连一些基本的规则都不知道，闹出了不少笑话。开球时，守门员手抱足球，直接将球递给了后卫，而后卫也用手将球接了过来，还没开踢，就已经犯规。这样的事情，在那几年并不少见。

普及也需要一定的水平，不能为了普及而普及。在这样的思路下，为使石嘴山市校园足球活动各项工作和联赛工作形成制度，使校园足球工作组织开展有序，石嘴山市校园足球办公室组织了专题培训。每年联赛结束后，石嘴山市就会组织各县区教育体育局分管校园足球工作的领导、管理干部和全市53所布局学校的领导、足球教练员等100多人参加培训，提高人们对开展校园足球工作的认识。石嘴山市同时明确任务，要求在联赛期间，各校足办必须落实人员督查联赛开展情况。教体局也多次到学校督查学校校园足球活动开展情况，督查学校校园足球经费使用情况。

几年真抓实干下来，石嘴山市的校园足球活动开展得有声有色，取得了一定的效果，参加校园足球活动的人数不断增加，一些学校甚至已开始组织女子足球队，常年开展训练、进行比赛。

制度化保障下，石嘴山市青少年足球技术和水平也在不断提高。一些有潜力的学生已经被上海等一线城市的足球俱乐部聘为三四线球员，而石嘴山市组成的多支球队在全国范围内也取得了优异成绩。这在以前群众自发筹办赛事时期，是不敢想象的。

踢球也能上重点高中

和很多地方一样，学生的学业压力也是石嘴山市开展校园足球面临的阻力之一。石

嘴山市教体局科长蒴英明说，小学踢球最简单，家长也最支持；到了初中，家长的态度就开始暧昧了；到了高中，几乎没有家长再支持孩子踢球。

这种情况下，让有踢球潜力的孩子有出路，成为推动校园足球发展更进一步的关键步骤。石嘴山市在健全足球特长生的升学机制上下功夫，使很多爱踢球的孩子也圆了自己的高中梦、大学梦。

石嘴山市三中是当地数一数二的高中，学生上了三中，几乎就进了考入重点大学的保险箱。学生们为了考到三中，往往要在文化课上下不少功夫。不过对石嘴山市实验中学校足球队的队员们来说，他们通往三中之路，还有另一个选择——踢球。

近些年，三中的 30 个体育特长生招生名额，每年都会有 10 个左右留给足球特长生。据实验中学体育教研组组长肖录介绍，校队即将毕业的队员中，有 4 人都是把目标瞄准三中的"种子选手"，他们"不仅球踢得好，学习也不错"，其中就包括担任校队队长的谭嘉诚。自小学进入校队以来，谭嘉诚已接受过五六年系统的足球训练，加上童年与小伙伴玩球的经历，也算是一名"老球员"了。提及坚持踢球的原因，这个大男孩腼腆地回答："除了锻炼身体之外，也希望将来考高中能多一条路。"

踢球也能升学，这让学生、家长、教练们都更有动力。石嘴山市实验中学的体育教师田星，几个月前刚被自治区教育厅选派，参加全国校园足球教练员赴法国留学项目，进行了 3 个月的培训。回国后，他开展的足球教学和训练的方法，让孩子们耳目一新。"他们球踢好了，将来能上重点高中、大学，我也有成就感。之前有的队员文化课不好，升学有困难，导致走上社会后发展受限，我心里其实挺难受。"田星说。

足球每天滚动在绿茵场上

经过几年努力，如今，石嘴山市教育体育局已在全市布局 53 所学校组织开展了校园足球联赛活动，每年参加校园足球联赛人数近 2 000 人。通过足球联赛的方式，石嘴山的校园里很大程度上普及了足球运动，更多的中小学生体会到了足球运动带来的乐趣。

石嘴山三中每年毕业季最受期待的活动，就是高三年级的足球告别赛。那一天，全校停课，师生们齐聚大操场，用一场足球赛为毕业的学子送行。

冬季的西北日渐寒冷，高考备战正在紧张进行，三中的校园非常安静，因此记者只能从老师们的讲述中，去想象那场告别赛"到处贴满海报""学生们有哭有笑有尖叫"的热闹。但在课业较为轻松的初中、小学里，足球依然每天滚动在绿茵场上。

沈可盈是石嘴山市第二十小学校足球队的一名女队员。自二年级被选入校队，她曾因成绩下滑退出一段时间，后来又通过自己的努力最终回归。对于沈可盈来说，踢球带来最明显的变化是身体上的，"以前老咳嗽，还有点哮喘，现在好多了"。接受采访时，她不时回头瞥一眼队友们的战况，刚回答完问题就跑上场。比赛中，这个扎着长长马尾辫的女生传球、射门，脚下的功夫并不比男生差。

同在二十小校队的张嘉鑫就没有那么熟练了。刚上二年级的他是校队中最小的队员，跟高自己一头的哥哥姐姐们一起比赛，跑遍全场都没碰到球。虽然踢球只有几个月，但张嘉鑫已经成为足球的“真爱粉”，不仅在校队踢、在家练习，连玩的电子游戏、看的动画片都和足球有关。虽然想不起自己喜欢的球星究竟叫什么名字，但这个个子不高的小男孩有个很高的目标：“我也想在国家队踢比赛。”

和张嘉鑫一样，石嘴山市实验中学校队队员庞昕龙从小的梦想也是成为职业球员。从刚开始踢球“觉得把球踢进门很好玩”，到如今希望与队友配合，实现“赢的渴望”，庞昕龙说踢球带给自己最大的收获就是快乐。三伏天训练，“人晒得好像从火堆里刨出来的山药蛋”；三九天训练，“脚冻得通红，像烧火棍子”，但因为对足球的热爱，这些困难他都克服了。“现在觉得世界好大，职业队选中一个人都是万里挑一。”提及多年的偶像马拉多纳，这个十几岁的少年有点感慨，但他接着说，“不过我还是想坚持自己的这种执着。”

学生们就在这样的快乐里，一天天成长着。深冬的石嘴山天气阴冷，但足球的热情从未冷却。

（《中国教育报》记者　高毅哲　刘亦凡　唐琪　2017 年 1 月 11 日报道）

从零基础到西北冠军

——宁夏灵武发展校园足球的两个秘诀

宁夏灵武，这个 10 年前还是校园足球零基础、足球师资奇缺的西北县级市，2015 年被宁夏确定为青少年足球试点城市，2016 年被教育部确定为全国青少年校园足球试点城市，在各级赛事中屡屡立功。

灵武一中足球一队 2016 年夺得中国高中校园足球联赛西北冠军，灵武高中球队连续 4 年获得宁夏青少年足球锦标赛冠军，初中球队连续 2 年获得宁夏校园足球联赛冠军……人们不禁要问，他们怎么做到的？有什么秘诀？

第一个秘诀是梯队建设。在《中国教育报》“校园足球神州行”的采访过程中，记者发现，很多省份的校园足球没有梯队建设的意识。一些地方初一的学生招进来组个足球队，没一个人小学时候受过足球训练，还有些地方小学足球课学过的东西，升入初中又重新来一遍。

而在灵武，全市 41 所中小学已建成校园足球队 64 支（其中女队 19 支），校园足球运动学生参与率近 100%，有浓厚兴趣的达到 30%，并已建成小学、初中、高中甲乙组联赛机制和校园足球队升降级机制，形成了小学初中高中足球梯队建设一条龙。实行足球特长生中考升学特殊政策，近年来凭借足球特长升入普高的学生每年在 20 人以上，通过足球考上大学的已有 21 人。球队不用担心断层，踢球学生的升学出口问题也得到解决。

2009 年以来，市教育局和体育局合并为教育体育局，解决了在许多地方体、教两部门合作不力的问题。再加上分管校园足球工作的教育体育局局长助理杨剑斌同时也是市足协的秘书长，常年抓足球工作，又在客观上将政府和社会的资源盘活利用。

第二个秘诀是学校将足球教学纳入课程计划，实施足球“1122”计划和足球“清仓”行动。“11”是指学校一把手主抓足球、每所学校组建一流球队；“22”即实现两个目的，实施两项措施。两个目的是增强学生体质、强化学生自信；推进素质教育，丰富校园文化。两项措施是确保经费投入，改善运动条件；执行足球课程计划，上好每周一节足球课，保证每周足球运动课余时间不低于 2 小时。

足球“清仓”行动是指拿出库存的所有足球，在课间、午休、放学后等时间让学生们踢、玩。杨剑斌说：“我们就是要把足球都扔到操场上给学生玩，不怕丢、不怕破，哪怕丢了，被人捡去，它还是在灵武的各个角落被人使用；如果破了，我们再修补、再补充。”

现在，在市里的枣博园等公园，每逢周末，都有孩子和成人踢足球的身影。校园的操场就更不必说，全市中小学塑胶操场已实现全覆盖，消灭了土操场，并且全部对外开放，不管是学生还是市民都可以进来锻炼，成人和学生踢友谊赛那都是“常有的事”。杨剑斌说，教育部门和学校不仅经常对学生进行运动安全教育，还保证社会球队“上球场的人必须是买了保险的”。

灵武的秘诀还有很多：领导重视、加大资金投入、强化师资培训、开展多种足球赛事、狠抓青少年足球精英训练营、打造足球文化，还得到了谈东方、杨涛等社会足球热心人士多年的扶持。但让记者感触最深的，是灵武人对足球单纯的热爱和坚持。

负责足球工作的杨剑斌，从 6 岁开始踢球，到现在从未中断，只是最近脚受了伤才“消停消停”；灵武一中副校长马名炜今年已经 53 岁了，一上来就指着自己右边眉骨给记者看，“这儿，踢球缝了三针，但我就爱足球，我也是学霸，我还教出了很多学霸”；还有叶忠志、杜文海、足协成员等人的儿子，个个都是足球小将……

杨剑斌说：“我们灵武的足球，就是这么一代一代起来的。”

（《中国教育报》记者　唐琪　高毅哲　刘亦凡　2017 年 1 月 11 日报道）

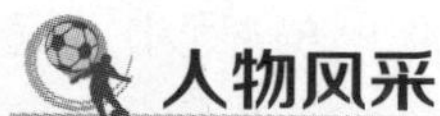

人物风采

叶忠志：“教踢球，我是认真的”

提及灵武市第一中学教师叶忠志，宁夏的校园足球圈里，很少有人不知道这个名字。

作为灵武一中校足球队的主教练，叶忠志曾带领队员们连续 4 年夺得宁夏青少年足球锦标赛冠军。在 2015 ~ 2016 年度中国高中男子校园足球联赛中，灵武一中足球队又以西北赛区冠军的身份挺进总决赛，并取得了第 11 名的历史最好成绩，叶忠志也因此获得了“最佳教练员”称号。

罗马城并不是一天建成的。相比于宁夏北端因煤矿而兴起的移民城市石嘴山，灵武市足球运动的群众基础薄弱，发展校园足球更相当于“戈壁起高楼”。但叶忠志却把自己打造成一方砖石，为灵武市的校园足球夯实了地基。

叶忠志就成长于石嘴山。在他的少年时代，足球运动在全国都广受追捧，石嘴山市

的厂矿学校里，“篮球场上也是踢足球的人”。虽然没有像样的队伍和专业的教练，叶忠志还是凭借自己的一腔热爱，用足球叩开了宁夏大学体育学院的大门。

对于许多人来说，爱好一旦成为专业，其光环也会渐渐淡去，叶忠志却是个例外。从足球专业毕业后，他来到灵武市第一中学，成为一名普通的体育教师。日常工作之外，他心心念念还想“做点有意思的事”，思考着“把自己的专业好好发展一下”。

家长担心踢球影响孩子学习，城区学校组不起球队，叶忠志急中生智，想到了“从农村突破”的办法。于是，自 2007 年起，灵武一中到灵武市农场小学的十几公里路上，多了个“蹬着破自行车，背着破足球”的身影。

每周 4 次，叶忠志利用课余时间来到农场小学，尝试教那里的四五个小男孩踢足球。但更多时候他并不能安心待在球场上，而是必须辗转在找孩子、去家访的路上。

十来岁的小男孩非常调皮，告诉爸妈去踢球，出了门就溜进网吧打游戏，直奔水塘游野泳。每次出勤不齐，叶忠志担心孩子安全，总是解散了队伍，先去水塘和网吧找孩子，再把他们一一带回去交给家长。

那些年，与其说叶忠志是一名足球教练，倒不如说他是足球的“布道者”。为了能让学生们坚持踢球，他劝完家长劝孩子，“去得最多的一家不少于七八次”。今天回忆起来，这些学生的家庭住址，他依然记得清清楚楚。

功夫不负有心人，叶忠志十年前播撒下的种子，如今都有了收获。农场小学的孩子们渐渐喜欢上了足球，技术也越来越好，凭借这一特长，他们顺利升入灵武一中，并且全部考上了大学。“靠踢球也能进大学！”在灵武这个经济欠发达的西部县级市，叶忠志的足球招牌总算打响了。

如今，灵武一中建起了足球特色班，由叶忠志担任班主任。为了给学生们更先进、更科学的训练，叶忠志参加了教育部组织的校园足球教练员法国留学项目。此外，关心足球发展的民间人士还为灵武的足球夏令营请来了国外教练员和职业球员。

“很多人觉得请外教能博人眼球、获得关注，但我认为既然外教请来了，学到的东西就得用在实训中。”叶忠志说，过去自己在训练中更注重局部技术，“比如传球动作，我们觉得能把球传到队友的脚下就可以了”，而国外教练会考虑球传到哪只脚队友更舒服，传球后防守队员会不会跟上去等问题，“这种理念对我们的影响是很大的”。

除了球技的训练，作为班主任的叶忠志也从未放松过学生们的文化课学习。在学生黄志伟眼里，平时和蔼的叶老师在抓文化课方面非常严厉，会逼着大家背单词、背课文，背不会就以暂停训练作为惩罚。“对于我们这些热爱足球的学生来说，这也是一种方法。毕竟踢球也要用脑子嘛！”黄志伟说。

接受采访时，叶忠志刚带领宁夏联队结束第十三届全国学生运动会足球项目的预选赛。像过去一年中的大多数日子一样，刚从珠海回到灵武，叶忠志就来到球场了解学生们的训练情况。“足球是我生活中重要的组成部分，如果我停下来，会觉得无所适从。”叶忠志说，“我想给予孩子们最好的，因为教踢球我是认真的。”

（《中国教育报》记者　刘亦凡　唐琪　高毅哲　2017 年 1 月 11 日报道）

青海省

核心提示

青海省提出，要有计划、有步骤地把足球纳入中小学体育课程必修内容；加大在各级各类学校体育教师、有足球特长的教师和高校学生中大力培养足球裁判员工作的力度；用 5 年时间，建成 100 所校园足球特色学校，打造 100 支特色学校足球队，培养 600 名二级裁判员。

西宁市南川西路中学学生和老师在踢比赛。（资料图片）

省级行动

青海：5 年打造 100 支特色学校足球队

2015 年 12 月，青海省《关于进一步加强校园足球工作的实施意见》正式印发，即在全省范围内把校园足球运动作为开展阳光体育活动的主要抓手，当成增强学生体质、磨炼学生意志、培养团结合作精神、丰富校园文化生活的一项重要内容来推动实施。

为加强全省青少年校园足球工作的领导、规划与管理，2015 年青海省召开全省青少年校园足球工作会议，在全省遴选了 12 所国家级校园足球特色学校及 1 个国家级校园足球试点县（区）；聘用 4 名外籍足球教师到青海从事中小学足球教育教学工作，并指导 40 余所中小学校的足球教学活动；选派一批高校和中小学优秀足球专业教师赴法国参加校园足球教练员培训；选派各市（州）、县（区）政府分管领导、教育局分管局长及校长共 76 人参加全国校园足球行政管理人员和校长培训班；组织 180 余名教练员、裁判员举办全省校园足球培训班；组织举办青海省大学生足球联赛，并选拔出 3 支队伍参加全国大学生足球联赛；会同省体育局，与省教育厅联合承办全国青少年校园足球"冠军杯"小学女子组西部赛区的比赛；会同省体育局、省民宗委举办青海省青少年足球锦标赛。这些工作举措有力地推动了青海校园足球的发展，取得了丰硕成果。

青海谋划，今后将通过校安工程、全面改薄、标准化学校建设等一系列教育重点项目工程，进一步加大学校体育场地、设施的新建（改扩建）、维修改造力度，统筹好体育场地设施资源，改革投入、建设、管理和使用模式，形成新建场地、学校和公共体育设施共用机制。

青海提出，要有计划、有步骤地把足球纳入中小学体育课程必修内容，将足球作为学校开展大课间、课外体育活动的重要内容。在体制机制建立方面，将建立校园足球四级联赛体系，建立教育和体育部门资源共享、创新协作的工作机制，建立校园足球运动风险防控机制。在裁判员队伍建设方面，加大在各级各类学校体育教师、有足球特长的教师和高校学生中大力培养足球裁判员工作的力度，满足全省校园足球活动的需要。在教师队伍建设方面，要多渠道、多形式配备学校足球教师，采取专兼职相结合的方式，招聘一定比例的足球专业教师，在相关高校中设置校园足球师范类专业，积极培养足球专业教师。将体育教师训练、开展校园足球活动纳入相应工作量，进一步调动教师工作积极性。用 5 年时间，建成 100 所校园足球特色学校，打造 100 支特色学校足球队，在全省范围内发挥骨干、示范和带动作用；培养 600 名二级裁判员，基本满足全省校园足球竞赛活动的需求。到 2020 年，基本形成内容丰富、形式多样、因材施教的青少年校园足球教学及活动体系。

（《中国教育报》记者　王英桂　王强　2015 年 12 月 22 日报道）

地方经验

高原足球“苗苗”养成记

2015年12月，青海省西宁市南川西路中学等12所学校入选2015年全国青少年校园足球特色学校，其中11所学校来自西宁市。西宁市城中区还入选了2015年全国青少年校园足球试点县区。

据西宁市教育局相关负责人介绍，从2014年3月起，西宁共有62所布局学校，1500多名学生组成了西宁市青少年足球业余训练网络，有不少校园足球队员被全国足球专家评估领导小组选拔为校园足球“希望之星”“玫瑰之星”，远赴广东清远市清新名将足球基地参加冬训选拔。其中，马海军同学被中甲球队北京八喜足球俱乐部选中，并代表该俱乐部赴意大利桑普多利亚足球俱乐部留学培训，成为西宁校园足球开展以来的“留洋第一人”。

地处高原地区的西宁校园足球是怎么培养这些足球“苗苗”的？记者进行了实地采访。

统一规划、部署，打好硬件和教练员基础

走进西宁市第四高级中学，校园内绿树成荫，鲜花成行，涓涓的流水为这所年轻的学校注入了生机与活力。教学楼内名人题字、学生作品相互辉映，展示了这所新生学校的潜力与发展。

而在学校宽敞的足球场上，足球教练员正和普通班的学生一起上演着对决大戏。

足球教练员阿慧明告诉记者，自己非常喜欢和学生一起踢足球，每次踢球时，场边的学生总是聚在一起呐喊助威，好不热闹。“在踢球的过程中，不仅提高了足球技能水平，更增进了师生之间的感情。”阿老师说。

西宁四中只是西宁校园足球发展现状的一个缩影。

2014年以来，校园足球在全国各地蓬勃发展，而地处祖国大西北的青海省也派出了一支60人左右的队伍赴北京学习校园足球发展经验。在北京参观了延庆等地后，他们又聆听了部分专家和教育行政部门负责人的经验介绍。

这支队伍的领队是西宁市回族中学校长马胜平，提起这次学习，他还记忆犹新：“北京延庆的中小学，几乎校校都有足球队，几乎人人都参与校园足球，相比之下，我们还处在起步阶段，必须着重在硬件、师资和普及上面下功夫。”

校园足球是一项对硬件和软件要求都较高的运动，首先得有场地。

据西宁市教育局相关负责人介绍，西宁市要求，新建中小学校要优先考虑足球场地设施建设，满足更多学校校园足球活动需要；校园足球场地建设将列为学校建设和区域公共体育设施建设的规划中。

在保障校园足球的师资上，西宁市也采用了不少办法。经市校园足球办公室牵线搭桥，2014年，西宁市校园足球迎来了首位外籍教练——韩国足球教练申浩哲受聘正式

成为西宁市红星小学校园足球教练，对该校少年足球队进行每周 5 课时的训练，并利用第二课堂对全校学生进行足球指导。西宁市还将引进退役足球运动员进入学校施教，并将通过专兼职结合的途径配备学校足球教师。

拔尖人才培养与“雪中送炭”一同进行

除了“苦练内功”，建设足球场、引进足球教练员，西宁市一些学校还想办法借助“外力”，提升校园足球发展水平。

在 2015 年六一儿童节活动期间，“谁是球王”青少年校园足球竞赛活动在北京市八一学校拉开帷幕。

在当天的开幕式上，上海申鑫足球俱乐部与西宁市北大街小学结成了“对子”，助力校园足球。虽然“结对子”的仪式是短暂的，但是申鑫与西宁北大街小学的往来并未仅仅停留在仪式上。

前不久，上海申鑫足球俱乐部副总经理邵坚毅带领俱乐部成员如约来到西宁市，与之前已经确立合作关系的北大街小学正式举行了结对仪式。同时，上海申鑫足球俱乐部也向西宁市北大街小学的教练和球员们赠送了训练装备。西宁市北大街小学正式成为上海申鑫足球俱乐部西宁后备人才培养基地，表现优异的学员将有机会进入俱乐部梯队。

10 月 26 日，西宁市城北区政府、区教育局主办的“阳光体育快乐足球”足球教学器材捐赠仪式在朝阳学校举行，辖区 17 所学校收到总价值 25.6 万元的足球训练器材。朝阳学校负责人介绍，之前学校体育教学硬件设施捉襟见肘，体育老师绞尽脑汁丰富体育活动，却因为器械缺失而无米下炊，这次“快乐操场”捐赠真是“雪中送炭”。

近年来，城北区为充分发挥校园足球在促进学生德智体美全面发展、推进学生体质健康状况改善、加快青少年足球人才培养等方面的积极作用，积极行动，加大投入，助推校园足球加快发展。区教育局努力实践摸索，把足球引入课堂，外聘富有经验的足球教练员，定期开办校园足球特色班，对孩子们进行足球体能、技能等方面的综合训练，根据国家体育课程标准，编制了《城北区校园足球教学指导手册》。截至目前，城北区参与足球活动的在校学生人数由以前的约 400 人上升至现在的 1 500 人，班班有球队、周周有比赛的梦想正在实现。

占得先机，用好高原训练基地

青海省多巴国家高原体育训练基地位于青海省湟中县多巴镇，距省会西宁市 26 公里，海拔高度 2 366 米，年平均气温 6.5 摄氏度左右。

这里依山傍水，地势平坦，远离市区，四周麦田环绕，院内绿树成荫，形成了冬无严寒、夏无酷暑、空气清新、污染小、噪音低的独特环境条件。

基地设立 20 多年来，包括王军霞、王丽萍、邢慧娜等在内的世界冠军、奥运冠军都曾在多巴基地接受训练，被国内外体育界誉为“铸造金牌的工厂”“培养世界冠军的摇篮”。

5 年前，多巴高原足球训练基地正式在这里挂牌，成为继昆明海埂基地、广西梧州基地之后，国家体育总局足球运动管理中心命名的第三个足球训练基地，由于多巴基地夏季气候温和，这里成为了国足夏季训练以及全国青少年足球的训练场所。

如今，每逢暑假，全国青少年校园足球活动夏令营（西宁营区）都会在多巴基地进行。来自全国各地的足球小将们可以在这里感受到“高原足球”的独特魅力。

经过不断打造，多巴国家高原体育训练基地目前接待能力、训练场地等各类设施不断升级，其中足球场地已达到7块，具备了国字号足球队训练、比赛的条件，球员也可在此接受高原气候和低氧条件的集训。

青海省足协秘书长杨海宁说：“虽然来多巴前几天可能有一些不适，但研究证明，定期到高原活动对于青少年，尤其是青少年运动员的心脏、心血管等系统的发育都是极有好处的，也有助于运动成绩的提高。”

随着校园足球的发展，一些在夏令营期间开展的诸如规则培训、教练员培训、裁判员培训等项目已经显得很“常规”。而西宁市借助这些得天独厚的专业基地开展校园足球工作，选派优秀教师进基地学习培训，组织本地娃娃们参观学习，让师生们大饱眼福。

如今，西宁市校园足球活动开展得有声有色，孩子们的足球兴趣和技能不断提高，操场上孩子们“加油！加油！”的喊声此起彼伏，处处洋溢着运动的快乐，校园里营造出了浓厚的足球文化氛围。

（《中国教育报》记者　王强　王英桂　2015年12月22日报道）

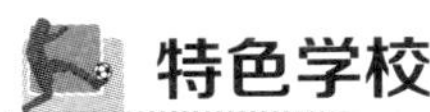

特色学校

西宁市回族中学的足球“动作”

高高的教学楼略显陈旧，但在周围的一大片区域里，却是最具民族特色的一幢建筑。楼顶部墨绿色的装饰与楼对面绿茵茵的足球场相映成趣。球场上，男生女生的加油声此起彼伏，一场激烈的足球赛正在酣战之中。

“我们要让男生、女生都喜欢上足球。”西宁市回族中学校长马胜平对记者说。

乍一听，这话似乎有些奇怪，兴趣爱好因人而异，学校怎么会有这样的要求？

原来定下这样一个目标，完全是出于对学校实际情况的综合考虑：这是西宁市唯一的一所面向回族学生开办的完全中学，学校88%的学生都是回族和撒拉族。“民族类学校的起点本身就相对低一点，但民族学生也有自己独有的体育热情和体育优势。”马胜平说。

马胜平已在这里当了10多年的校领导，这在西宁市并不多见。2015年4月初，西宁市派出60多人参加全国校园足球培训班，因他的年龄最长，被推荐担任学习团的“临时团长”。

接受过系统的培训，再加上对本校情况的熟悉，马胜平直言，校园足球工作“难易相当”。他说，难度在于做好校园足球，需要投入大量的人力、物力、财力，需要有良好的足球环境和氛围，需要配备优质的服装、器材、场地、教练等，置办这些，光费用

就是个问题。容易的是，民族类学校自有的一系列优势可以得到充分发挥。

着手组织本校的足球工作，马胜平把现有的基础细细捋了一遍。

相较于有些学校没有运动场地的局限，回族中学的大操场为校园足球的发展提供了绝好的条件。中学生体质条件良好，而课业负担较重，校园足球恰好可以满足其运动的需求，也能调整学生的心理和精神状态。“足球课主要放在初一、初二年级，重在培养学生对足球运动的兴趣和爱好，对选出的几个好苗子，着重培养他们的足球特长。”马胜平说。

据介绍，回族中学是西宁市少年足球俱乐部成员单位。学校有 1 300 多名学生，共 5 名体育课专业教师。其中，足球教练穆海毕业于青海师范大学体育系足球专业，他将被派往英国接受培训。

马胜平表示，下一步，学校将针对校园足球运动，集中做一系列工作：在下学期开学时，召开专门的家长会，让全校师生、学生家长的思想认识进一步统一起来，让大家充分认识到，孩子踢足球并不是在浪费时间，恰恰相反，这是对高效学习的一种有益补充；学校将形成完善的管理机制，拿出一整套足球活动计划，并适时开展一系列比赛活动，配备相应的运动器材，分头组建班级、年级、学校三级球队。“足球被称作‘大众恋爱’，是一种特殊的体育文化。所以，我们将把它纳入到学校的校园文化建设中，使其成为校园特色体育文化的主题板块之一。把它作为培养学生协调配合、团队合作及耐力与坚韧品格的一个抓手，让男生女生都喜欢上足球。”

（《中国教育报》记者　王英桂　2015 年 12 月 22 日报道）

西宁城中区北大街小学：
活力足球“踢”出特色校

2015 年 12 月，西宁市城中区北大街小学“校长杯”足球比赛如火如荼地进行，中高年级每个班都参加比赛亮相竞技，有比赛的班级学生，不论男女，全部到场边呐喊助威。

“每次‘校长杯’都是这样的场景，爱运动已成为学校的风气，爱足球已成为孩子们喜欢学校的理由之一。”该校校长林红英对记者说，“我们的办学理念是‘给孩子一个喜欢学校的理由’，而校园足球显然已成为一个非常重要的抓手。”

在林红英看来，质量是一所学校的生存之基，特色是一所学校的生命之光。办学特色犹如学校的一张名片，是学校的“魂”。如何办出学校“个性化”的特色，学校将目光瞄向了校园足球。

北大街小学位于西宁市中心，始建于 1913 年，这所有百余年历史的学校的足球队在西宁市乃至青海省都颇有“名气”，在全省的比赛中，屡屡“问鼎”。

早在 2013 年，北大街小学就被命名为“国家级校园足球布局学校”，2014 年代表城中区参加西宁市校园足球“夏都之星杯”足球赛获得小学男子乙组第一名，2015 年

“六一”期间蓟祥同学作为青海省唯一的代表参加了中央电视台举行的全国校园足球启动仪式。

林红英告诉记者，学校自上而下崇尚体育、重视体育，老师不将文化课成绩作为衡量学生优秀与否的唯一标准，拥有一个健康的身体、掌握一项体育特长的学生在该校同样被认为是一名优秀的学生。

在这种思想的引领下，爱运动成为学校的风气，就连社团活动也有足球的一席之地，喜欢踢足球的孩子人数众多，社团活动时间以外，清晨、午休、放学后都能看到孩子们在操场上与足球共同奔跑的身影。

为什么要把校园足球上升到办学理念的高度？林红英的解释是，通过打响校园足球这一名片可以有效提升学校知名度，增加校园足球队队员数量，加强学生足球素养，提升学生身体素质，使学校足球文化更有活力，成为校园文化的重要组成部分，充分发挥足球教育的育人功能。

为了宣传学校足球教育活动，展示学校足球教育的成果，学校每年确立一个星期为“足球特色周”，开展一系列的足球活动，如足球运动动员大会、学生足球才艺展示、年级全明星对抗赛、师生足球交流、各种荣誉陈列、足球知识讲座、嘉宾来校指导、评选各类先进等，以促进学校足球水平的发展，提升学校的知名度和办学品位。

该校负责校园足球的教师陈有龙告诉记者：“我们将在全校师生中普及足球知识和足球技能。通过以足球为龙头的体育运动，加强体育课、大课间、小型体育项目竞赛等活动，提高学生身体素质，形成人人爱体育、个个爱运动的良好氛围。在一至六年级组织班级联赛，实行班级建队，健全学校班级联赛制度，鼓励女队员与教师组队和学生一起参与足球比赛，最终学校全员参与足球运动。”

（《中国教育报》记者 王强 2015 年 12 月 22 日报道）

甘肃省

 核心提示

甘肃省根据资源分布存量，科学合理布局定点学校；探索建立政府主导、部门协调、全社会共同参与的校园足球工作格局；建立健全校园足球运动评估制度，将校园足球工作纳入地方教育督导；探索政府购买学生体育运动伤害险的办法。

天水市麦积区区府路小学贺志胜教练在指导学校足球队训练。（冲碑忠　摄）

省级行动

甘肃因地制宜让足球在校园“火”起来

在开展校园足球的活动中，甘肃省各市州因地制宜创新思路，多种形式、多种措施推进校园足球活动，取得了良好的成效。

庆阳市依托市足球协会的15支足球队，通过联办比赛、发展会员、定期培训等方式，带动学校足球工作健康发展，所有校园足球布点校分年级组建了校园足球队，定期开展比赛。同时，小学和初中把足球作为校本课程进行开发，列入课程计划、培养学生兴趣、发展学生特长，初步形成了特色鲜明的校园足球文化。

平凉市 2014 年 3 月正式启动校园足球项目，共有 20 所中小学成为布点校。为保障校园足球活动顺利开展，该市对 400 名校园足球裁判员、指导员进行了为期一周的培训，还为布点学校所有足球队队员和教练员购买保险。此外，平凉市还要求设立专项经费保障足球活动的开展，加大足球教学在体育教学中的比例。

甘南藏族自治州建立足球训练基地，并以此为抓手，加快足球训练网点建设，提高足球知识和技能普及程度，加强足球后备人才培养。同时，该州利用体育课、课外活动、联赛等多种形式开展丰富多彩的校园足球活动。

嘉峪关市将校园足球活动纳入阳光体育活动，并初步建立起了管理体制和运行机制，制订了校园足球的中长期发展规划，有效保障了校园足球活动的健康发展。同时，高标准举办校园足球联赛，选派国家一、二级裁判执法比赛，确保比赛公平公正，充分发挥校园足球联赛的示范引领作用。此外，采取“学徒制”模式培养裁判员，让一批热爱裁判工作的年轻教师成长为合格的足球裁判。

兰州市、白银市、张掖市等市将足球纳入阳光体育长效机制和“一校一品”特色体育学校创建中，鼓励学校开展校园足球活动，创建足球特色学校。

甘肃校园足球发展概况

截至 2013 年底，甘肃参与校园足球联赛的学校覆盖 11 个市（州）的 279 所大中小学校，学足球、练足球、赛足球的青少年人数初步统计达到 14 万人以上，初步建立了青少年校园足球活动的管理体制和运行机制。

（《中国教育报》记者　冲碑忠　黄金鲁克　2015 年 1 月 6 日报道）

寻找足球与教育的结合点

——时任甘肃省教育厅厅长王嘉毅谈如何在校园开展足球活动

隆冬的陇原大地寒气逼人。然而，随着 2014 年 12 月 18 日甘肃省“校园足球陇原行”和“校园足球先锋行”活动的启动，甘肃校园足球的热度却逐渐升温。

“甘肃经济欠发达，中小学体育设施先天不足。但是，各地、各足球布点学校因地制宜，创新校园足球开展模式，取得了一定的成绩。”王嘉毅说，全国青少年校园足球工作电视电话会议召开以后，甘肃省教育厅立即行动，部署青少年校园足球工作，“我们要抓住机遇，让开展好青少年校园足球工作成为一项自觉行动，使甘肃校园足球活动迎来更加美好的明天”。

为此，甘肃省教育厅正式启动了“校园足球陇原行”和“校园足球先锋行”活动。该活动历时半年，依托在西北师范大学设立的“甘肃省中小学艺术教育与研究中心”，集中体育学院、传媒学院等资源组建采访组，同时发挥媒体记者的作用，深入全省各市州采访挖掘各地推进校园足球的新举措、新亮点和鲜明特色。王嘉毅说：“各地、各学校在开展校园足球活动方面探索出的好经验和好做法，是我们的宝贵财富，也是甘肃继续推动校园足球取得实质性突破的重要保证之一。”

王嘉毅坦言，在甘肃中小学开展校园足球困难大、问题多，必须因地制宜，周密部署。为了尽快使国家和甘肃省委、省政府推进校园足球的精神落地，王嘉毅多次深入一线调研，与师生及教育工作者座谈，寻找推动甘肃校园足球发展的思路和抓手，理清甘肃校园足球发展的脉络。

王嘉毅说，今后将因地制宜，根据资源分布存量，在城区分片区、农村分学区，科学合理布局定点学校，构建小学、初中、高中相互衔接的校园足球梯形发展体制。探索建立符合教育规律和足球运动规律的校园足球管理体制，形成政府主导、部门协调、全社会共同参与的校园足球工作格局。建立健全校园足球运动评估制度，将校园足球工作纳入地方教育督导，进行动态监管。强化师资队伍和特色学校建设，大力培养、补充、培训合格的体育教师，保证校园足球工作正常开展。充分发挥高校足球联赛的带动作用，组织开展小学、初中、高中、大学四级足球竞赛。不断完善校园足球安全防范的规章制度，探索政府购买学生体育运动伤害险的办法。积极建设校园足球信息化管理平台，全面、准确掌握校园足球工作的各类信息。

王嘉毅表示，甘肃将把校园足球活动融入到正在实施的 1 000 所“快乐校园示范学校”创建工作中，让学生掌握足球运动的基本技能，并在学校营造出浓厚的校园足球氛围。同时，将加大科研力度，推出一批学生喜闻乐见的、操作性强的足球趣味游戏和校本教材，突破足球活动的空间限制，让中小学生都能广泛参与，学足球、练足球、赛足球，并从足球活动中体验运动的快乐，既培养他们的创造力和团队精神，也能使孩子们客观和理性地面对成败，养成永不服输的进取精神和意志品质。

“只要各有关部门通力合作，落实好国家和省上的有关要求，开拓创新、奋发有为，足球一定会成为甘肃广大学生最喜爱的运动之一，也必将成为甘肃青少年体质健康的一个重要‘支点’，进而培养学生强健的体魄和健全的人格。”王嘉毅满怀信心地说。

（《中国教育报》记者　冲碑忠　黄金鲁克　2015 年 1 月 6 日报道）

地方经验

小足球也能玩出大乐趣

——甘肃省天水市创新校园足球活动纪实

“传球，快……”“加油……进了！”一个个专业且不失“水准”的踢球动作，一声声随着足球“飘移”而跌宕起伏的呐喊，一层层完全被赛场“厮杀”所感染并揪着心的观赛者。

如此精彩的一幕，并非发生在北京国安对广州恒大的赛场上，而是上演在西部一所城乡接合部小学操场内。所有参赛者只有 8 到 13 岁，且大多来自农村家庭。这所学校，名为天水市麦积区实验小学。

就在同一天，2014 年 12 月 18 日，由甘肃省教育厅组织的甘肃“校园足球陇原行”和“校园足球先锋行”活动在这所学校拉开了帷幕。

因地制宜　足球在校园开花结果

赛场上飒爽“踢姿”的背后，是对校园足球无尽的爱和一次又一次艰辛的技巧和体能训练。在麦积区实验小学操场上，《中国教育报》记者看到，校足后备队成员们正在教练的指导下练习足球。他们，或带着足球穿梭在障碍物间，或趴在地上，学习蛙式跳跃，锻炼体能。

“作为甘肃省首批校园足球布点学校，我们把以往培养少数足球特长生打好联赛为目的的足球活动，转变成了以丰富全体学生校园生活、锻炼学生体魄为目的的群众性足球活动。”天水市麦积区实验小学校长史健说。

天水市麦积区实验小学的足球运动，只是天水市开展校园足球活动的一个缩影。近几年来，校园足球活动已经在天水市全面铺开了，参与校园足球活动的中小学生猛增到 5 万人。

在 2014 年的甘肃省青少年足球联赛中，天水市建三小学足球队一路过关斩将，问鼎冠军。“能拿全省第一名，真是没想到，当裁判鸣哨宣布决赛结束的那一刻，我们老师和队员们在场上紧紧拥抱在一起。”谈起夺冠的情景，该校的足球教练马兴仍然激动不已。

其实，天水市有 6 个县区是国家级贫困县区，由于学校体育设施硬件建设方面先天不足，原来校园体育活动主要以篮球、乒乓球为主。足球起步晚、底子薄，尤其是师生的足球意识淡薄，校园足球活动没有形成气候。

“让更多的孩子参与足球运动，扩大校园足球运动的影响力，我们坚持从基本市情出发。”天水市教育局局长苏定武告诉记者，自 2010 年天水市被确定为全国开展校园足球活动城市后，天水市校足办综合考虑安全、交通、场地、经费以及示范性等多种因素，先后确定秦州区、麦积区和张家川回族自治县为校园足球布局县区。

为增强孩子们的足球意识，天水市各布点校和一些规模较大的学校利用校园橱窗、广播站、校报、网络、征文比赛等载体广泛宣传普及足球的有关知识，让师生了解足球、爱上足球。

天水市建三小学以前的足球课是以课外活动兴趣小组的形式组织，主要是做游戏。学校被列为布点校后，校园足球步入了正轨。现在，学校一到六年级每周开设一节足球课，并实行分层教学，一到二年级主要做游戏，从三年级开始组织班队训练，四到六年级主要打比赛。每周星期四下午课外活动为足球大课间活动。

在对布点学校的业务指导上，天水市特别重视中小学校园足球普及的衔接，着力打造中小学校园足球的生态链，小学生抓足球意识培养，一些优秀的注册球员升入初中和高中后进入新校队。通过不间断地培养训练，既为有天赋的学生打开成才渠道，又以此影响和带动越来越多的学生参与足球运动。

经过几年的发展，目前天水市省级注册校园足球学校 28 所，注册队员 560 名，注册校园足球指导员 56 名，其中有 2 名教师取得了国家 D 级教练员资格，有 14 名教师取得了二级裁判证。

创新模式　校园足球赛事精彩纷呈

天水市校园足球比赛分校内班级联赛、校际之间的交流比赛、全市校园足球联赛和推荐选拔优秀校队参加省级和国家级的比赛，小学、初中和高中 3 个学段已组建的校队有 28 个。

至 2015 年 1 月，校园足球已成为天水师生不可或缺的一道运动大餐，孩子们的参赛激情空前高涨。建三小学足球队中锋姚凯斌在接受采访时表示，他非常喜欢足球，每次比赛一定参加，而且因为踢球见到了很多著名球员，故而会将足球作为一生的爱好。

实行主客场比赛制是天水校园足球联赛的一个亮点。通过增加比赛场次扩大普及面、拓展参与度来激活学生们的兴奋点，营造校园足球的良好氛围。同时，采用小学五人制、初中八人制、高中十一人制的形式进行。

几年来，天水市校足办始终坚持主客场制不变，每个赛季精确编制“天水校园足球”联赛秩序册，精心安排年度联赛工作，加强监督评估，确保了每一场联赛落到实处，小学、初中、高中三级主客场联赛的长效机制已建立起来了。

“广泛推行绿牌制度是天水市校园足球的一大创新。”天水市教育局体艺卫科科长陈光平表示，绿牌制度是一种奖励制度，比赛中裁判员如果认为某队或某球员表现突出，应获表彰，可直接出示绿牌。获得绿牌数可作为运动员个人评优选先的一项重要依据。绿牌制度的实施主要是让球员在比赛中真正做到团结友爱、文明参赛，培养孩子们良好的技术素质和道德修养。

从 2011 年开始举办校园足球联赛，天水市校园足球三级联赛已经举办了 4 个赛季，开展了 400 多场次的比赛，参加比赛的学生达到了 22.4 万人次。

培育兴趣　让学生享受足球之乐

为何校园足球在天水如此火热？天水市教育局苏定武局长给出答案——校园足球主

要是让学生玩，通过玩来激发他们学习的兴趣，增强自信心和团队合作精神，开发智力，强身健体，以此培养学生的综合素质，而并不是为了打比赛、单纯追求竞技。

因此，天水市在校园足球联赛中十分重视赛场礼仪，运动员上场、退场、换人、双方互换队徽和向裁判致敬等环节都做得很到位，孩子们通过 4 年的历练树立了正确的输赢观念和心态，在竞赛中学会了尊重对手、尊重裁判和观众。

为了满足学生的多样化需求，天水市校足办在校园足球 QQ 空间开辟了“快乐足球”专版，建立了联赛总积分榜和射手榜，及时介绍校园足球活动，和学生互动。“市长杯”校园足球联赛秩序册用图文并茂的形式展示青少年学生参与足球运动的风采，张扬学生个性，设计了“金靴奖”“最佳啦啦操编排奖”等奖项，各布点学校组织学生自己设计队名队徽，目前 28 所布点校都有各自的队名队徽，在联赛中坚持队徽交换和收藏制度。

李智华原是建三小学校队的主力队员，在 2015 年全省校园足球联赛中，他一共踢进了 27 个球，因踢足球成绩出色被成都棠湖外语学校特招。李智华在接受记者电话采访时说：“踢足球和学习一样，不仅需要拼，还需要开动脑筋。”

作为天水市三级校园足球联赛的副产品，“足球宝贝”啦啦操比赛已成为天水校园足球活动中的一道亮丽的风景线。陈光平介绍说，校园足球联赛开展之初，有个别足球布点校在主场组织“足球宝贝”啦啦操为主队加油，市校足办抓住这一机遇，把啦啦操比赛单设，作为校园联赛的延伸穿插在对抗赛间隙举行。身着漂亮表演服装的学生，在绿色的草坪上，跳起了以“阳光体育、快乐足球”为主题的啦啦操，让每位学生都有机会参与活动，为比赛加油鼓劲，烘托比赛气氛。每年还要评选出足球啦啦操决赛年度总冠军，给获得前三名的队颁奖，并评选出最佳表现奖、最佳配乐奖、最佳服装奖和最佳编排奖。

“每当有大型比赛之前，下午课外活动对校园足球队和啦啦操队同步进行训练，这样一来使大部分孩子学会了合理分配时间和精力，把对足球的兴趣转化为文化课学习的动力。”龙园中学副校长何平说。

目前，天水市校园足球已经向非布点学校和社区延伸，一些企业也开始赞助青少年足球比赛，全社会重视足球的氛围也初步形成，全市青少年学生对足球运动的热情空前高涨。

（《中国教育报》特约通讯员　闫锁田　记者　冲碑忠　黄金鲁克　2015 年 1 月 6 日报道）

人物风采

马兴：绿茵场上的“马大帅”

天水市小学数学教师中，他的足球踢得“堪称一绝”，他是天水校园明星教练。在天水校园足球教练中，他的教学功底“有口皆碑”，在当地小有名气。

他，是天水市建设路第三小学数学教师兼校足球队教练——马兴。

现年 39 岁的回族教师马兴不善言辞，被朋友笑称为“闷葫芦”，但在校园足球训练场上，他对待学生温文尔雅，面对训练精益求精，被同行戏称为“马大帅”。

“能够成为校园足球教练，仅仅因为我对足球有着发自内心的热爱。”马兴表示，他在西北师范大学学的是地理，1994年毕业被分配到天水秦州区平南学区担任数学教师期间，他曾经一度一个人抱着足球踢。这种痴迷，在马兴调到条件好一些的建三小学后，仍然延续。

2011年，建三小学被列为天水市校园足球布点校，马兴十几年的足球沉淀，终于有了用武之地。

“开始训练时，更多的是出于爱好，但正式比赛时，我们就发现平常训练方式不对。”马兴说，通过与其他省市的球队较量，他发现应该从训练娃娃们的“逼抢”能力开始。通过训练，马兴带出的球员在正式比赛防守时，都能够拿得住球，并且临危不惧，表现出同年龄人少有的冷静。

当然，训练是艰辛的。在带好数学课的同时，马兴每天都要和其搭档——建三小学语文教师刘军军，在上、下午各抽出一小时带队训练，并充当娃娃们的后勤“保姆”，甚至休息时间都耗于此。而且，马兴还积极利用校园足球培训机会，苦练内功。

进入校队的娃娃们，都对足球非常热爱，学业也都很棒，特别是在足球训练上都异常刻苦，这让马兴很欣慰。在马兴和刘军军两位主教练的努力下，建三小学足球队先后多次获得甘肃、天水足球联赛冠军，并代表甘肃省在全国联赛中依次获得过二等奖和三等奖，从而使天水市一举成为甘肃校园足球教育的“黑马”。

马兴说，在他的足球教育字典里，始终呈现着“做人”两个字，这也是他总结建三小学足球队经验时，认为这是该校能够奠定西北校园足球“霸业”地位的重要缘由。

“踢好球，先做好人。”深受儒家文化熏陶的马兴始终秉承“踢球不一定为娃娃带来什么，但做人却关系着他们一辈子”的理念，故而“踢球要为做人作准备”。在日常训练和比赛中，马兴都告诫队员要尊重队友、尊重对手、尊重教练，并且学会协作和配合。

在马兴看来，小学校园足球的长远发展需要与初中阶段实现良好的对接。“有些校队成员特别优秀，但由于学区原因进入的初中没有足球队或者对足球不够重视，导致这些娃娃的足球功底日渐荒废，这真的很可惜！”

讲到从数学教师到足球教练的华丽转身，马兴说：“这是值得的。虽然没有报酬和补贴，但我的兴趣爱好能够得到发挥，所以很感谢能有这样的机会。”

（《中国教育报》记者　黄金鲁克　冲碑忠　2015年1月6日报道）

陕西省

核心提示

陕西省将加快普及校园足球运动，完善校园足球四级联赛体系；拓宽渠道，采取多种形式为学校配备足球教师；加大足球场地设施规划、建设和改造力度，各县（区）至少在一所学校建成标准足球场地；鼓励社会力量建设小型化、多样化的校园足球场馆设施。在全面实施校方责任险的基础上，增加校园足球险。

《中国教育报》“校园足球神州行”采访报道组在西安博爱国际学校采访。（尉悍然　摄）

省级行动

陕西：让更多学生享受快乐足球

2015 年 4 月，陕西省青少年校园足球活动在陕西师范大学隆重启动。全省校园足球四级联赛、建设中小学校园足球特色学校、组织校园足球师资省级培训、开展足球专家（运动员）校园行等 13 项校园足球活动随之展开，陕西省青少年校园足球工作发展步伐全面加快。

在启动仪式上，“陕西省青少年校园足球研究和发展中心”也同时揭牌。该中心将开展青少年校园足球教学、训练和培训等相关领域的科学研究，为校园足球科学健康发展提供智力和人才支持。“我们必须抓住当前学校体育发展的有利契机，加快步伐，锐意改革创新，不断提高青少年校园足球活动水平。”陕西省副省长庄长兴说。

据了解，目前，陕西省 10 市 1 区都已经开展校园足球活动。其中，西安市、宝鸡市为国家级校园足球布局城市，志丹县为国家级校园足球试点县，校园足球已经在陕西省实现了布点全覆盖。根据最新数据统计，全省中小学布局学校达到 556 所，参与校园足球活动人数接近 10 万人。

“2015 年，我们计划建设 265 所校园足球特色学校，组织 10 名校园足球教练员赴法国留学，选派一批足球特色学校校长参加国家级培训，不断提升校园足球改革创新能力。”时任陕西省教育厅厅长李兴旺说。陕西将努力使足球特色学校成为开展校园足球活动的典型和示范，使足球特色学校的学生“人人喜欢足球运动，50% 的学生参与足球运动”。

陕西还将加快普及校园足球运动，完善校园足球四级联赛体系，拓宽渠道，采取多种形式为学校配备足球教师。加大足球场地设施规划、建设和改造力度，各县（区）至少在一所学校建成标准足球场地。鼓励社会力量建设小型化、多样化的校园足球场馆设施。在全面实施校方责任险的基础上，增加校园足球险，并积极探索政府购买学生体育运动险的办法，建立学生运动伤害事故第三方调解机制，进一步提升校园足球安全保障水平。

根据《陕西省加快发展青少年校园足球工作实施意见》，陕西将通过大力实施“青少年校园足球振兴计划”，力争到 2017 年，在全省建设 750 所校园足球特色学校、3 个校园足球试点县（区）、8 支高水平高校运动队，参与足球学习训练学生达到 75 万人，培养中小学足球教师 1 000 名。

“我们将以校园足球工作为突破口，深化学校体育工作改革创新，全面提高学生体质健康水平。”陕西省教育厅副厅长王海波说。从 2014 年起，陕西将足球、篮球和排球纳入全省初中毕业生升学体育考试内容，供学生自主选择，以改革考试内容的方法敦促学生长期参与体育锻炼，提升体质健康水平，得到社会广泛认可。

（《中国教育报》记者　冯丽　宋伟涛　2015 年 4 月 30 日报道）

地方经验

陕西渭南市临渭区校园劲吹足球风

踢球让学生更阳光

陕西省渭南市临渭区地处关中平原东部，古老的渭河滋润了这片土地。近年来，临渭区积极推进校园足球发展，连续多年取得了优异的成绩，并成为陕西省唯一的校园足球项目试点县区。渭水河畔吹起了一股强劲的“校园足球风”。

以点带面，让校园足球落地生根

“足球并不是这几年才开始在临渭区火起来的。早在2010年，我们就开始循序渐进地推进校园足球的发展，现在只不过初步显现出成效。”渭南市临渭区教育局教育股负责人闫文斌告诉记者。

谈到临渭区发展校园足球的经验，闫文斌总结为：“以点带面，逐步推进。”

记者了解到，早在2010年，临渭区就成立了青少年校外活动中心。活动中心面向在校学生开设了一个足球班，当年就有60余人参加。“当时参加的人并不多，还处于自发阶段。”闫文斌说。

然而情况在第二年的时候出现了变化。活动中心陆续命名北塘中学、南塘中学、故市中心小学、官底中心小学为活动分站，分站基本都开设有足球班，使更多的学生参与到足球运动中来。年底，教育局组织了区分站足球比赛，实验小学、北塘小学、南塘小学等分站组队参加，当时总共有100余名学生参加了比赛。

2012年，临渭区又扩展了10余个分站，每个分站都有足球队。这样，校园足球就如波浪一样扩散开来，在临渭区落地生根。到2014年，活动中心命名分站已经有19个，分布在临渭区各个区县。各分站都开设有足球班或足球社团，约1 000名学生参加。

“我们以这19个分站为抓手，通过分站组织各个学校开展活动，推动校园足球普及到全区的各个学校。”闫文斌说。

临渭区实验小学在2011年就成为临渭区校园足球布点学校。这所学校开设足球教育4年多来，同学们从中获益不少。实验小学的学生告诉记者：“我喜欢足球这项运动，自己的身体得到了锻炼，不容易生病，心态也更阳光了。”

建章立制，让校园足球火起来

走进渭南市南塘小学，一眼就可看到贴在墙上的2015年春季课程表。课程表里，体育课从原来的3节增加到了4节，其中一节课就是特定的足球课。

南塘小学校长郗丽对记者说：“在总课时都减少的情况下，小学三到六年级的体育艺术课从原来的3节增加到4节，高中由原来的2节增加到3节。学校每年都要进行一次球类运动会，以足球为主并带动其他球类运动的开展。”

通过增加体育运动课程，临渭区保证了校园足球的开展时间。同时，在这个学期，临渭区还要举办校园足球联赛，建立高中、初中、小学三级联赛机制，将比赛规模扩大到全区中小学，参与比赛的学生将达到千人。

“全区中小学都将开展校园足球活动。临渭区涌现出校校有球队、班班有赛事的可喜局面。”闫文斌说。

在渭南市实验小学的校园里，记者看到，学生们正在教练的带领下认识足球运动，练习基本的运动技巧。据了解，实验小学将足球运动拓宽到全校，每个班级都有各自的男子、女子足球队，总共有 122 支男女足球队。学校把下午的最后一节课专门作为体育课，开展全校足球联赛。

“通过课程安排和赛事制度安排，我们保证了校园足球的参与度，很多没有参加过的学生都有机会参加足球比赛了。”实验小学副校长武亚娟说。

六年级的楚思齐说：“我之前没有接触过足球，下课只是看男生踢足球。今年学校成立足球队，我也被选拔成为女子足球队的一员，现在终于有机会踢球了。”

实验小学还专门制定了《校园足球运动实施方案》，由学校体育组教师针对中低高年级编写校本教材《小足球》，普及足球文化。

临渭区教育局局长闵渭安介绍说，临渭区建立联赛制和校园足球督导机制，积极开展足球竞赛，把学生足球特长水平纳入学生综合素质评价。同时针对前期调研发现的体育设施配备不到位、场地建设不完整、课程建设开设不齐、考评机制不健全等问题采取相应措施，通过一系列的机制建设，为“足球进校园”提供保障。

投入保障，给校园足球加把“柴”

“开展校园足球最先遇到的是场地和教练难题。场地条件差、教练不够用的问题一直困扰着我们。”临渭区杜桥中学副校长周兴元说。

为解决场地难题，2013 年以来，临渭区共投入 4 500 余万元，对全区中心小学以上学校的操场进行了硬化，10 所学校的操场进行了软化，对学校现有足球场进行了维护和保养，提高了使用效率。

同时，学校加大投入，大力改善学校运动场地条件，充分利用现有条件新建、改建、扩建校园足球场地，添置足球、球门、球网等设备，保障校园足球工作正常开展。

为了培养足够的足球教练，临渭区和渭南市体育局、渭南市足协合作，将教练请进学校，让他们带学生踢足球。为了扩大专业教师队伍，临渭区教育局还制订了年度培训计划，请这些教练员逐年对学校体育教师进行有关足球的专项业务指导和集中培训，分阶段、分层次进行不同等级的足球专项培训。

在培训课堂上，记者看到，专家讲授了足球基本理论知识、训练方法、教学技巧、教练员专业素养等一名足球教练应掌握的全方位技能。教学方法生动有趣，实用性强。

郗丽告诉记者，通过培训，每个班主任都对足球有所了解，踢起球来也有模有样。现在，各班的男女足球队正在班主任的带领下打学校联赛。“每到比赛时间，整个学校就沸腾起来了，班级的凝聚力也增强了。”一名班主任对记者说。

“我们的目的不是要培养运动员，而是要让学生们都动起来，锻炼身体。校园足球是最好的抓手。”闵渭安说出了临渭区发展校园足球的初衷。

（《中国教育报》记者　宋伟涛　冯丽　2015年4月30日报道）

特色学校

西安博爱国际学校：

校园足球的春天来了

2015年的春天对西安博爱国际学校有着特殊的意义。当校园的新柳吐露出鹅黄的嫩芽，国家大力发展校园足球的春风亦扑面而来。在寸土寸金的西安市，学校那三个让城里学校艳羡的标准足球场更显弥足珍贵。

“足球是我们学校的传统体育特色项目，发展校园足球我们有先天优势。”校长南国庆介绍说。学校的足球训练设施、场地，以及教练员等基本都沿用了原西安博爱足球职业学校的资源，这为学校成为全省校园足球特色学校夯实了基础。

西安博爱足球职业学校是西安博爱国际学校董事会于1998年创办的一所专业足球学校，曾成立了西安市第一个职业女子足球俱乐部，获得过陕西省运动会女足比赛冠军、全国女子足球锦标赛第三名、全国青年女子足球联赛第五名、全国U14男足比赛第二名、全国U16男足比赛第三名等佳绩。学校先后为大学和各级俱乐部输送了近300名优秀学生，其中55名输送到中超、中甲等职业俱乐部。后因国内足球衰落，学校于2011年转型。

博爱足球职业学校的“衣钵”在西安博爱国际学校得以继续发扬。占地220亩的博爱校园，除120亩为教学区和生活区外，100亩是已建成的足球训练场和比赛场地，可以满足10个班队进行足球训练。学校还建有一座4 000平方米的多功能室内体育场馆，配有相当数量的足球体能训练器械。学校现有足球教练12人，不仅都受过高等教育，而且还有较丰富的足球实战、训练经验，尤其是来自英国和加拿大的两位外籍教练，都曾是职业足球运动员。

如今，西安博爱国际学校的学生几乎人人都会踢足球。学校把足球运动作为培养学生体育素质的一项基本技能，每周体育课都安排有足球课，学生全员参与。小学、初中、国际部留学生、高中国际班个个建有足球队，每周定时训练。普及足球运动和专业训练比赛的有机结合，使足球在博爱校园真正成为广泛的群众性体育活动。

国家大力发展校园足球的政策，让近年来多少有些落寞的博爱师生看到了希望。“校园足球的春天来了，我们把优化校园足球纳入了学校发展十年规划，通过广泛开展校园足球活动，不断提高校园足球运动水平，培养更多全面发展、特长突出的足球后备人才。”南国庆满怀信心地说，学校按国家标准，争取年内全部更新、配齐足球训练器械，三年内达到班班建有足球队，校内足球比赛常态化，并加强校级之间的互联互赛，每学

期组织 2 ~ 3 场校际比赛。

“中国的学生太在乎输赢，比赛只想赢。”学校体育系主任、加拿大籍足球教练多米尼克深有感触地说，“足球运动对磨炼学生意志品质，培养尊重规则、团结协作的精神有着重要作用。我们希望通过足球运动，让孩子们学会正确面对挫折，学会团结协作和无私奉献。”

（《中国教育报》记者　冯丽　宋伟涛　2015 年 4 月 30 日报道）

人物风采

耿建华的校园足球梦

仲春的一个周末，蒙蒙细雨中的西安市大庆路小学操场上，一位 50 岁左右的教练员正与小球员们进行足球互动游戏。只见他娴熟地展示着控球、传接球、假动作、射门等各种技术动作，还不时俯下身给小球员们讲解着每个动作要领。

这一幕，在大庆路小学已经持续了 4 年多。那位身体矫健、神采奕奕的教练员就是陕西师范大学体育学院教授耿建华。

“中国足球的发展根基在校园，培养更多的优秀球员是我一直以来的梦想。”耿建华说。

耿建华长期从事青少年足球教学训练与体能训练的理论与实践工作，并曾在陕西某足球俱乐部任青年队主教练，对我国足球现状有着深刻的认识。他发现，现在的足球俱乐部大多是与地方足协合作培养足球人才，或者直接办足球学校，走的是另一种体工队的圈养模式，还有的直接从其他地方挖球员，走“短平快”的功利型道路，而基层普通学校这个巨大的人才库却常年无人问津。让体育资源与教育资源相结合，成为耿建华的足球梦。

在多年的基层足球教学和训练实践中，耿建华养成了不断学习和总结的习惯，积累的各种训练笔记和资料有厚厚一摞。在对比世界各足球强国的足球理念、各种青少年足球培养体系后，从技战术打法、身体训练措施等角度分析，耿建华发现，所谓先进只是相对的，适合自己条件的发展才是真正可持续的。

2009 年 2 月，国家体育总局和教育部联合组织在全国大中小学校开展青少年校园足球活动。受中国足协和全国校园足球办公室的委派，6 年来，耿建华一直奔波在全国各地讲学、培训教练员和辅导员。他参与了 60 多期教练员培训班，培训了包括许多国内著名足球运动员在内的 1 000 多名基层教师和教练员。2011 ~ 2013 年，他连续三年被评为全国校园足球教练员辅导员讲师培训班全国优秀主讲师。

耿建华在执教过程中，特别注重对球员基本功的训练和足球意识的培养。训练中他要求最多的是从简单做起，扎扎实实完成每一个技术动作。同时，他要求教师、教练员“不等不靠”，想办法开拓渠道，以多种形式开展各种足球训练活动，学会自己动手制作简单训练器材。教练员既要教会学生掌握踢球的技能，也要教会他们用脑子踢球，体验

超越比赛输赢的足球乐趣。

2015 年 3 月,《中国足球发展改革总体方案》印发，将足球事业发展提升至“国策”高度，引发全国校园足球热潮。耿建华知道，自己圆梦的步伐加快了！但欣喜很快就过去了，耿建华在全面调研后发现，基层学校普遍缺乏高水平足球教师、教练员，这是校园足球难以走向质的提升的重要原因，直接影响到足球教学的质量和专业度。于是，耿建华更忙碌了。在保证日常训练、完成教学任务的同时，借助陕西师范大学优秀的团队平台，他发挥专家引领作用，争取各类社会资源，与全省基层学校保持互动，将学术交流活动常态化，为基层教师、教练员编录大量的青少年足球训练的视频资料和文字资料，编写校园足球教练员、辅导员培训任务计划书，全力为校园足球服务。2015 年 4 月，耿建华参与主编的《中国校园足球指导员培训教程》由人民体育出版社正式出版。

迎着和煦的春风，耿建华，这个普通的大学教授，带着他的足球梦，坚定地走向远方。

（《中国教育报》记者　宋伟涛　冯丽　黄海　2015 年 4 月 30 日报道）

西藏自治区

核心提示

西藏自治区（以下简称西藏）制订青少年校园足球发展规划，建立健全校园足球工作机制，提出以推广兴趣足球为基础、以培训为重点、以联赛为杠杆，用5年时间全面有序发展青少年校园足球，使足球成为学校体育工作的新常态。

《中国教育报》“校园足球神州行”采访报道组记者在世界上海拔最高的小学——西藏山南浪卡子县普玛江塘乡完小采访。（董凤君 摄）

省级行动

西藏：5 年内建成 200 所足球示范校

为增强青少年体质，促进青少年健康成长，推动校园足球的普及和发展，西藏近日制订青少年校园足球发展规划，建立健全校园足球工作机制，提出以推广兴趣足球为基础、以培训为重点、以联赛为杠杆，用 5 年时间全面有序发展青少年校园足球，使足球成为学校体育工作的新常态。

西藏提出，建立由教育厅、体育局等多部门组成的自治区青少年校园足球工作领导小组，办公室设在自治区教育厅；各地市、县（区）要成立校园足球工作领导小组，制订本区域青少年校园足球发展规划，将青少年校园足球作为“一把手”工程，狠抓落实。要通过推广足球运动知识、足球兴趣项目，建立校园足球小学、初中、高中和大学四级联赛制度，积极创建足球示范县（区）、足球示范学校、足球特色班和青少年校外足球活动中心，培养优秀足球后备人才。

师资队伍建设是青少年校园足球开展的重要条件。为此，西藏将重点培养一批校园足球骨干、项目带头人和裁判员，通过招聘足球专业大学毕业生、吸纳足球退役运动员、聘用高水平兼职教练员等方式，建立专兼职结合的中小学足球体育教师队伍。同时，保障体育教师在职务评聘、福利待遇、评优评先等方面与班主任教师享有同等待遇。体育教师组织课外足球活动、训练和竞赛计入工作量，参加校园足球相关培训计入继续教育学时。

为加大校园足球投入力度，西藏将建立经费保障制度，要求各级教育部门优化支出结构，积极增加校园足球经费；各级体育部门要从体育彩票公益金中拨出专款用于校园足球工作，加强经费管理，确保专款专用。教育部门要将学校足球场地、设施、器材建设纳入学校发展规划和基建项目，体育部门要不断加大学校足球活动所需设备的投入，为工作开展提供保障。

西藏要求各中小学要根据学生身心发展特征，制订校园足球活动方案和教学计划，开足开齐开好足球体育课，并制订年度和阶段性计划，落实到每日、每周、每月的训练中，定期进行总结。

校园足球示范学校和示范城市对于活动开展具有引领作用。西藏提出，要重点布局示范学校、示范城市，2016 年全区确定 50 所小学、20 所初中、10 所高中和 4 所大学，为自治区青少年校园足球工作示范学校；到 2020 年，全区拥有 200 所分布均匀的足球示范学校和一定数量的青少年校园足球队。确定 3 个足球项目基础较好的地区作为示范城市，影响和带动其他各地青少年校园足球工作的发展。

从 2015 年起，西藏逐步加强和完善青少年校园足球联赛体系，制定联赛管理办法，以赛带练，指导各地举办班级联赛、县（区）联赛、地（市）联赛和自治区联赛，积极营造爱足球、会踢球的良好氛围，提高青少年参与校园足球运动的积极性。其中，小学踢 5 人制，初中踢 7 人制，高中和大学为 11 人制。

此外，西藏将完善注册管理，建立优秀足球人才库，以学校为单位，所有列入校园足球示范学校的代表队学生，进行骨龄测试或第二代身份证验证，建立优秀足球人才库，杜绝青少年校园足球运动员超龄参赛的现象。

（《中国教育报》记者　余闯　易鑫　2015 年 10 月 14 日报道）

在这里，只要球能踢起来就足以成为特色

想象之中，西藏的运动项目可以是射箭，是武术，是骑马，但很难和足球挂上钩。

况且见过青岛、大连等城市校园足球开展的浩大声势和设施设备的“高大上”，再想象海拔三四千米的高原之上，很难相信校园足球能踢出什么声势和特色。

到西藏后，教育厅体卫艺处处长顿珠直接把我们带到了拉萨市广西友谊小学的操场上，让我们先看了一场足球赛，这是 2015 年拉萨市校园足球联赛小学组半决赛。

于是，我们就被眼前的场景“震”到了。

球场不大，不过内地 5 人制足球场地的大小；小运动员们的装备也很一般，运动鞋不统一，也没有人戴护膝。

可是耀眼的蓝天白云之下，嘹亮的哨声，震天的啦啦队呐喊声，十几个孩子奔跑时带起的风声，以及进球后他们拥抱时的欢呼声……这一切，让我们的心脏剧烈跳动，血液迅速沸腾。

要知道这里海拔 3 600 多米，我们连说话快了，都要停下来喘气。

那种心情，就像在悬崖峭壁、山棱石缝中遇见雪莲，我们在高原贫瘠的色彩和缓慢静态的画面里，遇到了塑胶操场醒目的红色、草皮清新的绿色，以及孩子们的奔跑和他们脸上让人炫目的笑容。

那一刻觉得，在这里，只要校园足球能踢起来，就足以成为特色。

事实上，在后来的采访中我们发现，除了自然条件的阻碍，内地开展校园足球能遇到的一切问题，在这里都有过之而无不及。

来自家长的阻力比所有地方都大，为了孩子考上内地班，但凡孩子成绩好一些，家长都会想办法阻止他们踢球；教师方面，不用说有足球专业背景的教师，连体育教师数量都不够，顿珠说，按照 7 个班配一个体育教师来算，全区还缺 500 多个体育教师；场地、经费更不用说了，场地大部分都是晴天一身土、雨天一身泥的土操场，经费则基本没有地方财政支持，如果有什么足球夏令营、冬令营之类的活动，相关负责人就要为出去一趟的飞机票头疼好几天。

尽管困难重重，大家的心气儿却都很高。

拉萨一中的体育教学组组长普布次仁，在足球联赛上看上了拉萨师范附小的两个六年级学生，一个防守好，一个进攻强，赛后便直接问两个学生：“你们愿意来拉萨一中吗？”

两个孩子嗫嚅着不敢回答，他们的家长也不敢相信：踢球也能踢进这么好的中学？

“我们校长每年给我 5 个招生名额，我看上的孩子，就能直接上一中，但我绝对保

证客观公平。”说这话的时候，普布次仁脸上闪烁着无上的荣耀。

拉萨市教体局体育科校足办负责人强巴旦增，虽没有任何职务，但拉萨校园足球的开展却交由他全权负责，包括经费的发放使用。

教体局的信任和放权，让强巴旦增无怨无悔地把业余时间、精力都放在了校园足球的推广上。

因为有了这些心气儿很高的人，于是，就如同雪莲照样在山崖上盛开一样，校园足球照样在这里轰轰烈烈地开展起来了。

一拨拨的教育局长、学校校长、体育教师培训，一场场的班级、校级、地区足球联赛，一堂堂的足球课程……校园足球的旋风，就这样刮上了高原草甸，刮进了师生们的心里。

也许，这就是足球的魅力，这就是运动的魅力。

（《中国教育报》记者　易鑫　余闯　2015 年 10 月 14 日报道）

地方经验

雪域高原舞动的“足球达人”

——西藏拉萨开展校园足球活动纪实

门前脚下晃动闪过防守队员，大力射门，“球进了！”日前，西藏拉萨市当雄县完小六年级（2）班学生旦增金巴，在该市 U13（13 岁以下）少年足球赛季军争夺战中打进精彩一球，赢得满场喝彩，笑容挂在他透着高原红的脸蛋上。

西藏平均海拔在 4 000 米以上，素有“世界屋脊”之称。拉萨市位于西藏高原中部、喜马拉雅山脉北侧，海拔 3 650 米。该市作为全国青少年校园足球布局城市之一，多年来坚持“以学生为本，以快乐为核心”的理念，克服海拔高、气压低、空气密度小的气候和地理因素，创造条件在中小学开展足球活动，使“阳光体育，快乐足球”成为校园里颇具魅力、深受孩子们喜爱的一项运动。

绿茵场上的孩子们犹如一朵朵格桑花，在雪域高原上追逐着足球梦想。

顶层设计，建章立制保运行

2009 年，拉萨市成为全国青少年校园足球布局城市，着力推动活动的开展。6 年来，该市实施一系列措施，打造校园足球升级版，加强体教结合，推进在青少年中更大范围内的普及，以此增强学生体质，培养青少年拼搏进取、团结协作的体育精神。

2012 年 11 月，拉萨市制订出台青少年校园足球活动实施方案，建章立制，指导全市校园足球布点学校在学生中普及足球知识和技能，发掘和培养特长突出、综合素质全面的青少年足球后备苗子。

为此，拉萨市成立了青少年校园足球活动工作领导小组，由市教育体育局局长亲自

“挂帅”，并吸纳了多名中小学足球优秀指导员，群策群力，协同开展校园足球活动。在小组成员的职能和权责上，拉萨市做了明确分工：市体育局负责竞赛组织、专业技术训练及指导；市校足办负责师资培训，利用体育课、课外活动时间及节假日，组织学生开展各种形式的校园足球活动，并且每年举办市小学和初中足球联赛；市校园足球各布点学校要由专职人员完成日常足球训练计划。

在经费来源和使用上，拉萨市依托的是国家体育总局和自治区下拨的专款，以及市教体局给予的相应的匹配资金等，专项用于校园足球活动的开展。

校园足球布点学校作为这个项目的“主推手”，被赋予了重要职责。拉萨市要求各布点学校必须由主管校长主抓学校足球工作，并安排人员专职负责。布点学校应加大足球教学内容的比重，按时完成训练计划，做到在校学生每周不少于 2 个小时的足球活动时间，争取全校不少于 50% 的学生参加足球活动；举办包括班级间和年级间的足球比赛活动，组建和训练校园足球队。

拉萨市教体局调研员普布卓嘎告诉记者，如今，拉萨市校园足球布点学校涵盖小学、初中和高中，数量已发展到 51 所，校园足球人口超过了 2.5 万人，“基本上每所学校都开设了足球课，有一大批学生足球爱好者”。

营造氛围，足球文化塑精神

在拉萨市 U13 少年足球赛中憾失季军的当雄县完小足球队学生回到学校，并没受到冷落。相反，他们受到了“英雄归来”般的礼遇。

五年级（1）班学生旦增赤列腼腆地告诉记者，这天，参赛队员们到了学校，下了车，被直接带到了早已等候在操场的全校师生面前，学校为他们举行了隆重的“欢迎小队友”仪式。

“大家使劲鼓掌，旺旦罗布教练对我们提出了表扬，学校还要奖励我们每人 100 元钱。”在绿茵场外，旦增赤列感受到了和进球一样带来的满足。

当雄县完小党支部书记边巴次仁说，今年是他们学校首次组队参加市里的联赛，没抱多大期望，谁知队员们在场上拼劲十足，多场比赛都有进球，“队员们淘汰了 5 所小学，杀进四强很不容易，这让我又激动又感动”。

文化是一种精神动力。健康的校园足球文化，能塑造出一种体育精神，引导青少年敢于拼搏，促进身心健康成长。近年来，拉萨市以文化建设推动校园足球发展的做法卓有成效。

作为拉萨市校园足球布点学校，拉萨一中参与足球运动的学生有 200 多名。“除了场地、器材等硬件建设，学校还要有鼓励孩子们踢球的文化氛围。我们学校每年秋季开学都会举行足球队员‘招新’，对这项运动感兴趣的学生都可以报名。我们学校的‘足球人口’有 200 多人，在全市所有学校里是最多的。”拉萨一中体育教师普布次仁自豪地说。

校园足球文化在拉萨市遍地开花。拉萨一小体育教师布琼说，他们学校有自己的啦啦队文化，每个班不仅有球队，还有自己设计的响亮的名字和漂亮的队徽，“每次比

赛，学生在场边加油的呼喊声此起彼伏，大家一起为球队助威，同学间的友谊都会悄悄地加深”。

当雄县中学是拉萨市唯一一所农牧区示范学校，校长拉布告诉记者，学校每年举办足球文化节，引导学生深入了解足球知识，并在日常开办足球兴趣班，指导学生练习踢球技巧，培养了一大批足球爱好者和“足球达人”。

科学施教，绿茵场上练身手

自 2010 年起，每年 9 月份定期举办的校园足球联赛，可谓当雄县中学的一大盛事。全校 36 个班轮番上阵，如今上场参加比赛的学生达到 400 名，共有八九百名学生参与赛事活动，占学校学生总人数的近一半。

“每年的校园足球联赛期间，学生天天中午在操场练球，标准化操场上挤满了人，大家都很有精神头。”当雄县中学党支部书记钻珠说，学校有足球场，有 9 位专任体育教师，为开展足球活动提供了便利。同时，学校注重将足球教学与新课程改革相结合，作好校本研究，通过体育课、课外活动、足球社团、校园联赛等多方面，普及足球知识和技能，充分发挥足球运动趣味性和观赏性强的特点，做到班班有队员、周周有活动、人人都参与。

以赛代练、以赛促练，是拉萨市发展校园足球的指导思想。拉萨市要求相关小学在每年上半年，以班级为单位开展校内足球联赛，并在每年 9 月 ~ 10 月参加全市范围内的校园足球联赛。各相关初中学校要在每年下半年开展校园足球联赛，在每年年初参加市里组织的联赛。

2013 年 11 月 1 日，拉萨市首届校园足球高中组联赛拉开帷幕，8 支代表队参加了本届联赛的角逐。据该市校足办有关负责人介绍，高中联赛的举办，将让更多的学生接触、了解和享受足球，充实课余生活，实现学生的足球梦想。小学到初中再到高中的“链条式”联赛模式，有助于优秀足球苗子的选拔和培养。

除了本地联赛，拉萨市还选队参加自治区青少年足球锦标赛、全国青少年校园足球夏令营和冬令营活动等，在与其他队伍的实际“较量”中发现足球训练中存在的问题，提升技战术水平。

2015 年 5 月，拉萨北京中学参加了全国高中男子校园足球联赛西北赛区历时 10 天的比赛。通过该校参加的 5 场比赛，教练员找到了队员技术粗糙、彼此配合不够等不足的解决之道，“虽然输了比赛，却赢了训练‘法宝’”。

（《中国教育报》记者　余闯　易鑫　2015 年 10 月 14 日报道）

人物风采

普布次仁：给校园足球添把“火”

初次见到普布次仁老师，他健硕的身板、1.81 米的身高就给人体育科班出身的印象。

2006年，普布次仁从西藏民族大学体育学院足球专业毕业，在拉萨市的一所中学从事体育教学工作。由于无法发挥足球专长，2012年12月，他辞职来到拉萨一中，专门负责校园足球工作。

“我们的校长丁亚莉以前是拉萨田径队运动员，热爱运动，非常重视体育锻炼和体育教师培养。她非常支持我，让我放开手抓校园足球。她让我的足球梦想离现实更近了。”普布次仁的话里充满了对知遇之恩的感激。

足球梦想照进了现实，普布次仁的事业焕发了新生机，工作起来有了更大的劲头。他组织校园足球联赛，认真挑选足球苗子；精心设计训练方案，购买训练器材，利用体育课、课余及节假日时间，组织学生进行颠球、运球等足球技能，以及力量、灵活性等综合素质练习，营造积极参与足球运动的氛围，推动校园足球普及。

2013年，拉萨市开始举办中学生足球联赛。当年，普布次仁组队参赛，取得了亚军，“这给我进一步抓好校园足球增添了信心”。2014年，普布次仁加强学生足球技能技巧练习，带领球队一举夺得该联赛的冠军。此外，他还带着队伍到全国多个地方参加比赛，以赛带练，提高足球队员技战水平。

回想起“备战”的那些日子，普布次仁说话的声音明快了起来。为备赛“招兵买马”，一到每周三、周四下午，学校操场上就活跃着他组织学生练球的身影，还吸引了许多对踢球感兴趣的学生的加入，“大家在场上奔跑，挥洒汗水，提升了拼搏和团队协作意识。每天带学生训练到很晚，但我从来不觉得累，跟他们在一起踢球很开心”。

“现在学校的足球人口多了。”普布次仁的到来，为学校的体育尤其是校园足球的开展点燃了一把“火”，让师生看到了一种运动生态的变化。

“在去年的学校教职工大会上，丁亚莉校长点着我的名字说，‘自从我们学校来了普布次仁，学校的体育大变样了，爱踢球的学生多了，他们的身体更棒了’。听到这样的话，我的心里感到特别温暖。”普布次仁在校园足球运动上辛勤的付出和取得的成绩，为他带来了心灵上的满足。

为了推动足球人才梯队建设，拉萨一中每年在全市范围内“特招”最多5名优秀足球苗子，普布次仁负责严格把关选人。“2013年我从别的片区的小学要来了米玛次仁、其美旺堆两个学生，没招够4个，因为我的要求比较高。”普布次仁笑道。他坦言，家长有时不支持孩子踢球，无非是觉得会分散精力耽误学习，进不了好的学校。这种“特招”的优惠政策，能在一定程度上缓解家长们的担心和顾虑。现在事实证明，球踢得好照样可以进入好学校。

普布次仁有自己独特的足球训练激励机制。他常跟学生们说，踢球绝不能耽误学习，谁要只顾踢球不做功课，就剔除出队，“好多孩子的球踢得好，学习成绩也不错”。

（《中国教育报》记者　余闯　易鑫　2015年10月14日报道）

四川省

核心提示

自2000年以来，四川省每年举办全省中学生男女足球联赛，参赛学校数量15年来一直名列全国第一。四川省遴选推荐了641所中小学校为全国校园足球特色学校，成都市金牛区、成华区以及绵阳市三台县被推荐为全国校园足球试点县。目前，以校园足球特色学校为主力的各地足球联赛正在开展。

成都市成华区李家沱实验小学学生在外教的指导下踢足球。（资料图片）

省级行动

四川：借力足球提升青少年综合素养

2015 年 6 月，四川省绵阳市首届高中校园足球联赛落下帷幕，绵阳中学实验学校的运动健儿们一路过关斩将，勇夺冠军。此次联赛历时近 3 个月，绵阳市各个区市县所有高中均派出了参赛队伍，从参赛选手到啦啦队再到家长，一阵足球风，几乎横扫了整个绵阳。而这样的联赛，在四川的成都、宜宾、雅安等市（州）也如火如荼地举行，且在各地选拔推荐的基础上，四川省首届青少年校园足球联赛于 2015 年 8 月拉开了帷幕。

2010 年，四川省成都市、达州市被列为全国校园足球首批试点城市，2011 年，省青少年校园足球工作领导小组又增加绵阳市等 9 个城市作为第二批试点城市，先后确定了 240 所校园足球重点中小学，成都、绵阳、达州等市每年均举办高中、初中、小学三级联赛。

据四川省教育厅体卫艺处处长李孝武介绍，省教育厅自 2000 年以来，每年举办全省中学生男女足球联赛，参赛学校数量 15 年来一直名列全国第一。2015 年 2 月，四川省遴选推荐了 641 所中小学校为全国校园足球特色学校，成都市金牛区、成华区以及绵阳市三台县被推荐为全国校园足球试点县（区）。目前，以校园足球特色学校为主力的各地足球联赛正在开展。

“不是要让所有的学生都成为足球运动员，而是要让大家享受足球运动的快乐。”四川省青少年校园足球领导小组组长、省教育厅厅长朱世宏说，校园足球有别于社会足球和竞技足球的要点之一就是更加注重足球育人的综合功能。

朱世宏表示，为加快校园足球发展，四川省已基本确定了足球进课堂、完善竞训体系、四层四级联赛、特色学校创建、后备人才培养、加强运动保障、学区和社区共建共享场地设施等系列举措。这些举措旨在让大家享受足球运动的快乐，欣赏足球运动的美感，培养足球运动的兴趣，从而热爱足球运动，参与足球运动，促进广大青少年身心健康并养成良好的意志品质，提升青少年综合素养。

据悉，四川省下一步将按照制定一个意见和统筹实施 4 个计划的“1+4”的工作思路，推进全省校园足球的发展。希望通过制定《四川省关于加快发展青少年校园足球的实施意见》和实施校园足球活动开展计划、校园足球特色学校建设计划、校园足球活动条件保障落实计划、各类校园足球活动人才培养计划，促进该省校园足球的发展。

（《中国教育报》记者　倪秀　2015 年 6 月 18 日报道）

地方经验

把学生从课堂“拽”到绿茵场

——成都市成华区推进校园足球发展纪实

“Hey boys，come on！ Run！ Go go go...”（孩子们，赶快！跑起来，快、快、快……）两名褐发碧眼的外国男子穿梭在一群七八九岁的孩子中间，一会儿拍拍这个孩子的肩，一会儿摸摸那个孩子的头，一会儿又跑上去让孩子“Give me five”（击掌庆贺）……

这是记者在四川省成都市成华区李家沱实验小学校园足球课上看到的一幕，两名外国人正是该校从葡萄牙聘请的职业足球教练。近几年来，成华区响应国家“积极推进素质教育，大力开展校园足球”要求，围绕成都“足球试点城市”建设目标，给政策、建机制、办联赛、聘外教，使校园足球蓬勃开展。

政府给政策　学校抓普及

“校园足球的发展要脚踏实地，不能只喊口号、流于形式。”成华区教育、体育部门高度重视校园足球的开展，专门组织体育教研员、校长、教练召开工作会，研究举措。

成华区教育局相关负责人表示，校园足球要顺利开展必须有机制、政策、资金等保障。“我们提出政府给政策、体教搭平台、学校抓普及、竞赛选苗子。”这位负责人介绍，成华区规定体育行政部门要从体育彩票公益金中拨出专款支持校园足球；校园足球定点校、体育传统项目学校在日常体育经费中安排30%～35%用于校园足球活动的开展，其他学校安排15%～20%。

成华区有体育教师352人，大部分是体育专业本科类的年轻教师，其中足球专业的教师有30多人。“这些老师年轻、好学、接受力强，对打造校园足球项目表现出很高的兴趣和热情。”成华区教育局德育科副科长崔晓章介绍，该区除了对体育教师进行足球教学专项培训外，还鼓励教师积极参加足协举办的各级各类教练员培训班，组织教师观摩全国校园足球夏令营学习，多次开展专项足球课听评课研讨活动，从而进一步提升教师足球单元教学的任教水平。

“我们确定了校园足球定点学校，校长是开展活动的第一责任人。”崔晓章说，校园足球定点学校至少要有两块以上5人制足球场地，同时鼓励非校园足球定点学校根据实际情况规划出5人制足球场地。足球定点校与示范校很快在区域内起到引领作用，其他学校也纷纷响应与跟进。

至2015年6月，成华区中小学校园足球开展态势较好，区域内的定点校均能全员开展、普及校园足球课程，各学校足球教材内容也占到整个教学内容的1～2个教学单元。李家沱实验小学等学校实现了每周一节足球课，并开发出校本足球教材。

三级联赛让学生真正“动”起来

迎着淅淅沥沥的小雨，在成都市列五中学足球场上，一群群穿着整齐、精神抖擞的小足球运动员在绿茵场上激烈拼抢，场下家长和教练们阵阵激动的呐喊声在整个球场回荡，这样的场景吸引了过往的路人驻足观看。

这是成华区“2014 年中小学生校园足球联赛”开幕的一个场景，当天正是小学组的比赛。接下来的几周里，来自该区中小学的参赛队伍共计 400 余名足球运动员在绿茵场上逐一对决。

2014 年 7 月，成都市教育局、体育局下发文件，提出由成都市足协牵头建立校园足球市、区（县）、校三级联赛体系，制定不同年龄段学生足球训练标准，成立足球专家咨询委员会、教练委员会、裁判委员会，建立切实可行、监督有效的管理体制和运行机制。

为此，成华区率先制定出了详细的区级足球联赛规则。联赛分小学组、初中组和高中组分别进行。“小学低学段孩子太小，没办法踢场地比赛，但本着人人参与、普及推广的宗旨，我们就设计了‘带球绕杆’‘10 米距离双人传球’‘20 米绕杆跑’等项目。”崔晓章介绍。

小学四至六年级则开展 5 人制足球比赛，全场 30 分钟；初中组为 8 人制足球比赛，全场 50 分钟；高中组为 11 人制足球比赛，全场 70 分钟。“比赛规则完全按照最新国际足球比赛规则进行，安排 4 个裁判，分上下半时。”崔晓章说。

考虑到足球运动的激烈性可能对学生身体带来的伤害，成华区还为每名参赛学生安排体检，体检合格者才允许参加，每名参赛的学生还购买有人身意外伤害保险。学校也做好应急预案，对学生进行安全教育，提高安全意识。

除了这样大规模的足球联赛外，成华区还定期开展区域内和区域外的校际足球交流，采用“走出去、请进来”的方式，提升对足球知识、足球技能和足球文化的理解。列五中学、李家沱实验小学、双林小学、杨柳小学等学校还通过开展足球活动月、亲子足球赛、足球宝贝啦啦操，以及摄影、绘画、队徽设计等丰富多彩的活动，把每位师生和家长都拉到足球运动和文化中来。

内外借力　把校园足球带上快车道

身高都在 1.90 米以上的葡萄牙人弗雷迪（Fred）和杰奥（Joao）看上去挺拔帅气，在一群小学生中特别扎眼。谈到跟孩子们相处的经历，两人眉飞色舞，特别兴奋。“孩子们太可爱了，我特别喜欢跟他们玩足球，他们很棒！”弗雷迪说。

两人都是经成都市足协牵线搭桥从欧洲足球联合会聘请来的职业足球教练，均持有 A 级足球教练证。

“他们特别敬业，训练孩子很有一套，特别注重对孩子的鼓励，关注到每个孩子。”李家沱实验小学体育老师杨月从说，两位外国教练也给她的教学带来启发，“他们能想出各种办法让孩子体会到足球运动的快乐，在玩乐中掌握足球基本技能，经常用抚摸、

赞扬、拥抱等方式激励孩子。”

除向国外“借智”，成华区还向成都市足球协会及其运动员“借力”。事实上，成华区有着开展足球运动和教育的先天土壤：中国国家足球队原队长马明宇就是从华西中学走出去的；先后又涌现了刘斌、邹友根、彭晓方等足球名将；从李家沱实验小学毕业的刘宇入选国家男子足球队……

成华区教育与体育部门联手建立了青少年足球运动俱乐部，通过有效整合资源，合理调配师资，促使各学校能力、水平均衡发展。如李家沱实验小学和成都足协合作，聘请专业教练进行跟踪训练；双林小学、五桂桥小学、建设路小学、列五中学等 8 所学校抱团发展，积极引进专业足球教练，在各年级都组建代表队，形成完善的金字塔训练体系。

“足球运动是集体项目，对促进青少年健康成长具有独特的综合教育功能，不仅强健体魄，更能培养学生的组织纪律性，集体协作精神，勇于拼搏、坚韧不拔的意志品质。”成华区教育局德育科科长王菲蓉说，足球运动带给学生精神快乐和心灵愉悦的同时，也促进学生的全面发展。

“自从孩子迷上足球后，身体素质比以前好了许多，以前到了冬天就感冒，现在一年四季都难得生病，行为习惯比以前好了许多。”一名到现场观摩孩子比赛的家长高兴地说。

（《中国教育报》记者　刘磊　倪秀　易鑫　2015 年 6 月 18 日报道）

绵阳市：建 100 支青年足球队

“牛头山下金牛娃，山下广小是我家，我家有群牛娃娃，足球技艺人人夸……”在四川绵阳市三台县，这首校园童谣几乎是家喻户晓。童谣里的“广小”是三台县广化东尚小学。

广化东尚小学地处牛头山下的城乡接合部，学校办学条件有限，却每年挤出一万多元租用 5.4 亩耕地做足球场。学校向县里要来了专职足球教练，组成足球教学班子，按年级科学地设置足球课程内容，从 1996 年开始，每学期举办小足球班级对抗赛，优秀球员经过选拔，组成校队参加省、市、县区各级比赛，校园里形成了浓郁的足球文化氛围。

“足球、童谣，这可以概括我们的校园文化。这种文化让老师和孩子们的距离近了，在足球面前，我们亲如家人。”广化东尚小学校长魏凤鸣介绍说，三台县是四川省著名的足球之乡，拥有 107 年的足球历史，学校就是要利用好这样的传统，把校园足球的氛围带动起来，最终融合足球的育人功能，实现学校的办学理想。

在绵阳市高新区永顺路小学 2015 年第三届校长杯班级联赛开幕式上，记者看到了这样一幕：从一年级到六年级，每个班都有自己的代表队，着装整齐而规范；每个班都给自己的球队起了响亮的名号，设计了炫酷的队旗、特别的吉祥物；孩子们迈着整齐的步伐通过主席台……整个过程充满仪式感，每一位孩子对这一场学校常规比赛的敬畏程度感染着在场的每一位家长和老师。

在绵阳，这样的场景很容易看见。绵阳市通过足球文化氛围营造、启动四级联赛等方式，让校园足球成为了教育生活的一部分。

记者从绵阳市教体局了解到，从 2014 年春季开学后，绵阳就开始实施以足球领衔的“三大球”小学、初中、高中、大学“四级”联赛。绵阳市的各学校不仅班级之间有联赛，校校之间也有了联赛。

为使“三大球”更贴近学生，绵阳市还计划组织开展球探名宿、体育明星进校园，足球夏令营和冬令营，校园小球王评选等活动，以便在校园内外掀起“爱球”“玩球”“看球”的热潮和氛围，而相关部门将会在机制保障及经费等方面给予足够支持。

“我们不能保证每个孩子将来都能成为国脚、球星，但可以给他们每个人带来欢乐。”绵阳市教体局局长吴明禹介绍说，按照绵阳市教体局测算，到 2017 年，全市将有超过 100 支青年足球队，数千名学生将参加到足球训练和竞赛中。

（《中国教育报》记者　倪秀　易鑫　2015 年 6 月 18 日报道）

成都市金牛区：以足球实现全员育人

沙湾路小学校长张友红介绍说，从上世纪 80 年代起一直到现在的 30 多年间，足球一直是学校的传统体育项目，是孩子们特别喜欢的一种运动。每一年的班级足球比赛是孩子们最快乐的时光。课间，操场上，总有孩子们玩足球的身影，而孩子们除了参加班级足球赛，还能参加学校之间、片区之间的联赛，在交流中享受足球带给他们的乐趣。

金牛区共有中小学校 74 所，而像沙湾路小学这样拥有悠久校园足球历史的学校就有 24 所。为了保持这种优良的传统，保障金牛区校园足球的持续发展。经过多年实践探索，金牛区形成了以“四个到位”为保障、“四项建设”为基础、“三项举措”为引擎的“443”推进体系，建立起了校园足球的全员育人模式。

为了让不同年龄段的学生都能参与校园足球，金牛区对不同年龄段的学生进行具有“梯度递进”形式的校园足球建设模式，即小学校园足球多元化、初中校园足球基础化、高中校园足球专项化以及大学校园足球专业化四个梯度。同时，建立了班级之间、学校之间、片区之间的联赛机制，实现了班级之间有周赛、学校之间有月赛、片区之间有季赛。构建课内外结合、校内外结合的校园足球定点校的教育教学、训练课程和竞赛活动体系，通过年级联赛、趣味赛、对抗赛、挑战赛、循环赛等形式，形成“人人都参与、班班有足球、校校有特色”的局面。

在金牛区，定期开展的“足球活动月”融合体育舞蹈、征文、绘画、摄影等形式，确保全员全面育人。每年的这个时候都是师生们最开心的时候：七中万达学校的足球宝贝啦啦操比赛、光荣小学的足球操比赛、沙湾路小学的足球主题摄影和绘画展等活动，都是精彩纷呈，各具特色。各学校因地制宜，逐步推进学校足球的校园文化建设。各学校还利用开设足球选修课程，建立学生足球社团，举办校园足球文化节、文化周等形式培养学生足球兴趣。

（《中国教育报》记者　倪秀　李曜明　易鑫　2015 年 6 月 18 日报道）

人物风采

沙湾路小学的足球情缘

2013 年 3 月 6 日

学校足球风风雨雨 30 余年，多少辉煌的战绩奖杯，却都只是风过无痕。一个很大胆的想法从脑子里冒了出来：为队员们出一本书！

2013 年 3 月 7 日

把这个大胆的想法告诉了黎教练，他居然很支持，说和我一起弄。有了他的支持，相信这本尚未命名的书会更加精彩。

……

这本日记的名字叫“《沙小足球》创刊记”，日记的主人是成都市金牛区沙湾路小学语文教师兼班主任李波。

采访李波时，记者才发现，这个男性化名字的主人，竟是一个喜欢运动装束、身形柔美的年轻女教师。

一开始，李波不踢足球，甚至不懂足球，但她爱学生、爱摄影，更爱在学生踢球时为他们记录下一个个精彩动人的瞬间。

后来，照片越来越多，多到电脑硬盘都快存不下了，李波便冒出了给学校、给孩子们出本册子的想法。为了出这本册子，李波自学了设计、排版软件，在无数个不分昼夜之后，2013 年 6 月 25 日，第一本 200 页的精美足球画册印刷出来，捧着这本《沙小足球》，李波的眼泪夺眶而出。如今，这本画册已经成为沙湾路小学的主要宣传册。

除了鼓捣出《沙小足球》，李波还特意报了裁判员学习班，并顺利拿到了国家二级裁判员证书。对李波而言，爱学生、爱足球，并不只是挂在嘴上说说而已。

和李波一样，沙湾路小学的许多老师，都因为爱学生而爱上足球，并因此做了很多工作以外的事情，多了很多老师以外的身份：带学生出去交流比赛时，老师是司机；看学生比赛时，老师是啦啦队员；业余时间，老师还是足球家委会里的联络员……

值得一提的是，在沙湾路小学，学生们爱踢球并不是偶然，而是因为沙湾路小学有热爱足球的传统。这所创办于 1956 年的老校，从上世纪 80 年代起到现在的 30 多年间，一直把足球作为传统体育项目。

李波日记里提到的黎教练，名叫黎力，1986 年就读于沙湾路小学，小学毕业时，他从整个成都市几十名足球特长生中脱颖而出，进入当时的足球传统校——成都华西中学就读，初三时就被四川省全兴足球俱乐部选中。但黎力并没有走上职业球员的道路，大学毕业后，黎力便毅然选择了回到母校沙湾路小学教体育，并接手校队，在全校开展青少年足球训练工作。

春去秋来，十几年过去，在以黎力为代表的诸多教练日复一日的努力下，沙湾路小学班班组起了足球队，校内联赛红红火火，足球文化生根发芽。

不苟言笑的黎力告诉记者：“为了训练，我十几年来没有耍过寒暑假，但有谁会不想要？人要有目标，我们的目标就是帮孩子们圆足球梦。队员们从不会踢球到6年后能有很高的足球水平，我在这里的价值也就体现了，这是钱买不到的。”

“我不会踢足球，幸好有这些老师和教练。因为他们，在沙湾路小学的足球场上，才会取得那么多好成绩，才会有那么多动人的足球故事。”接受采访时，沙湾路小学校长张友红动情地说。

（《中国教育报》记者　易鑫　李曜明　倪秀　2015年6月18日报道）

重庆市

核心提示

重庆市为校园足球开出“五大药方”，具体内容包括：制发系列专门文件，制订了校园足球三年行动计划；落实专项经费；通过“送培到校”“送教下乡”开展系列专项培训；抓好特色学校建设；精心组织四级联赛。

彭水走马乡保兴村校学生在学校操场踢球。（资料图片）

省级行动

重庆：为校园足球开出“五大药方”

重庆市校园足球工作按照全国校园足球工作的总体部署和重庆市委、市政府的总体要求，充分发挥主管部门的统筹协调作用，积极行动，多措并举，以校园足球的加速发展，引领带动全市学校体育的蓬勃发展。

一是制发了系列专门文件。重庆市在广泛调研和充分论证的基础上，制订了校园足球三年行动计划，从 2015 年起，全市将逐步扩大校园足球特色学校试点，到 2017 年全市校园足球特色学校达到中小学总数的 6% ~ 8%，经常参与校园足球运动的学生扩展到 50 万人。同时，要建设 10 个高水平校园足球训练基地、5 个校园足球示范区县，夯实重庆校园足球的发展基础。

二是落实了专项经费。按照“政府主导、分级承担、多方参与”和“区县为主、市级奖补”的经费投入机制，市财政设立校园足球专项经费，重点扶持特色学校场地维护、器材及装备购置和赛事组织。各区县财政纷纷通过提高特色学校运转保障水平、纳入学校改善办学条件项目规划、安排专项资金等方式，将校园足球所需经费纳入财政预算，合力推进校园足球事业发展。目前，2014 年市级奖补资金已全部拨付到位，梁平等 32 个区县落实了配套资金。市教委划拨专项资金作为 2015 年市级校园足球运转经费，支持市级赛事组织、训练教材开发、师资培训和活动奖补等。

三是开展了系列专项培训。针对校园足球师资短缺问题，重庆采取集中培训与分散培训相结合的方式，通过“送培到校”“送教下乡”，大力开展校园足球专项技能培训。目前，全市举办市级培训 5 期 10 个班，培训校园足球教师、教练员 300 余人，管理员 380 余人，基本保证了每所市级校园足球特色学校至少有 1 名足球教师、1 名管理员。各区县根据实际纷纷开展二级培训，大力推进校园足球基本功过关测试，力求参培人员人人达标、个个过关，返校后能够立即开展三级培训和学生基本功训练、赛事组织、校本教材开发等工作。同时，还选派了 32 名校园足球优秀教师、教练员、管理干部到青岛、大连等校园足球活动开展得好的地区学习，组织 12 名校园足球工作成绩突出的教师、教练员赴法国、德国学习教学、训练技能和管理经验。

四是抓好特色学校建设。按照“选好苗子、统一调子、广开路子、培育种子”的思路，整合全市现有“校园足球定点学校”和“体育传统项目学校”资源，在建好存量、抓好普及的基础上，重点抓好 300 所市级校园足球特色学校、10 个高水平校园足球训练基地、5 个校园足球示范区县、40 所校园足球种子学校（其中女子足球种子学校 10 所）建设，初步形成 U9 ~ U22 各年龄段相互衔接的优秀足球人才持续培养梯队，使全市校园足球发展动力更足、活力更强。

五是精心组织四级联赛。坚持校级联赛多样化、区县联赛常态化、市级联赛规范化，形成以大学为龙头，小学、初中、高中为主体的多层次、多领域、多地区的校园足球四级联赛机制。校级赛坚持小型多样、丰富多彩，以班级赛、年级赛、对抗赛、邀请赛、挑战赛为主。区县赛每年组织 1 次，以主客场制为主，让校园足球文化融入学生生活，带给学生快乐。市级赛每年 1 次，实行海选赛、分区赛和总决赛。2015 年，全市 300 所校园足球特色学校利用下午课余活动和双休日举办校级联赛、区县赛、片区赛和市级总决赛。

（《中国教育报》记者 胡航宇 唐琪 2015 年 7 月 15 日报道）

地方经验

没有足球场照样踢得欢

——重庆彭水因陋就简开展乡村校园足球

在这里，一片平地就是奢侈品。

重庆市彭水苗族土家族自治县，地处武陵山区，居乌江下游，是国家级贫困县。从重庆市区驱车前往彭水，一路是山、桥和隧道。人们用“七山二水一平方”来形容彭水的地貌，说的就是这里平地难求。

县城城区尚且如此，在广大的山村地区，情况可想而知。一所山村小学开展足球活动没几天，就有一个球被学生一脚踢出了迷你操场，转眼间滚下山，顺着江水流走了。大伙儿是又好笑又心疼。

专为村校孩子办的足球赛

2015 年 5 月 22 日，一场 5 人制足球赛正在重庆市彭水县汉葭中学校举行，小运动员们虽然团队配合还不太默契、球经常传空，但带球过人、射门等动作都踢得有模有样。几分钟下来，个个头发都被汗水湿透了。

这是彭水县第一届村校学生男子足球赛，来自全县 17 所村校的 204 名小运动员参赛，首场对决的是联合石柱村校和鹿鸣马金村校。这些村校的男孩大多是两三个月前才第一次接触足球，如今他们已经可以代表自己的学校，到县城参加比赛。

鹿鸣向家村小学生张红兵，在开幕式上作为运动员代表上台宣誓。今年读五年级的他，身高只有 1.35 米，人长得又黑又瘦，胳膊细得用一只手就能握住。但小家伙说起话来中气十足：“我是踢后卫的，我觉得我踢球得行（厉害）！”

张红兵的母亲去世了，父亲是农民，平时忙着干活很少有空陪他玩。小小年纪的他什么农活都会干，“割猪草很得行”。他说，除了学习和干活，自己最喜欢踢足球，现在一次能颠三十几个球了。

以村校为单位开展校园足球并集中在县城举办球赛，这在全国并不多见。该县教育督导室专职督学周勇说：“简单说来，就是想让村校留守儿童和城里孩子一样，有机会参与校园足球。为村校兴趣浓厚、有一定足球天赋和特长的留守学生提供一个展示和交流的平台。”

记者了解到，本届球赛分为 4 个小组、2 个阶段进行，首轮实行分组单循环形式，第二阶段采用交叉淘汰赛，比赛为期 3 天共 40 场赛事。与成人足球赛不同的是，本次赛制略显迷你。比赛采用 5 人制的足球场，使用 4 号足球，采用国家体育总局审定的小足球竞赛规则。

把因地制宜发挥到极致

彭水县共有村校（教学点）74 个，学生 5 000 余人。以村校为基本单位开展校园足球，他们克服了许多困难。

村校往往占地面积狭小，连像样的操场都没有，更别说足球场。于是，2015 年县里陆续为 17 所学校添置了可移动草坪，上足球课的时候铺在操场上，不用的时候就卷起来。这样孩子们就不用在旱地上踢球了。

有了场地，还需要踢球的基本设施。足球还好办，但很多学校没有足够的经费置办标准球门。村校教师们就利用当地盛产的楠竹、葛藤、杉木，甚至不锈钢，亲手制作简易球门，或是用水泥砖自制简易足球墙，给学生练习脚法。

很多村校建在山上，学生一使劲，足球就有可能飞下山。很多学校又想办法，购买简易的线织网，把球场围起来，让学生可以安心踢球。

平安镇楼房村小的球门就是教师们到镇上借来工具，用杉木自制的。这个小小的山间小学有 8 名教师、135 名学生。因为场地有限，平时篮球场和足球场是共用的，上足球课的时候把球门搬过来，上篮球课的时候就把球门搬开。

楼房村小开展校园足球有大半年了，三到六年级的学生都可参与，每周有足球课，每天下午还有 1 个多小时的自由踢球时间。

可这还远远不能满足孩子们踢球的愿望。很多男生为了踢球，每天早上提前半小时，甚至一个小时来学校。要知道，他们中有些人上学需要步行一两个小时，为了踢球天不亮就出门了。

教英语的曾谋庆老师每天 6 点出头就到学校了，到校第一件事就是打开办公室的门，让早到的孩子可以进来拿足球玩。他说，以前学生们只在课本上、电视上看过足球，从未接触过，所以现在有了足球很兴奋，一到休息时间就想玩，“好多学生跟我说，踢了球以后精神好，上课都更有精神了，真的很喜欢”。

记者和几个四五年级的男生聊天，一说踢球，每个人脸上都露出兴奋的神色：“喜欢！我们学校有个廖建红，力气大、射得准，他到县上比赛去了！”不过，当提到世界杯、梅西、C 罗时，这些刚接触足球不到半年的孩子却显得有些茫然。

县级统筹圆村校孩子足球梦

“在彭水，连县城的中心校都很难保证专业的足球老师和标准的设施设备，没有县级统筹的话，真的很难开展。”彭水县副县长邹迟说，“但是村一级的学生也渴望接触足球，感受足球的快乐，我们就想，不能忽略这些孩子的足球梦。”

在本学期开学，彭水县教委启动了“村完小足球送教下乡”活动，利用仅有的 9 名足球专项教师，为每个中心校、完小培训一名体育教师，然后二级培训村校老师，掌握基本的足球知识和教学方法、训练技能。其中，教委抽调6名足球专项教师，对全县31所村完小进行了足球基础知识、技法的训练。

彭水一中的体育教师李靖是本次村校球赛的18名裁判之一，在赛前一个月他参加了县里给裁判开展的集中培训，“平时给教工比赛当过裁判，这次培训主要是学习5人制的比赛规则”。

在推广村校足球教育过程中，彭水坚持分类普及，因材推广。针对只有一到三年级的学校，着重开设理论课，普及足球运动的基本知识，进行基本功推广；针对四年级以上的学生，除了理论推广外，还会尝试简单的技能普及。

“我们还专门开发了通俗易懂的末端校园足球校本教材，每周最少用一课时体育课来普及足球知识。”县人民政府教育专职督学周勇表示，目前，该县共有9名足球专项教师，并对16所村校进行了草坪铺设。

普及与提高结合，课堂与赛场并重，坚持惠及全体学生，是彭水开展校园足球的理念。“大力推进末端校园足球，其意义并非是为了培养未来的足球明星，而是希望借助足球这个载体，让大山里的孩子们有一个健康的体魄、顽强的意志，为他们的足球梦想插上翅膀。”彭水县教委主任蒋勇说。

（《中国教育报》记者　唐琪　胡航宇　2015年7月15日报道）

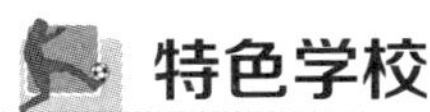

特色学校

走校本化的足球发展之路

——重庆市第七中学校园足球的实践与探索

“自从1921年学校足球队赤脚击败当时趾高气扬的英国水兵足球队，七中人就与足球结下了不解之缘，无论谁做校长，都对足球有着特殊的情怀。”回忆近百年的校园足球史，重庆市第七中学校长邓宏这样说。

邓宏认为，作为一项竞技运动，足球有着独特的魅力，它既是力与美的展示，也是心理、意志与态度的比拼。“它的意义不仅在于赢得胜利，还包括赢得尊重，分享快乐，传递友谊，传播文化。”为此，在校园足球如何回归教育本原的道路上学校进行了实践探索。

特色小班化管理，教练就是班主任

从初一到高三，学校组建常年成建制的足球班，实行小班化管理。“这在全国绝无仅有”，形成“学、训、吃、住、赛、奖”的培养模式——

学：教练员担任班主任，文化课教师选派有经验的教师担任，与普通班的孩子一样学习、参加考试和各种评定考核。

训：每天训练 90 ~ 120 分钟，科学训练，用智慧踢球。稳步提升训练质量，培养“团结、责任、拼搏、执着”的精神品质。

吃：为学生开设专门的运动员窗口，科学膳食，学校和区体育局共同提供伙食补贴。

住：集中安排学生寝室，安排生活老师专门负责管理，全天候提供热水，竭力满足训练对生活的各种需求。

赛：学校克服经费短缺等困难，积极支持足球特长学生外出比赛，学科教师随队前往，在比赛期间坚持上晚自习，保证参赛学习两不误。

奖：设立东川特长学生奖学金，每学年按“思想品德、学习水平、专业技术”三个维度对足球特长学生进行综合考评，给予优秀者奖励。

学校编写了《体育与健康课程足球特色指导纲要》，把足球纳入体育课程教学体系，作为体育课必修内容，同时，还将足球项目列入学生每天 1 小时的体育锻炼活动中，学校每年至少承办市、区各级联赛两次。

整合资源，活化校园足球

“校园足球的关键在于师资。”邓宏向记者透了家底：“学校有 18 名体育教师，9 名足球专业教师担任足球教练，其中 6 名教练员兼足球班班主任。同时，聘请高校教练到学校讲学，不断提升教练的专业素养。学校现有获亚足联、中国足协 B 级教练员证书 4 名、C 级教练员证书 4 名。”

为促进校园足球发展，学校整合社会资源，于 2009 年成立东川青少年体育俱乐部，“通过开展校园足球运动，唤起全校师生参与到校园活动中来”，目前，学生参与校园足球超过 80%。

在学校操场上，既有足球运动员们的飒爽英姿，更有场边孩子们的助威呐喊，“在体验足球魅力的同时，更是智慧、品格、爱心、规则的教育”。

据了解，自 2000 年以来，学校几乎包揽了重庆市青少年和中学足球比赛的所有冠军，2014 年学校足球队荣获全国青少年校园足球冠军杯赛总决赛冠军，为重庆争得了青少年足球史上第一个冠军。近年来，学校为各级足球专业队、俱乐部足球队输送了 200 多名优秀足球人才，还先后向清华大学等高校输送了百名足球高水平人才。

校园足球的“冷”思考

走在 400 米标准塑胶田径场，一片绿茵上，学生们正挥汗奔跑。

“校园足球热的背景下要冷思考，要走校本化的发展之路。”邓宏说，“校园足球发展要立足校本，因地制宜，将足球作为本校育人的有机载体，形成课程文化，以真正实现增强学生体质，丰富课程内容，革新育人形式，达到以德树人的目的。”

按照这一思路，近年来，学校以校园足球为抓手，其他体育项目如射箭、艺术体操等项目也组建发展起来，同时还探索了体育、艺术选项教学，打破行政班级模式，将选择同一项目的学生组建成教学班进行教学，形成了学生自主选择、家长参与选择、教师指导选择、学校规范选择的体艺教学形态。

“这样也‘倒逼’教师的专业发展。”邓宏表示，学校的目标不仅仅是在市区、全国拿奖牌，而且要让学生们真正都动起来！而且还要带动周边。目前，已发展了6所学校作为七中的基地学校，同时学校正在联合区域足球特色学校，拟建立联盟，将教学比赛升华为校级联赛，从而实现激发兴趣、培养志趣、启智怡心、涵养特长的体艺教学目标。

（《中国教育报》记者　胡航宇　唐琪　2015年7月15日报道）

人物风采

校园里盛开的“足球花”

每天下午，在重庆大渡口区马王小学操场上，总奔跑着一群“足球之子”。在一个个小小男子汉中，几个娇小但却同样敏捷的女生身影，恰似一道亮丽的风景线，把马王小学的足球场涂抹上了亮丽的色彩。

金倩玉，一个刚刚11岁的小女孩，就是这群“足球花”中最艳丽的一朵。小小年纪的她，在足球场上迸发出强大能量，敢拼敢抢的劲头丝毫不输男儿。“喜欢踢足球的女汉子”，这是教练李俊对爱徒由衷的赞扬。

金倩玉三年级时加入校队，可谓学校足球队“元老级”人物，像她这样坚持多年的女生并不多。“踢球很辛苦的”，除了日常的磕磕碰碰，高强度的“体能训练”让许多女生望而却步。“我们每周二和周五练体能，就是不停地跑步，一跑就是8圈，老师还要求我们每圈都在1分10秒内完成。”金倩玉同级的不少女生就是因为受不了这份辛苦，纷纷离开。

外表文气的她骨子里却有一股不服输的劲儿。“当时加入球队是觉得踢球好玩，每天练啊练的就有感情了，踢球让我很快乐！”金倩玉乐呵呵地说，“我以前吃饭很挑食，踢球改变了我的坏习惯，我现在身体好多了，每天都能完成高强度的体能训练。”

在金倩玉眼里，教练就是她最崇拜的人。说起李教练，她好像已经忘了刚刚被“罚跑”3圈的事，“教练可好了，”金倩玉说，“他看起来挺凶，有时候却很温柔。”

有一次，金倩玉在场上摔了一跤，膝盖蹭破皮，强忍着不让泪水掉下来。李俊看见了，比谁都紧张，远远喊着：“有没有红药水？”并急急忙忙地抱起她冲向医务室。在医务室，校医给金倩玉做了仔细的包扎。教练一直守在旁边，像看着自己的女儿一样，眼里充满了关心。

说到自己的队员，李俊也不吝夸奖：“女队员跟男队员身体情况有差异，男队更激烈，观赏性更强，女队的力量、速度也不如男子，但是女孩比较乖，她们的柔韧性、协调性往往更好。”

几年来，金倩玉已成了女队中的绝对主力。很多时候，当男队人员不齐时，教练总是把她加入男队，“用她，放心。”简单的一句话，道出了教练对爱徒的喜爱。在2015年的重庆市校园足球比赛中，在最后一场，和另一足球名校——山洞小学队争夺冠军的

关键时刻，正是金倩玉的两粒入球，逆转了场上的形势，最终带领马王小学女队站上了冠军的领奖台。

说起自己的足球偶像，金倩玉有点羞涩，但更多的是向往："一个是教练，另一个就是李影姐姐。"

对于从同一所学校成长起来的足球国家队队员李影，金倩玉简直佩服得五体投地。在她的寝室里，贴满了李影比赛的图片。前几年李影回母校的时候，金倩玉还没有进入马王小学。每当她提起这件事，她总是满满的遗憾。因此，在她的心中，她一直有一个梦想，希望李影姐姐能再一次回到母校，她一定会和李影姐姐来一番"足球间的较量"。

（《中国教育报》记者　胡航宇　唐琪　2015 年 7 月 15 日报道）

贵州省

核心提示

贵州省将出台《关于加快发展青少年校园足球的实施意见》。《意见》中明确，到2025年，贵州省经常参与足球运动的学生达到150万人，建成1 500所国家级校园足球特色学校，校园足球注册学生运动员达到5万人。

贵阳市校园足球发展势头强劲。（资料图片）

省级行动

贵州：2025 年校园足球注册学生运动员达 5 万

2016 年 2 月，贵州省宣布将出台《关于加快发展青少年校园足球的实施意见》。《意见》中明确，到 2025 年，贵州省经常参与足球运动的学生达到 150 万人，建成 1 500 所国家级校园足球特色学校，校园足球注册学生运动员达到 5 万人。

贵州省已于 2015 年初成立贵州省青少年校园足球工作领导小组。成员由省教育厅、省发展改革委、省财政厅、省新闻出版广电局、省体育局、团省委等部门组成。领导小组办公室设在省教育厅，负责日常工作。成立专家咨询组组长，专家中有省内知名企业家、体育专家、足球专业人士，汇聚各方力量支持校园足球，提升校园足球的科学决策水平。

2015 年，在中国教育国际交流协会协助下，贵州聘请 5 名西班牙足球教师到贵阳市实施 10 个月的送教上门服务。2015 年选派 10 名体育教师到法国参加为期 3 个月的足球师资培训。将足球师资培训纳入国培计划，2015 年全省各级校园足球教师培训 9 306 人次，教练员培训 5 182 人次，裁判员培训 2 985 人次。231 所中小学校和贵阳市观山湖区被教育部认定命名为“全国青少年校园足球特色学校及试点县（区）”。

据统计，2015 年，贵州省参加校园足球竞赛活动的学生总人数为 279 307 人，足球队 10 980 支，校际足球比赛场次 13 109 场。2015 年各地新建校园足球场地 210 片，改建扩建校园足球场地 135 个，修缮校园足球场地 185 个，总投入 61 982.78 万元。2015 年，各地投入校园足球专项经费 5 029.31 万元。

记者在贵州省《关于加快发展青少年校园足球的实施意见》（征求意见稿）中看到，贵州省定于至 2020 年，各级各类学校经常参与足球运动的学生达到 65 万人，建成 700 所国家级校园足球特色学校和 1 ~ 2 个试点县（区），校园足球注册学生运动员达到 2 万人。到 2025 年，校园足球普及水平大幅增加，经常参与足球运动的学生达到 150 万人，建成 1 500 所国家级校园足球特色学校，校园足球注册学生运动员达到 5 万人，形成健康的校园足球文化，学校体育质量整体提升。基本建成小学、初中、高中、高校“一条龙”校园足球运动员培养、输送体系。校园足球成为贵州本土足球队的主要输送渠道。

据贵州省教育厅有关负责同志介绍，下一步，贵州省将重点建设一批普通高中和高等学校高水平足球运动队，发挥其在发展青少年校园足球中的骨干、示范和带动作用。建立校园足球特色学校准入和退出机制，实施特色学校挂牌制度，加强对特色学校的管理。各地将科学规划小学、初中、高中、高校各学段紧密衔接的特色学校布局，对基础较好、积极性较高的中小学校予以重点扶持，对有足球天赋的学生予以重点培养，确保优秀足球苗子能升入上一级特色学校，形成学段对接的校园足球区域发展格局。同时，建立贵州省高校体育教育专业校园足球联盟、试点县（区）校园足球联盟两个横向联盟和市（州）校园足球联盟九个纵向联盟，形成“两横九纵”的全省校园足球组织网络。各级各类学校将把足球列入体育课教学内容，制订和实施体育课、大课间和课外体育活动一体化的校园足球活动方案，大力发展学生足球社团或足球兴趣小组，将足球作为校园文化建设的重要内容，让足球运动融入学生生活、扎根校园。

（《中国教育报》记者　朱梦聪　王珺　2016年2月18日报道）

地方经验

这里“天无三日晴”，校园却洋溢着可贵的足球热情

贵阳：足球让城市阳光起来

贵州人是爱球的。据记载，1905年，位于贵州省西部的威宁县石门坎建成了第一所苗民小学——光华小学。这所学校每年举办的校运会都吸引着周边的父老乡亲，20世纪30年代，运动会曾创下两万余人参赛的纪录。校运会带动了云贵地区的体育发展，而光华小学在省级比赛中，经常在足球和长跑等项目中夺魁，石门坎因此被誉为“贵州足球的摇篮”。

尽管贵州的足球运动相对落后，但凭借广泛的群众基础，加之近年来各界在推进校园足球发展上所做的努力，贵州的足球运动正以一种蓬勃之势生长着。

这种势头在贵阳尤其明显。无论是贵阳一中这样的百年老校，还是观山湖区外国语实验学校这样的新建校，足球都如阳光一样，为这个“天无三日晴”的城市带去温暖与明亮，为校园带去健康与活力。

“‘校校活力，人人阳光’正是我们开展校园足球活动所希望看到的。”贵阳市教育局体卫艺处处长李玮说。

兴趣第一　学生爱上足球

傍晚6点，贵阳市实验二小的操场上依然热闹：穿着鲜艳球衣的小小少年们身形灵动，奔跑追逐着同样灵动跳跃的足球。

也许因为贵阳的阳光稀罕，而足球运动也真的能使享受它的人变得“阳光”，女校长刘明蓉用“阳光足球”为二小的足球活动定调。说起“文化引领，营造阳光足球氛围”“立足校本，构建阳光足球课程”，刘校长如数家珍：“‘千里之行，始于足下’是我们学校的主题文化。我们通过年级联赛、趣味赛、对抗赛、挑战赛、循环赛等形式，活跃校园足球氛围，形成了‘人人都参与、班班有球队’的局面。”

“听说孙继海等好多球星都来过二小？”记者问。刘明蓉说：“是啊！我们觉得学校的足球运动不能只停留在了解足球知识、掌握足球技能的层面，足球文化的培育也很重要。国足进校园、球星进班级、联赛俱乐部等丰富多彩的主题活动，让我们的学生对足球的兴趣越来越浓了。”

学会踢足球，喜欢踢足球，热爱踢足球，教育部体育卫生与艺术教育司司长王登峰认为，“这是现阶段全国青少年校园足球工作最核心的任务”。走访贵阳的中小学校，能

深刻感受到“兴趣第一”的足球氛围。

2015 年 4 月，观山湖区外国语实验中学开展了一场校园“世界杯”。这个正式名称为“首届校长杯暨首届校园世界杯足球联赛”的赛事历时两个月，每天课后孩子们就往操场跑。校长付晓娟兴奋地介绍说:“我们每个班都有一支足球队，每年举行班级联赛。这次搞得比较大，结合外国语学校的特色，融入国际文化元素，16 个班，16 支代表队，分别代表各大洲的足球队。你喜欢巴西队，你就穿巴西球队的队服参赛，比赛之前，你要去了解巴西的文化、球队特点，每个班做一块展板。”这么一搞，触到了学生的兴奋点，有些不太喜欢足球的孩子也兴趣大增。“为了调动更多学生的参与热情，我们还规定每场比赛必须有两名女生参赛。”付晓娟说。

据李玮处长介绍，2014 年，省体育局、教育厅认定贵阳市 28 所中小学校为贵州省足球布点学校。在贵阳，参与足球训练和比赛的中小学生人数逐年增加，仅 2015 年参加贵阳市校园足球联赛的中小学生就超过 3 000 人，上万名青少年参与了足球运动。

足球进入大课间，“一校一球一操”等活动让更多学生参与到校园足球中。对此，家长们很支持，纷纷给孩子买足球。“一时间，‘贵阳球贵’。”贵州省校园足球办公室常务副主任严卫打趣说。

重在落实　开设足球课时

王登峰强调，要实现中国足球的发展，首先要扩大足球人口，而实现这个目标，就要将足球教学工作落在实处。

贵阳一中是一所百年老校，1993 年就正式组建了男子足球队，这也是学校 8 支专项运动队中建立时间最长的一支。近年来，学校更换了三任领导，每一任领导均担任足球队领队，可见学校对足球运动的重视程度。

将教学工作落在实处，首先是落实课时。

在贵阳一中的课表上，记者看到，他们开设了田径、体育健康理论和足球课。据介绍，2009 年，学校开设了国家选修课程中足球模块的走班选修课；高二年级下学期开设的 50 余门校本选修类课程中，体育类校本课程开设了足球模块的连堂训练课；同时，他们还开设了体育社团课程，安排专门的活动时间和专门的辅导教师，一般在每周二下午 5 点。

另外，他们还安排了足球队专业训练课，每周两次，由专业教练员训练；新组建的女子足球队，也开设了专门的训练课。

学校还开展校园足球进课堂特色教学专项研究，每班每周开设一节足球课。课上既有足球文化的学习，又有足球专业技能的训练。在贵阳，许多小学都和贵阳市实验二小一样，从兴趣入手，抓教学落实。

位于贵阳市西北部的观山湖区是 2012 年 12 月成立的，全区有在校学生 5 万余人。据该区教育局副局长冯强介绍，观山湖区重视足球运动在学校的普及，要求区内有条件的学校广泛开展校园足球教学，把足球纳入学校体育课程教学体系，作为体育课必修内容，同时纳入阳光体育运动，多渠道引导学生体验足球运动，培养学生对足球的兴趣。

落实足球教学，师资、场地是另外两个重要因素。

为了让训练更专业化，贵阳市实验二小聘请了优秀的专业足球教练对全体体育教师进行足球培训，还外聘亚足联认可的专业教练员对学生进行训练。刘明蓉介绍，目前，学校已聘用了亚洲 B 级教练员 3 人、亚洲 C 级教练员 3 人、亚洲 D 级教练员 2 人。

然而，有二小这种实力的学校毕竟是少数，师资和场地问题是目前困扰贵州省校园足球运动开展的主要障碍。如今，贵阳市正积极利用薄弱学校改造项目建设校园足球场，探索引入社会力量建设校园足球场。

志在提高　建立各级梯队

在贵州省即将出台的《关于加快发展青少年校园足球的实施意见》中，强调了坚持因地制宜的基本原则，提出从贵州实际出发，走出一条“不同于东部、有别于西部的校园足球发展新路”。省校足办常务副主任严卫认为，贵州校园足球重在普及，难在提高，也志在提高。因为只有普及与提高两者协调发展，校园足球才有生命力，学校体育工作才有活力。

观山湖区外国语实验中学自 2010 年 9 月建校起，就确立了“普及 + 精英队”的足球发展思路，第二年即与贵州智诚足球俱乐部合作，组建校男子足球队。付晓娟说：“我们以精英队建设为抓手，积极开展校园足球活动。2014 年，首届足球特长毕业生整队移交至区第一高级中学，完成了小学—初中—高中校园足球的衔接，填补了省内此模式的空白。未来，高中将完成与高校及职业队的衔接。”

采访时，刘明蓉指着运动场上一个满头大汗的名叫陈晨蓁的男孩告诉记者，在 2015 年“中国足球希望之星”选秀中，11 岁的陈晨蓁脱颖而出，入选中国 12 岁以下国家足球队，将被公派到欧洲劲旅马德里竞技队进行为期 3 年的足球留洋行。据统计，贵阳市实验二小先后为国家、省、市等足球专业队输送足球运动员百余名。在普及式培养的过程中，选拔出优秀队员进行专业培养、对外输送，已成为二小的传统。

如今，很多学校与职业俱乐部联手，建立青少年足球梯队，将梯队训练深入学校；学校优秀足球队员则被选入俱乐部，形成小学、初中、高中、大学、职业发展相衔接的体育人才培养模式。

贵阳是不是因为阴雨多、阳光少而得名，无从考证；可以肯定的是，“贵阳球贵”说的不是足球难买，而是校园中显现的可贵的足球热情。

（《中国教育报》记者　王珺　朱梦聪　2016 年 2 月 18 日报道）

金沙县：县级联赛护航校园草根足球

2016 年 2 月，记者来到位于金沙县城乡接合部的干田小学，看到校长兼学校足球队教练潘远军正和一群孩子在球场上挥洒汗水。原来，他们正在备战金沙县县级联赛。潘远军说，听到县里组织足球联赛的消息后，自己很激动，孩子们更加激动。报名参赛的人很多，球队每周放学后训练到下午 6 点。有的性格内向的孩子参加足球队后，显得

越来越自信，学习成绩还有一定提升。这些农村孩子因为接触足球较晚，技术比不上城市的孩子，但在比赛中表现出了很强的意志品质，击败了比自己技战术水平更强的几个对手，获得金沙县小学中片区男子甲组第一名的好成绩。

据金沙县教育局副局长彭洪祥介绍，该县小学、初中、高中（中职）联赛几个月前就全面拉开序幕，初赛覆盖了全县中小学，共有 95 支足球队 1 635 名队员参赛，决赛阶段有 44 支球队近 740 名队员参加。由于足球联赛的开展，中小学生足球兴趣不断高涨，校园足球的参与人数实际上大大超过了参加联赛的人数。同时，全县已有 12 所学校申报国家级足球特色学校，1 所学校申报全国体育工作示范学校。部分企业对校园足球联赛也很感兴趣，有的捐赠数百套运动服，有的甚至捐赠上万元经费。

据了解，目前金沙县的校园足球开展也存在一些困难，主要集中在缺少专业的教练员，没有足够数量的规范足球场，部分家长担心孩子的学习、安全等。有关部门将和社会各界一起努力，早日完善当地开展校园足球的各项条件。

（《中国教育报》记者　朱梦聪　王珺　2016 年 2 月 18 日报道）

特色学校

都匀一中："高原桥城"的足球明珠

都匀，位于"九溪归一"的剑江河畔，碧玉般的剑江水穿城而过，沿江两岸莺语流花，青山叠翠，号称"高原桥城"。因为足球运动被广大匀城市民喜爱，曾创造出许多的辉煌，被业内人士冠以"高原足球城"的美誉。

都匀足球的荣耀离不开都匀一中。都匀一中不仅走出了华为总裁任正非这样海内外知名的校友，也为都匀甚至贵州培养了不少的足球人才，仅 2014 年就有 7 名同学被评为国家二级运动员。来到都匀一中的足球场上，记者看到一些女同学也在踢球。穿裆过人、急停急转，居然有个小女孩还来了个凌空抽射，技术动作不逊于场上的男同学。都匀一中每学年上半学期都会以班级为单位组织校园杯男子、女子足球联赛，下半学期组织高一年级以班级为单位的校园杯男子、女子足球联赛，同学们参与度很高。比赛的时候，很多家长都要赶来呐喊助威。

校长胡立军说，都匀市教育局、都匀市体育局在训练、指导、经费等方面给予都匀一中极大的支持和帮助，为学校提供校园足球运动员培训基地，共同制订校园足球运动员培训方案，引进省内有知名度的教练帮助培训教练员，逐步提高校园足球教练员的师资水平。

近年来，该校足球队代表黔南州甚至贵州取得了很多优秀的成绩：在 2014 年贵州省第三届高中生足球联赛总决赛中，该校勇夺冠军；2015 年，学校代表贵州省参加在成都举行的 2014 ~ 2015 中国高中男子校园足球联赛（西南赛区）取得第八名，获得体育道德风尚奖；近期，学校又代表黔南州参加贵州省校园足球四级联赛总决赛，以较大优势力夺冠军。

据了解，黔南州委已决定筹建都匀一中新校区。新校区占地520亩，可容纳在校学生1万人。新校区投入使用后，将有4个标准的足球场，可完全满足该校开展校园足球活动之需。

（《中国教育报》记者　朱梦聪　王珺　2016年2月18日报道）

人物风采

赖洪静：生命中足球排在第一位

作为黔东南州榕江一中的一名体育教师，他每天早晨7点到学校带学生踢球，寒暑假也不例外；2015年12月12日从法国培训归来，他连时差也没倒，就回学校上课了；有时候老婆有点不高兴，抱怨说："你的心里只有足球。"

没错，在这个叫赖洪静的小个子体育教师的排序中，足球排在生命中的第一位。所以，当儿子满月的时候，他买了一只足球作为礼物。

为什么如此钟情于足球？赖洪静自己也说不清楚："我也不知道为什么这么着迷，每天在球场训练，感觉很踏实。只要离开球场就感到没事做，如果休息一段时间就感觉不舒服，甚至会生病。"

2015年5月21日，首届黔东南州普通高级中学足球联赛决赛在榕江一中的足球场举行。身穿橘红色运动服的赖洪静在场边为自己的队员呐喊助威。终场哨响，榕江一中足球队1比0战胜凯里一中足球队，他第一个叫喊着冲进场内，与球队的孩子们庆祝胜利。

榕江一中有一块漂亮的标准足球场。然而，学校初建时，这里是一块烂田，有一条暗河从中间穿过，两旁的杂草比人还高。赖洪静和前两届学生都清楚地记得，为建这个球场，他们每天都用锄头和铲子挖泥地上足球大小的石头，再借小推车找泥土填平。

平时，赖洪静一方面向学生传授足球专业技术，另一方面还帮助学生解决踢足球带来的麻烦。球队里有个叫潘胜稳的学生酷爱足球，但家住农村，家庭条件不太好，家里人反对他踢球，要他把心思扑在学习文化课上，将来考个好点的大学。赖洪静知道这个学生的情况后，几次上门去做学生家长的工作，并且在物质和精神上给予这个学生帮助。得到家长的理解后，小潘踢球更有动力了，连续两年被评为"最佳守门员"，并获得国家二级运动员称号，后来被贵州师范大学体育学院录取。

2012年，榕江一中足球队参加贵州省第一届高中生足球联赛，荣获全省第三名，赖洪静被评为省级优秀教练员；2014年，榕江一中足球队参加贵州省第三届高中生足球联赛总决赛，再次荣获全省第三名，赖洪静再次被评为省级优秀教练员；2015年5月，榕江一中承办第四届省级示范高中暨黔东南州首届高级中学足球联赛，在23支参赛队伍中，榕江一中足球队勇夺冠军……通过赖洪静和其他几位足球教练的辛勤努力，校足球队取得了骄人的成绩。2015年3月，榕江一中被评为"黔东南州足球后备人才基地"，赖洪静获得赴法国学习的机会。

在普拉蒂尼、齐达内等球星的故乡，他体验了不同的训练理念和风格，更了解了不同的校园足球和青训。法国校园足球早已普及，每个年龄阶段都有比赛。赖洪静认识到，学生比赛少、足球人口少导致职业球员选择面狭窄，是我国足球水平低的重要原因，而自己正肩负着培养足球人口的重任。

为期三个月的境外学习一结束，赖洪静矫健的身影就出现在榕江一中的足球场上。“基本上 5 年没有寒暑假了，都花在训练上。”他说，“因为喜欢，所以一点儿也不觉得辛苦。”

（《中国教育报》记者　王珺　朱梦聪　2016 年 2 月 18 日报道）

云南省

核心提示

为弥补校园足球的师资短板，从2015年起，云南省每年单独安排100个本科招生计划，专门用于校园足球专业方向招生。据了解，很多高校都针对该计划提出了申请，云南从中选择7所高校作为试点。入选的学校须满足已开设体育类本科专业，具有开办足球专业方向必要的场地、师资队伍等条件。

开远市学生穿着凉鞋在操场上踢足球。（资料图片）

省级行动

云南：每年招100名足球方向本科生

为了解决校园足球的师资短板，从2015年起，云南省每年单独安排100个本科招生计划，专门用于校园足球专业方向招生。

“很多高校提出了申请，但是考虑到各方面因素我们只选择了7所高校作为试点。”云南省教育厅体卫艺处工作人员李华海向记者介绍，入选的学校必须满足已开设体育类本科专业，具有开办足球专业方向必要的场地、师资队伍等条件。“对于已开展足球本科专业办学或在足球人才培养方面有经验积累的院校我们会优先考虑。”李华海说。

“虽然已经开始招生，但远水解不了近渴，为了解决燃眉之急，我们也采取了一些其他举措。”李华海说。李华海所提到的举措，包括对现有的体育教师进行理论知识和技术培训，在教育部“国培计划”中，增加校园足球方面的内容，同时鼓励学校以政府购买服务的形式，与足球俱乐部合作，聘请退役运动员或专业足球教练成为学校的足球教师等。2015年，云南省足协在举办两期B级足球教练员（职业）培训班的基础上，举办四期全省D级足球教练员培训班，进一步提高校园足球教练的整体水平。

除了教练不足，场地受限也阻碍了云南校园足球的发展。在昆明市联家小学的体育课上，记者看到学生们都会来到学校唯一的一块篮球场上课。该校体育老师彭军在认真地教孩子们传球，彭军说：“场地受限，比赛是无法开展的，比赛和集训的话要到隔壁的云铜中学或五华实验中学借场地进行。”而这种情况并不少见。

记者了解到，云南在原有基础上改建了一批学校操场，同时盘活存量，充分利用社会场地。“在云南省校园足球发展规划中，场地问题已被列为重要的改革项目，最终目的就是加大对学校体育场地的投入和建设力度。”云南省教育厅体卫艺处处长董一凡说。

（《中国教育报》记者　宋伟涛　苏令　2015年9月22日报道）

地方经验

一个“足球之乡”的“内外兼修”之路

——云南省开远市因地制宜发展校园足球纪实

穿隧道，跨桥梁，连绵的青山不断向后退去，从昆明驱车出发3个小时后，记者来到了云南省“足球之乡”——开远市。

在到达开远市之前，记者心里一直打鼓：在这个经济欠发达、多山的地区，受限于师资、场地、经费等因素，是否和一些地方一样，只是集中优势资源办少数几所校园足球样板学校？但是，到了开远市以后，记者却越发感到不虚此行。

48 所学校 3 万多人踢球

“在我们学校，足球教育不是精英运动，而是大众运动。我们想尽各种办法，让更多的学生了解足球、喜爱足球。”在开远十一中的操场上，校长程林指着正在踢球的学生说。

程林介绍说，开远十一中人人有足球，班班有球队，周周上足球课，年年搞足球比赛，人人都参与。学校宣传栏上，始终有一块足球专栏。教学楼走廊上的宣传栏，也挂满了关于足球的知识、趣闻等。自编足球操、足球游戏竞赛、漫画创作、搜集足球趣闻或故事等多种形式的活动，也让学生充分感受到足球的魅力。

开远市教育局副局长王成友告诉记者，在开远，像十一中一样开展足球运动的学校已有 48 所。而在 2009 年 9 月以前，开远市规范开展足球活动的学校只有 2 所小学，没有联赛，队员每年参加正式足球比赛的场次只有 10 场左右，学校体育教师都缺乏开展足球活动的相关知识和技能。

开远市发展校园足球，采取了“三步走”的发展战略：首先，在各试点学校全面开展足球活动，营造校园足球文化氛围，让足球进入课堂；其次，进一步扩大定点学校范围，在全市城区学校及部分农村学校开展校园足球活动，实施城乡联动，让城市和农村的孩子共同享受快乐足球；再次，把各试点学校的足球精英集中起来进行强化培训，注重打造校园足球活动教练、裁判骨干队伍，使校园足球联赛制度更加健全规范。

“自 2009 年 10 月启动青少年校园足球活动以后，开远市青少年校园足球活动有了质的改变。联赛也从无到有，规范发展，开展足球活动的学校发展到了 48 所。”开远市青少年校园足球工作办公室主任段永灿说，5 年来，参加校园足球联赛的学生达 6 900 多人次，每年参加联赛的校级足球队达 60 多支，每年注册参加联赛的学生达 1 500 多人。5 年共进行了 2 200 多场校际联赛，举办足球节 100 多次、校内班级联赛 2 600 多场，足球活动人口共 3 万多人。

“每年中考体育考试，我们 80%～90% 的学生都选足球项目，且成绩都很不错。”程林说。

女生不再是“点缀”

传球、卡位、断球、铲球……下午 14:43，记者在开远十一中长着青草的操场边上，看到有近 20 名穿着红白相间上衣、蓝色运动裤的女生，她们大多扎着马尾辫，正在操场上你追我赶地踢着足球。

“在开远，参加女足活动的学生越来越多，女生不再是校园足球运动的点缀。”段永灿说，校园足球不仅仅是男生的运动，为促进女生参加校园足球活动，开远市想了许多办法。

“我们学校共有 307 名学生，在 80 名注册球员中，女生有 20 多名。”开远市乐白道办事处仁者村委会卧龙邑小学校长罗瑞说。开远市泸江小学校长杨丽也告诉记者，学校 1 300 多名学生，校园足球注册球员至少 300 人，其中女生有四五十个。开远十一中

的每个班级都建有男女足球队，在班级联赛中，女队之间、男队之间各比赛一场，比分相加就是班级之间的总比分。

开远市校园足球小学初中女子足球联赛2010年11月正式启动，从一开始的10支队伍100多名学生参加联赛发展到现在18支队伍500多名学生参加联赛，经历了家长的反对、同学的不理解和教练的彷徨，但是随着校园足球的不断深入开展，再加上参加校园足球活动以后孩子们所收获的健康和快乐，使家长的观念有了很大的转变，足球场上的女孩逐渐多了起来。

“我们对学校进行考核的时候，要求学校必须要有一支女子足球队。我们还通过联赛吸引女生参加，校足办每年寒暑假夏令营、冬令营都要求有女生参加。”段永灿说。

通过几年的努力，女孩们从一开始的乱跑乱撞，到现在已经有了精彩的突破、合理的传递，开远市校园足球女足联赛的水平已经有了很大提升。2014年8月有3名女足队员入选中国女子足球U12组少年队精英队员名单，女孩子参加足球活动的热情得到了很大的激发。

“评价老师不只看比赛成绩”

段永灿说，师资问题是发展校园足球的关键，但如果对体育老师、教练员的评价问题不解决，校园足球很难发展。

5年来，开远市共举办了校长管理人培训班5次、指导员培训班10次、D级足球教练员培训班3次、C级教练员继续教育培训班1次、国际足联草根足球教练员讲师培训班1次。通过5年的培训，每所定点学校都有一名持有D级足球教练员证书的体育老师负责学校足球代表队的日常训练工作，校园足球活动管理人员、师资队伍得到加强。

除了师资培训之外，评价也很关键。在开远，评价体育老师、教练员不是只看联赛成绩如何，还要根据家长和老师的反馈，看孩子在踢球前后的行为习惯和综合素质有没有发生变化，如学生是否合作意识及团队精神更强了、是否更懂礼貌了等。“开展足球活动，有利于培养学生的配合意识、竞争意识、合作意识和拼搏精神。利用学生喜欢的活动进行习惯养成，是一个很好的途径。”程林说。

“毕竟做足球明星的只是少数人，很难培养出来。通过校园足球，我们首先是要培养正常的人。”段永灿说。

校园足球是一个公益项目，但在一些地方变了味，成了收费创收的一个手段，但开远市一直坚持免费原则，学生参加联赛的费用是全免的。每年，全国校足办都会在严格考核的基础上下拨活动经费，教育局也会有一些配套资金。“经费肯定是远远不够的，但在目前的情况下，我们只能有多少钱办多少事。”段永灿说。

（《中国教育报》记者　苏令　宋伟涛　2015年9月22日报道）

大理州：以足球特色校带动整体发展

“我1998年到学校工作时，学校的校园足球已开展得热火朝天。”大理一中体育教师李忠华向记者介绍说，“当时学校没有草坪，硬件设施较差，但学校重视校园足球，这项活动至今都开展得很好。”

“学校虽然现在只办高中，学生有高考压力，但学生参加校园足球的热情很高，学生家长也很支持这项活动。”校办主任杨群红介绍说，“大理一中的校园足球已形成一项传统活动，该活动在学校的内涵发展中起到了很好的助推作用。我们不能因学生有高考升学压力，就放弃该项活动，相反，我们应想方设法提高校园足球水平，提升学生的综合能力。”

“我校是一所足球传统学校，开展校园足球已有30多年的历史。”大理州实验小学副校长赵子志介绍说，大理州实验小学创建于1959年，是大理州唯一的一所省级实验小学。1987年，学校被大理州体委确定为“足球定点传统学校”；2007年，被云南省体育局、省足球协会确定为“云南省足协网点学校”，并创建成为“国家级青少年足球俱乐部”，学校在大理市青少年儿童足球比赛中曾以八连冠的殊荣，享誉大理地区。

“今年，像大理一中和大理州实验小学这样申报全国青少年足球特色校的学校，大理一共有68所；今年6月，依托特色学校，依托大理州学生体育协会，成立了大理州校园足球训练中心。”大理州教育局普教科工作人员和建华向记者介绍。

“我们将在州直属学校和大理市范围内成立15个校园足球训练中心，其中小学、初中、高中各5个中心；漾濞县等15个县市各成立1个校园足球训练中心。”和建华说，大理准备成立小学、初中、高中、大学足球联盟，形成四级联赛制。

为了进一步巩固校园足球成果，2015年9月和10月，大理州举办两期校园足球体育教师、校长、行政官员培训班；召开大理州校园足球推进会；举办大理州首届中小学“校长杯”足球联赛和中小学生“校园足球杯”联赛。

为组织好薄弱学校开展校园足球活动，2015年5月，大理州还出台了《大理州教育局关于广泛开展文明共建、文化共享“结对子、种文化”活动方案》，组织有条件的中小学、社团民办培训机构，与各县市、乡镇学校、乡村少年宫、体育活动中心，以单位结对的方式开展“一对一”“一对多”“多对一”活动，推广校园足球工作。

“目前，已在全州40多所中小学开展结对帮扶活动。”和建华介绍说，大理州充分发挥几所特色学校的辐射、示范和引领作用，由少到多地进行对口共建和帮扶工作，采取分层分批的办法，推进薄弱学校校园足球向专业化、特色化方向发展。

（《中国教育报》记者　李配亮　2015年9月22日报道）

特色学校

楚雄鹿城小学：踢球让学生更自信

每天下午放学后，在楚雄州鹿城小学足球场上，都有几位足球教练带领着小足球队员进行足球学习和训练。无论春夏秋冬，还是刮风下雨，操场上都活跃着孩子们矫健的身影。

在这种浓厚的足球氛围下，鹿城小学从2007年以来17次夺得云南省少年足球的冠军。2013年4月，学校足球队代表楚雄参加全国校园足球冠军杯赛西南五省市的比赛，勇夺冠军。2013年9月，作为全国校园足球优秀学校代表，参加了在韩国举行的亚洲青少年足球节。

但在校长李文伟眼中，形成一个好的校园足球氛围却并不那么轻松。“校园开展的足球活动，历来就是学生最爱、家长最怕、老师最担心的活动。”为了解决这样的问题，学校把工作落实到每名教师、学生，甚至家长身上。

记者在每学期的工作计划中看到，学校不仅要求体育组的老师把足球这一项目作为课余训练的重点项目开展，还要求各班主任根据体育老师的要求，协助督促队员参加训练。

为鼓励教师热爱教练员工作，鹿城小学将足球教练员的足球训练纳入课程，计算工作量，并享受高于一般体育教师的户外津贴。“每次足球队载誉归来，校长都亲自为我们颁奖庆功，这也大大激发了队员的热情。”学校足球教练黎新对记者说。

同时学校还注意发动家长配合搞好运动队的训练，请他们观看孩子的训练比赛。对有足球专长的家长，还聘其为小足球队的教练员。

“通过足球运动，培养和激发学生不怕苦、不怕累、不怕挫折和永远拼搏进取的精神。”李文伟告诉记者。

（《中国教育报》记者　宋伟涛　苏令　2015年9月22日报道）

人物风采

郭相标：慈父一般的体育老师

“对足球，我可以用痴迷二字来形容。”虽不健谈，但提起足球，现年55岁的大理州实验小学副校长、体育教师郭相标却饶有兴致，“月光下，走在草坪上，我心中想的是哪个学生适合打前锋，哪个适合打后卫……”

1980年7月，郭相标从大理师范毕业后，被分配到大理州实验小学（原大理师范小学）担任体育教学，成为学校第一位足球专任体育教师。“记得进校的时候，学校只有一支学生足球队，学校运动场也没有草坪，但为了抓好训练，我带着队员们在光秃秃的土操场上每天早上从7点训练到8点。”郭相标介绍说，“就这样，坚持了20多年，很辛苦，但看到孩子们生龙活虎地奔跑在球场上，我认为很值。”

“教育是一门必须有爱的艺术。体育教师如果没有爱，就不可能教好学生。”郭相标认为，在带领孩子们训练时，不仅要严格要求，而且要严中有爱。

“郭老师不仅是我的体育老师，他更像是一位慈祥的父亲。”该校79班学生、现在巴西学习足球的和巍对郭相标如是评价。

“如果没有郭老师，我可能考不上军校，也不可能有今天。我刚进军校时，因足球踢得好，受到了学校的重视。”该校39班学生、现已工作多年的姚志刚，只要一提起郭

老师就特别想念。

“抛高球用脚底停球”“拉拨球，脚弓蛇形运球”……在厚达 1 000 多页的手写本上，密密麻麻地记录了郭相标从 1980 年 9 月以来的足球训练心得。

“2006 年郭老师当上副校长后，他还兼任学校的体育教师，带领孩子们训练足球。”该校副校长赵子志说，“郭老师不仅是这所学校校园足球发展的见证者，而且是一位了不起的功臣。”

“郭老师现在不仅带着两名‘徒弟’，而且每周给学生上 7 节体育课，每节体育课中必有足球训练内容。”该校体育教研组组长朱治瑜介绍说，郭老师用自己的一言一行感染学生，他备课、上课都特别认真，学生上他的课轻松愉快。

郭相标曾为省州内外的同行、大理师范学校的学生上过公开课和示范课 60 余节，他的体育课生动活泼，受到师生的好评。

有付出，才有收获。“学校连续 8 年获大理州小学足球联赛冠军；两次获得全国小学生足球联赛大理赛区冠军；2002 年，学校被确定为云南省足球协会青少年足球训练网点；2008 年，学校获云南省青少年足球联赛道德风尚奖；2010 年，学校获全国群众体育先进单位……这些奖项中，都凝聚着郭老师的心血和汗水。”校长周嗣昌说，有了郭老师，学校的足球运动才开展得如此红火。

因足球训练成绩突出，郭相标曾先后受聘担任大理市、大理州中学生足球队教练。2007 年，郭相标荣获云南省优秀教师称号。

（《中国教育报》记者　李配亮　2015 年 9 月 22 日报道）

山西省

核心提示

山西省要求，各市教育局要充分考虑中小学划片、升学等因素，确保形成学段对接的校园足球区域发展格局。按照就近入学的要求，优先遴选片区内小升初对口直升学校，可向优质高中和具有特长生招生资格的学校倾斜。

太原市迎泽区狄村小学学生在上午大课间进行踩球练习。（余闯　摄）

省级行动

山西：畅通足球苗子中小学对口直升渠道

2015 年，山西省研制青少年校园足球初步实施规划，决定成立山西省青少年校园足球工作领导小组，建立四级联赛机制，力争到 2018 年左右，发展 700 所覆盖大中小学的足球特色学校。

为加强全省青少年校园足球工作的领导、规划与管理，山西省教育厅会同省发改委、省财政厅、省新闻出版广电局、省体育局和团省委等部门，共同成立山西省青少年校园足球工作领导小组。省教育厅厅长担任组长，省教育厅、省体育局分管负责同志担任副组长。领导小组下设办公室，设在省教育厅体卫艺处，负责校园足球日常工作。领导小组根据《山西省青少年校园足球工作领导小组工作职责及议事规则》，领导全省青少年校园足球工作的开展，履行校园足球工作的宏观指导、统筹协调、综合管理等职责和任务。

一段时期以来，山西省太原市迎泽区双塔北路小学等 349 所学校成功申报全国青少年校园足球特色学校，孝义市成功申报全国校园足球试点县（市、区）。山西省积极组织各地小学、初中、高中（含中职校）申报青少年校园足球特色学校及试点县（市、区），提出特色学校申报比例按本地中小学总数的 6% ~ 8% 进行总量控制，到 2018 年左右，全省计划推荐 700 所学校申报全国青少年校园足球特色学校。

为有利于校园足球的普及，山西省要求，特色学校遴选要统筹城乡、区域和学校类型，按高中、初中和小学 1∶3∶6 的基本比例匹配，适当向寄宿制学校和九年、十二年一贯制学校及完全中学倾斜。各市教育局要充分考虑中小学划片、升学等因素，确保形成学段对接的校园足球区域发展格局。按照就近入学的要求，优先遴选片区内小升初对口直升学校，可向优质高中和具有特长生招生资格的学校倾斜。此举为四级联赛的全面开展奠定了基础，为畅通足球苗子中小学对口直升作好了准备。

在试点县的申报条件上，山西省提出，“政府部门高度重视，有校园足球发展规划，广泛发展联赛，区域内 60% 以上的中小学能达到特色学校标准的县即可申报”。

山西省建立了小学、初中、高中和大学四级校园足球竞赛机制，小学组别比赛由各市、县分层次负责组织，初中组别比赛由省、市、县分层次负责组织，高中组别比赛由省、市分层次负责组织，大学组别比赛由省负责组织。从 2015 年开始，山西省采用小组循环、交叉淘汰附加赛的赛制进行比赛，各级联赛均有专项经费予以支持，保障校园足球活动顺利开展。

山西省加强培训提升足球教师队伍素质。除组织全省各级教育部门分管领导、足球特色学校校长、足球教师、教练员、裁判员等培训外，山西省还邀请全国青少年校园足球优秀讲师对全省 11 个市的 400 余名中小学足球教师进行省级足球专项培训，内容包括 5 人制、7 人制和 11 人制竞赛规则介绍，以及青少年足球发展特点和校园足球节组织等。此外，山西省设立太原市为聘用外籍足球教师试点城市，拟聘请 5 名外籍教练到学校进行专业辅导。

（《中国教育报》记者　余闯　高耀彬　2015 年 10 月 29 日报道）

地方经验

山西孝义：保障人力物力财力统筹发展校园足球

吕梁山下、汾河之滨的山西省孝义市是全国“两基”工作先进地区、全国义务教育发展基本均衡市、义务教育学校管理标准全国实验区。这些荣誉也见证着这座城市在教育上的努力和收获。

在大力发展校园足球的今天，孝义市又成功申报“全国校园足球试点县（市、区）”，20 所学校被确定为“全国校园足球特色学校”。这是孝义校园足球十多年来坚持与守望的结果。

孝义的校园足球能够发展壮大，离不开孝义对校园足球蓝图的发展规划。

孝义充分认识到体育教育在学校教育中的特殊位置，在《孝义市教育事业“十二五”发展规划》中，旗帜鲜明地提出发展校园足球。早在 2003 年，孝义就专门成立校园足球办公室，负责全市学校足球运动的发展规划、教练配备及训练、比赛等事务的协调组织。2012 年，孝义又成立校园足球领导小组，组长由副市长兼任，副组长由市教育局局长兼任，下设校足办，全面推动校园足球工作。

在学校层面，每所校园足球学校成立以校长为组长、艺体主任专门负责的校园足球领导小组，负责校园足球队员的选聘、管理、训练、比赛等各项事宜，建立包括教练员、足球队员、训练计划、集训总结等资料在内的校园足球档案，把校园足球各项工作纳入规范化、制度化管理。

与此同时，孝义积极争取市体育协会、足球协会、关工委等长期关心校园足球发展的部门的支持，形成教育局主管、各学校主抓、相关部门配合的工作机制，有力保障了校园足球的顺利开展。

校园足球是一项系统性工程，只有健全充足的人力、物力、财力保障，才能得到可持续发展。多年来，孝义争取多方支持，不断完善校园足球的场地、装备、资金保障体系。

孝义市政府专门设立校园足球发展基金，把每年的 105 万元专项资金列入财政预算，每年还募集资金 50 万元以上，用于保障足球队日常训练和外出比赛各项开支。

结合标准化学校建设工程，孝义对全市学校操场进行了标准化改造，为开展校园足球提供了良好的硬件设施。

此外，利用校园足球发展基金，孝义每天为小队员提供 3 元的训练补助，对足球队购买队服、外出参加学习、拉练和比赛的费用进行实报实销，为全市足球学校按标准配齐了球门、训练杆、标志桶等训练用具，全部用于保障足球队日常训练和外出比赛的各项开支。同时，各校园足球学校还专门设立了食堂，为队员免费提供科学营养的早餐和

训练用餐。全方位的保障为校园足球的蓬勃发展提供了强有力的支撑。

为提升校园足球发展水平，孝义市教育局特聘了8名足球专业本科毕业生在各学校担任专职教练，并经常为他们提供到上海、北京等地进行理论学习和实践锻炼的机会。同时，还聘任国家足球队原队员、A级足球教练员刘金山担任市校园足球总教练，邀请中国足球学校高级教练赵人英和山西省队专职教练等来孝义进行训练指导。

在足球队员训练过程中，孝义总结出“以训夯基，以赛促训，常态训练与集中训练相结合，日常训练与外出比赛相结合，全面提升校园足球实力”的技战术训练方式。学校足球队每天上午、下午分别由专职教练指导进行一个小时的训练，节假日每次训练增加到两个小时，寒暑无休，风雨无阻。此外，每年还利用寒暑假组织队员集训，并通过与全国各地优秀足球队的比赛，开拓视野，历练技术，不断提升足球技能水平。

如今在孝义，校园足球是中小学最鲜明最有魅力的特色活动，已成为一道亮丽的风景线。

（《中国教育报》记者　高耀彬　余闯　2015年10月29日报道）

在孩子心中种下足球梦想

——山西省太原市推进青少年校园足球活动纪实

2011年，太原市成为山西省唯一的全国校园足球布局城市。近年来，太原市将校园足球与“体育、艺术2+1项目”有机结合起来，把足球作为体育必选项目进行推广，营造校园足球文化，组织校园足球联赛，健全机制推动师资、场地、校本课程建设，让更多的青少年学生了解足球、喜欢足球，在孩子们的心中种下足球梦想。

创设足球文化，营造校园氛围

“快传球”“过了他”“射门”……近日，记者来到双塔北路小学，正好赶上学校大课间，操场上跃动着孩子踢球的身影。

五（2）班学生张博渊娴熟的颠球功夫吸引了许多师生围观。该校足球教练员、国家足球队原队员李泽龙告诉记者，张博渊连续颠球的纪录是226个。孩子们都特别喜欢踢球，既强身健体，又在运动中增进了友谊。

双塔北路小学自1985年起开展足球运动。历经薪火相传，学校如今形成了“全员足球、全面普及、全体推进”的校园足球文化特色。

双塔北路小学校长戴子介绍说，“苗苗杯”校园足球联赛至今已举办30届，它作为学校的一项传统体育活动，深受广大师生欢迎。此项赛事每年9月中下旬举办，采用分组单循环制，全部教学班都要参与，冠军奖杯会在所在班级保留一年。对班级来说，能登上校园足球领奖台是一项很高的荣誉。联赛结束后，五、六年级优秀队员还会组成挑战队与教工队进行联谊赛。

这是太原市足球文化植根校园的一个缩影。为了能把足球运动与学校教育教学融为一体，太原市将足球文化融入校园文化建设，发挥足球运动的立体教育功能，以球育德、以球健身、以球促智，并通过举办校园足球节、足球演讲会、足球征文赛、足球文化展等活动，使中小学生在足球运动中养成良好的思想品质，实现自身素质的全面提升。

山西大学附中是一所国家级足球体育传统学校，校长杨素珍讲述了一件校园足球队员为母校“庆生”的趣事。2004年，该校足球队老队员范晋予、王晓平、王长顺等人提出，“学校几十年的足球事业如此迷人、辉煌，能否在母校五十华诞之际出一本图文并茂的册子，为母校生日献上一份特别的礼物”。这一想法得到了杨素珍的鼎力支持。

如今，《山西大学附中足球发展历程》一书摆在杨素珍的办公桌上，时常被拿起翻开。“它见证了校园足球与学校建设共命运、同成长的发展历程，深深地影响了广大师生。”杨素珍说，“足球是学校的传统，我可不能丢了。”

研制校本教材，足球走进课堂

太原市迎泽区狄村小学位于城乡接合部，70% 以上的孩子来自进城务工人员家庭。学校确立“打造体育品牌学校，促进学生全面发展”的办学思想，把足球运动打造为体育工作的核心，并成立了校园足球队。

近日，狄村小学举办“传统杯”班级足球联赛，队员们在场上你拼我抢，尽情享受运动的快乐。站在场边的校长周建昇看着孩子们激烈对抗，忍不住大声呐喊，为队员们加油鼓劲。

“足球运动太有魅力了。”周建昇说。学校每班每周要上一节足球课，保证学生100% 的参与率。为了能让孩子们掌握足球技能，学校改革课堂教学，将足球纳入课程，让足球走进课堂，传球、接球、抢断、射门等技术，以及速度、耐力、反应等素质，都能得到加强和锻炼。

太原市教育局体卫艺处处长沈庆伟说，根据新课程标准，中小学结合各自实际，研制了寓教于乐的足球校本教材，方便孩子们加深对足球的认知，加强足球技术练习的指导。各个学校还自主创编了足球健身操，作为大课间活动的内容之一。

在太原市四十八中自编的《校园趣味足球》校本教材中，记者看到，除了足球运动的起源和发展等知识，很多篇幅是关于足球运动技术的介绍，包括停球、运球、头顶球，以及足球基本战术等。校长王更生说，教材由长期身处教学一线的体育教师编写，对学校开展足球运动有较好的针对性。

为了推动女生更好地参与校园足球运动，太原市六十七中专门成立了一支女子足球队。该校足球教练员侯瑞鹏拿出工作方案，里面详细罗列了队员身体素质和运动技能的训练实施计划。“训练重点发展足球队员的速度、协调性、爆发力，从而提高整体素质。”校长黄胜勇说。

2012 年 9 月，太原市十二中校长冯国雷一手组建了建校以来的首支校园足球队。从建队之初，学校就重视训练教材的编制，加大科学训练力度。如今，学校已发展成为全国青少年校园足球特色学校。

完善多项举措，保障活动开展

太原市青少年校园足球如火如荼的发展态势，源于当地政府和教育部门科学制定出台多项举措，并确保落实到位。

沈庆伟说，太原市每年举办市级校园足球联赛，2015 年发展到小学、初中、高中三级联赛机制，中小学生可以在实战和对抗中提升技战术水平；每年选派一线教师参加各级各类的校园足球培训班，让每一位体育教师都能接受足球专业学习。经过培训，许多体育教师获得了教练员证书，具备了足球专业指导资质。

“足球场地的缺乏是校园足球普及面临的最普遍问题之一。”时任太原市教育局局长马兆兴坦言，当地学校能进行正式比赛的标准草皮场地不到一半，无法满足校园足球联赛的需求。为此，太原市 2015 年正式启动中小学操场塑胶化工程，计划 3 年投入 4 亿元，改善操场运动条件，为中小学提供更加便捷、安全的活动场地。

校园安全，责任大于天。为了保障足球活动开展，太原市教育局要求各学校建立校园足球活动安全预案，并为学生购买意外伤害校方责任险。同时，校足办拿出专用经费为队员购买校园足球特殊险种。

“孩子踢球有了双重保险，家长放心多了。”马兆兴说，市教育局每年还为定点学校下拨近 20 万元交通费补助，要求学校租用正规车辆参加联赛，确保师生安全。

为了使热爱足球的学生学习、训练两不误，太原市中小学要求运动员文化课必须达标才能参加训练，这是一道“硬杠杠”。各学校通过家长会和学校开放日等活动，向家长宣讲“以球促学”的理念，提高家长对校园足球运动的认识。随着这项运动被更多的人所接受，越来越多的家长愿意将孩子送到球场，有的还和孩子一起参与到足球运动中，实现了从“被动支持”到“乐在其中”的转变。

“我们还将进一步畅通足球特长生升学绿色通道，为学生参加校园足球活动提供优质学习和训练机会，最大限度地保证优秀足球人才的梯队成长。”马兆兴说。

（《中国教育报》记者　余闯　高耀彬　2015 年 10 月 29 日报道）

时任太原市教育局局长马兆兴：

“只会埋头苦读，这是误区”

2015 年 9 月，山西太原 2015 年中小学“快乐足球，健康成长”体验展示活动在太原市第二实验中学启动。马兆兴如约出现在现场。

作为时任太原市教育局党委书记、局长，马兆兴是个大忙人。但出于对学校体育活动尤其是校园足球的热爱，他又一次准时“赴约”。

除了在主席台致辞，马兆兴还来到孩子们中间，和他们聊起足球，兴致盎然，动情时还脚下生风，带起球来。马兆兴微胖，因为爱笑，博士学历的他身上没一点官架子，反而是书生气十足。

“10 天足球体验展示活动，市里的 20 所全国青少年校园足球特色学校参与。活动将足球运动与趣味游戏相结合，为广大青少年创造一个了解足球、体验足球、参与足球的良好机会。”马兆兴说。

太原市是国家校园足球布局城市，近年来通过强化保障、健全机制，49 所中小学被确立为全国青少年校园足球特色学校。2015 年太原市教育局继续采取措施，推动校园足球活动在全市普及、走向深入。

“11 月，2015 ~ 2016 年度全国青少年校园足球联赛（太原赛区）即将开赛，在上赛季联赛的基础上，今年太原全面建成了小学、初中、高中三级联赛。”马兆兴说，开展校园足球需要营造一种“动起来”的活跃气氛，让学校师生和社会都能感受到这项运动的魅力。

“您觉得足球的魅力在哪儿？”面对记者抛出的问题，马兆兴不假思索地说：“强身健体，磨炼意识，培养拼搏进取、团结协作精神。我觉得足球是运动项目中趣味性十足的一个。”

马兆兴说，运动在人的一生中非常重要，不可或缺。不会运动的人，会觉得生活少了一些色彩，“我们把校园足球与‘体育、艺术 2+1 项目’有机结合起来，把足球作为体育必选项目进行推广，为的就是能使足球成为孩子们终身受益的一项运动”。

“校长和学生一定得走出误区，不要认为学生什么都不干，只要埋头苦读就能学好。”说起运动，马兆兴提到了特意给中小学生布置体育作业的事。“寒暑假期间，中小学要根据实际情况，考虑布置一些动手动脚的作业，如体育锻炼、家务劳动等。学生积极参与体育锻炼等活动，有助于学习成绩提高。学生不能死学，要学会有效统筹安排学习时间，提高学习效率。”马兆兴鼓励学校在创新假期作业形式上多动动脑筋。

马兆兴坦言，相对于全国，山西足球土壤贫瘠，培养好的足球苗子，绝非易事。立足当前，师资和场地是中小学开展校园足球活动的制约性因素。教育部门和学校需要想些法子创新机制，以多种形式聘用专业教练、开辟训练场所，方便孩子们日常参加练习。

2015 年 9 月，太原派出 4 名教师参加教育部组织的 2015 年校园足球教练员赴法留学项目，通过深造使他们成为懂理念、懂技术的足球专业人才，再由他们带动一大批基层足球教师和教练员的成长。教育部为太原选聘的外籍教练也将入驻校园足球特色学校，为中小学足球课堂注入新鲜血液。

“足球人口规模大了，后备人才会呈现梯队式成长。校园足球的开展能为中国足球的腾飞插上翅膀。”马兆兴说。

（《中国教育报》记者　余闯　高耀彬　2015 年 10 月 29 日报道）

河北省

核心提示

河北省成立由时任副省长许宁任组长的校园足球工作领导小组，研究并制订了全省校园足球5年发展规划。按照规划，5年内，河北将在全省现有的8个校园足球布局城市和227个校园足球项目点学校基础上，实现发展建设1 000所校园足球特色学校、每个设区市都有校园足球特色县（市、区）的目标。

足球已成秦皇岛市校园第一运动。（资料图片）

省级行动

河北：5 年拟建千所足球特色校

2015 年，河北省正式成立由副省长许宁任组长的校园足球工作领导小组，研究并制订了全省校园足球 5 年发展规划。按照规划，5 年内，河北将在全省现有的 8 个校园足球布局城市和 227 个校园足球项目点学校基础上，实现发展建设 1 000 所校园足球特色学校、每个设区市都有校园足球特色县（市、区）的目标。

河北十分重视校园足球工作，早在 2014 年 11 月，在全省切实保证中小学每天一小时校园体育活动现场推进会上，就对全国青少年校园足球工作电视电话会议精神进行了及时传达，并要求各地今后要以校园足球为抓手，结合全省正在推进的其他体育工作，下大力提高学生体质健康水平，发展校园体育事业。全省力争在校园足球项目学校建设方面，建设一批、巩固一批、提高一批。

对于校园足球工作，河北省有较为良好的基础。邯郸市一中、秦皇岛市七中、保定市一中、任丘市二中等学校的女子足球队在国内比赛中都取得过上佳成绩，长期以来，有一大批中小学足球队活跃在校园中。全省在石家庄、秦皇岛两市被国家确定为首批青少年足球布局城市基础上，如今已经扩充至 8 个布局城市。现有的 227 所校园足球项目点学校基础设施完备，校园足球活动有声有色，各级各类足球赛事精彩纷呈。

2015 年年初，河北在全省范围内进行了校园足球基本情况调查，对足球场地、师资及过去 5 年校园足球项目点学校的足球教学、足球队建设、经费投入等进行了全面摸底和深入调研，并组织进行了校园足球特色校及特色县（市、区）的申报工作。经权衡，河北向教育部推荐 542 所中小学作为足球特色学校，将石家庄市长安区、秦皇岛市海港区和张家口市桥西区作为校园足球特色区域试点。

据悉，2015 年，河北省在校园足球工作领导小组协调筹划下，举办全省高中生、大学生两级男子足球比赛，为今后整体推进校园足球工作和开展实施小学生、初中生、高中生和大学生四级联赛奠定了基础。

（《中国教育报》记者　周洪松　2015 年 8 月 28 日报道）

地方经验

借力奥运、完备联赛、强化师资

秦皇岛：足球精灵跃动海滨之城

左脚背拨球，右脚内侧扣回，连续通过 4 个训练钉桩后起脚射门。流畅协调的动作让操场上一个面孔黝黑的少年格外引人瞩目。

他叫阿拉帕提，是秦皇岛市第十中学的一名初二学生，父母是新疆来该市的务工人员。刚到学校时，阿拉帕提全城不认识几个人，很是孤独寂寞。自从爱踢足球的他入选校足球队，他的生活因小小足球而改变，不仅交上了好多朋友，还成了校园里同学们追捧的“小明星”。

多年来，作为国家青少年校园足球布局城市之一，河北省秦皇岛市在中小学大力开展校园足球活动。像小阿拉帕提一样，校园足球，为港城广大青少年带来了快乐，给他们的健康成长增添了别样的风采。

但凭东风好借力　奥运会掀起足球热潮

位于渤海之滨的港城秦皇岛风光秀丽、气候凉爽，是全国闻名的避暑胜地。2008年北京奥运会，又给了足球兴盛于校园的一个助推。

那是在2006年，秦皇岛刚被确定为北京奥运会协办城市的时候，12场奥运足球赛事将在港城举办。消息传来的那一刻，用当地一位老教育工作者的话说，就是“港城沸腾了”，奥运、足球，成为人们茶余饭后街头热议的话题。

奥运赛事期间，不仅秦皇岛市一中、市七中、北戴河育花路小学、山海关南园中学等9所学校被奥组委、教育部、河北省人民政府命名为奥林匹克教育示范校，带动全市中小学组织开展丰富多彩的教育活动，该市还通过教育计划门票申购发售、赛前组织筹备与培训、组织学生代表亲临奥运盛会等环节圆满完成了安全文明观赛工作，达到了爱国主义教育、文明礼仪教育、安全教育的奥林匹克教育目的。据统计，全市中小学生观赛共6天6场次，观赛师生总数达26 100人次。

开展中小学生奥林匹克教育活动和组织观看奥运足球赛，使更多的孩子爱上了足球，在秦皇岛这座小城刮起了一股足球风暴。一时间，足球运动成为全市广大青少年深爱的一项体育运动，校园内、校际间足球比赛丰富多彩，为校园足球开展奠定了坚实基础。

借助这阵阵东风，秦皇岛市的中小学校园足球活动开展得风风火火、有声有色。据2014年的统计数据显示，秦皇岛市注册青少年足球运动员近1 100人，全年组织青少年市级足球联赛近500场，共有42个足球定点学校参加，参赛人数达到1 058人。

足球，如今已经成为港城中小学生参与最广、喜爱最深的第一校园体育运动项目。

万紫千红总是春　足球给健康增添色彩

浓厚的足球环境和竞赛氛围，让秦皇岛市青少年足球竞技水平有了显著提高。

2013年，市七中足球队代表秦皇岛市参加了在长春市举行的东北、华北赛区全国青少年校园足球冠军杯赛，最终以五战五胜的战绩与大连队并列东北、华北赛区第一名，获得本赛季一等奖；2014年，市一中女子足球队在全国中学生女子足球锦标赛中获第三名；在2014年全国青少年校园足球夏令营比赛中，秦皇岛市第七中学男、女足分获第四名和第一名；北戴河海北路小学男足获河北省青少年校园足球比赛第三名。2014年，该市共向河北省足球队输送6名运动员。

“其实，这些不过是开展校园足球活动的‘副产品’。除了竞技体育取得好成绩，

更重要的是，足球给广大青少年的健康成长增添了更多的色彩。”秦皇岛市海港区耀华小学校长王艳秋说。

耀华小学是秦皇岛首批足球特色校，在大课间活动中融入足球元素是该校开展校园足球活动的一张亮丽名片。一到铃声响起，只见全校的学生人手一个足球，迅速到操场上列队集合。伴随着欢快的音乐和指令，孩子们做起本校老师自创的足球操，踏步练习、弓步举球、原地侧踢、跳跃运动、蹲起运动，一个个动作整齐连贯，小小足球在孩子们脚下旋转滚动，张张笑脸在阳光下分外动人。

“我们开展校园足球活动，不着眼于锦标夺冠，让孩子们强健身心，玩出精气神，才是最大的收获所在。”王艳秋对记者说。在这一点上，快言快语的迎秋里小学校长刘清文和王艳秋观点一致：“开展校园足球，除了培养高水平运动员，让孩子提高身体素质，让团结协作精神影响孩子成长，同样是重要目标。”

从 2009 年着力开展足球特色项目至今，耀华小学校园足球活动的“副产品”成果颇丰：除了校足球队连年在各级比赛中亮相、出彩，还先后有多名学生被省队招录。

风物长宜放眼量　机制创新是兴盛奥秘

“我市第一批已申报足球特色中小学校有 44 所，并推荐海港区申报了校园足球试点县区。今后，我市将根据联赛要求，有计划地扩大高中足球特色校及各县足球特色校数量，重点扶持各县区涌现出的足球特色学校，以点带面推动校园足球普及。”在刚刚举行的秦皇岛市 2015 年度青少年校园足球活动启动仪式上，副市长廉茹艳对与会的教育局负责同志和各中小学校长说。

根据规划，今后秦皇岛将把足球纳入学校体育课程教学体系，作为体育课必修内容，为学生提供学习足球的机会；将把足球活动纳入阳光体育运动，逐渐掀起中小学生参加校园足球活动的热潮；将通过各种形式、多种渠道引导学生体验足球运动，培养足球兴趣爱好，吸引广大学生积极学练足球。

建立稳定的市级、县区级、校级联赛机制，是秦皇岛市开展校园足球活动的主要抓手。根据部署，该市将进一步建立健全校园足球课余训练制度和代表队建设制度，积极引导学校广泛开展足球课余训练工作，科学制订训练计划，积极组建足球代表队，为喜欢足球和有足球特长的学生提供训练机会，妥善处理好训练与学习之间的关系。大力开展多层次、多样化的校园足球竞赛，鼓励有条件的学校组织班级、年级联赛，以及校际邀请赛、对抗赛等竞赛交流活动。“按照全国校园足球竞赛方案，要组织小学、初中、高中三级联赛，我们加上大学，形成四级联赛制度。目前我们已经获得市级财政专项经费 55 万元，用于即将举办的四级联赛及其他校园足球活动。”秦皇岛市教育局局长李增文说。

对于机制建设，校园足球传统强校市七中更有发言权。“眼光放长远，完善制度建设，形成长效机制，才是校园足球兴盛发展、取得成绩的重中之重。”该校副校长岳坤认为，“首先是师资队伍建设。我校之所以近年来足球队取得佳绩，就得益于从体工队转业来的专业足球队员雷少青老师的专业指导。据我所知，其他学校有专业背景的足球教师很少见。”此时，雷少青正在操场上指导学生进行“四对五”分组对抗。“橙队一二一，白队一三一，保持阵型，注意倒脚。后场不要超过两脚球。”雷少青的高声教导尽显专业范儿。

“要想联赛多出高水平运动员，校队球员出口是一个问题。队员小学升初中，初中进高中，各地都可以制定相应政策。但高中进大学，还是一个难以突破的关口。另外，需要真金白银投入的草坪等基础设施建设也是亟待解决的问题。”岳坤说。

“踢足球，会涉及学生运动损伤等意外，所以运动安全防范机制同样不容忽视。”燕秀里小学校长刘秋玲认为。

对此，秦皇岛市已经决定多渠道配备师资，通过教师招聘、在岗教师培训等方式提升体育教师足球教学实践能力。秦皇岛市要求县区级校园足球经费要列入县区级政府年度财政预算，2015 年暑期，市里也对全市体育教师集中进行足球教学技能培训。

（《中国教育报》记者　周洪松　2015 年 8 月 28 日报道）

特色学校

张家口市南菜园小学：

规范足球教学　师生全员参与

走进位于山城张家口市中心清水河畔的南菜园小学，整洁的塑胶操场上，一群小足球运动员正在教练指导下挥汗如雨，他们快乐的笑声给校园增添了生机与活力。

多年来，南菜园小学以普及足球课程孕育学校足球特色文化，足球教学活动在学生的成长成才中发挥了重要作用。如今，当年以占菜地建校而得名的南菜园小学，又因足球运动特色在当地闻名遐迩。

足球教学被列为校本课程，使足球教学实现规范性、全员性。

南菜园小学是较早一批省级足球项目校。早在 2008 年，该校就在三至六年级开设了足球课程，进行少儿足球校本课程的开发与实践的研究。

“作为学校力推的一个运动项目，足球教育不应该只培养少数特长生，而要面向全体学生。”校长李玉芬说。为此，该校在 2009 年将足球教学教材化，将其正式列为校本教材。

长期以来，南菜园小学将足球作为办学“品牌”列入学校发展规划，创建了足球训练基地。在办学中全力推进健康第一，全面实践“我运动、我健康、我快乐”的运动目标。

在多年的教学实践中，该校探索出“以学生为主体，以教师为指导，以活动为主线，以身心健康为宗旨”的足球活动课课堂教学模式。他们把教学与比赛相结合，培养学生的参与意识、竞争意识；注重课堂教学与课外练习结合、校内训练与校外实践结合、集中指导与个别辅导结合、长期业训与临战集训结合。每学期，学校都会以班级、年级为单位，举行基本功赛、5 人制、7 人制小足球比赛，人人均能参与其中，最终实现了足

球运动在全校的普及。

现如今，该校二年级以上各班都组建有男、女足球队。踢足球，已经成为该校丰富全体学生生活，强健学生体魄，培养学生竞争意识的最具群众基础的一项运动。

除了操场、足球场、风雨训练活动室等硬件建设，高水平师资是创建足球特色学校更重要的条件与保障。

南菜园小学的4名体育教师都是体育专业科班出身，在开展足球教学活动中，他们在教研组互助互学，经常观摩市体校少年足球队的训练，研究国内外足球比赛录像，探讨科学的训练方法，根据学生不同层次制订出贯穿全年的单元训练计划。

不仅如此，多年来，他们还克服生活、工作上的困难，全身心投入到学校足球教学中。

担任校女足教练的梁月清老师已年近50岁。为了取得优异成绩，她三十年如一日，每天带小队员进行一个半小时的业余训练。上学前、放学后，节假日里，训练场上她和孩子们摸爬滚打、切磋球技。每天晨光微曦，她经常第一个出现在学校；日暮星初，她最后一个离开操场。

体育组另一位老师武俊海经验丰富，不管哪项工作都脚踏实地、尽心尽责，学校各项体育比赛，不论是风雨中、烈日下总见他忙碌奔波的身影。还有工作中从不计较个人得失、勤勤恳恳的杨志刚老师和默默奉献、团结协作的胡刚老师。他们除了每天上好体育课、指导上下午的大课间活动外，还要坚持领着学生们进行一个多小时的足球训练，无论严寒酷暑、刮风下雨，从未间断。

“创建足球特色学校，离不开他们的专业敬业、辛勤耕耘。”李玉芬说。

“没有武俊海等几位老师的细心栽培和鼓励，我可能不会取得今天的成绩。”从山城走出、曾经是国家女足主力队员的刘亚莉至今对南菜园小学的恩师心存感激。

多年来，足球运动的普及使南菜园小学呈现出一片生机盎然的气象，逐渐形成了吃苦耐劳、勇于拼搏、积极向上的校园氛围。

2009年，南菜园小学又被设为张家口市小学体育教科研基地，2010年经国家体育总局批准成立了国家级青少年体育俱乐部。

在此基础上，在“全面发展打基础，发挥特长育人才”的指导思想下，全校体育工作取得了骄人成绩，成为名符其实的体育人才培养基地。一些素质好、有潜力的好苗子脱颖而出，为校足球队的建设提供了有力的保障。学校男女足球队共获20次市冠军、7次省冠军。该校先后培养出白洁、刘亚莉、张娜、王丽4名国家级足球运动员，向省、市输送80多名足球运动员。

不仅如此，南菜园小学足球教育的特色发展，促进与提升了学校的体育普及工作。学校全体学生积极参加体育锻炼活动成为常态。除每学期举行一次足球赛外，每月都有一次竞赛活动，这样不仅增强了学生体质，陶冶了情操，密切了师生关系，也培养了学生勇于拼搏的性格、集体主义精神和吃苦耐劳的品格。

“3年前，我身体又瘦又小，体弱多病，打针吃药成了家常便饭。后来我参加了校足球队，不仅变得又高又壮，还养成了不服输的性格。我喜欢上了足球，它不仅为我带来了健康，让我体会到了快乐，还让我明白了许多道理。”六年级（4）班的徐轩说。

近10年，在区田径运动会上，该校女队8次获得第一名，男队也多次获得第一名和第二名的好成绩；全校学生的体育达标率历年来均在98%以上，优秀率超过了25%。

（《中国教育报》记者　周洪松　2015年8月28日报道）

人物风采

面对听障学生，保定师徒教练张春武、张硕：

汗水浇灌残缺花蕾

正值炎炎夏日，又到了周四下午。保定特教中心的简易操场上，一群孩子在挥汗如雨地练习足球。

在操场一角，正在进行的是守门员专项练习。嘭！起脚。啪！接球。嘭！再起一脚，球脱手……

只见一名教练走上前，没有言语，而是“指手画脚”地纠正守门员动作要领。因为，包括守门员在内的这些大大小小的孩子，耳朵听不到一丝声音，他们全都是听障少年。

这个教练叫张春武，保定学院体育教育足球专业教授。数年来，张春武和自己的弟子张硕一直共同义务指导培训保定特教中心足球队。2013年，师徒俩带着这所学校足球队参加首届全国听障青少年足球比赛，勇夺铜牌。2014年，指导球队参加河北省第八届残运会，将冠军奖杯收入囊中。球队主力葛东平通过足球专业特招，被长春大学特殊教育学院录取，圆了自己的大学梦。队员高建不仅考入中州大学特殊教育学院，现如今已司职中国英利聋人足球队主力后卫，成为一名职业足球运动员……

“更重要的是，张春武教授和张硕老师带我校足球队以来，这些原本内心封闭的孩子团队协作意识强了，并逐渐养成了良好的行为习惯。”保定特教中心校长杨卫国说。

保定特教中心成立于2007年10月12日，由原保定市南市区聋哑学校和北市区育智学校合并而成。学校里的听障孩子占到学生总数的近半数。建校伊始，走马上任的杨卫国和学校班子就制订了“艺体两翼，特色发展，搭建残障孩子健康成长平台”的办学思路与目标。成立由听障孩子组成的足球队，是该校中心工作内容之一。

组建球队，队员不成问题，孩子们参与热情很高。但是，谁来教这些孩子，让杨卫国犯了愁。学校虽有体育教师，但都没有足球专业背景。这可如何是好？

得知学校情况，张春武欣然同意义务指导这些孩子。不久，他的学生张硕也成为志愿者教练员，并逐渐顶起了带队训练的大梁。之后，每到周二、周四下午，师徒俩就会驱车来到特教中心，和中心足球队的孩子们奔跑在球场上。

一开始，还是在校大学生的张硕，带听障孩子练球真遇到了麻烦：一是自己太年轻，不少孩子和他年龄相仿，“压不住阵”；二是教这些孩子，语言不通，在技术讲解时，队员们很难理解，“有劲儿使不出来”。

那就先“立威”。第一堂课，张硕便用他过硬的足球基本功征服了小队员们：颠球、盘带、过人、射门一系列精彩的动作让学生们从内心信服了这位“小教练”。通过技术对抗，球队里有相当足球基础的后卫赵旭阳也输得心服口服。

语言交流同样是张硕面对的难题。通过和学校负责老师沟通，张硕了解到对于听障队员，身体语言比书面语言更有效，听障孩子的模仿能力更强。他就一遍一遍不厌其烦地为队员们做动作示范。平时，张硕总是随身带一块战术板，战术布置时无法沟通，他就不停地写写画画，为队员摆阵，直到队员明白战术意图。

2012 年，张春武带队参加全国听障青少年足球比赛时，球队第一守门员葛东平在赛前出现了心理波动，训练不积极，甚至行为懈怠。张春武知道他是第一次参加这样的大型比赛，心理压力过重，想赢怕输，就在训练时对他进行单独指导。在正式比赛时，前两场不让他上场，把他摁到板凳席。果然，葛东平忍不住了，主动请缨上场。一上场，他就表现神勇，一场比一场状态好，为球队最后取得全国第三作出了突出贡献。“感谢张老师，没有您的悉心教导，我走不到今天。”2014 年教师节，已经在长春大学特殊教育学院读书的葛东平对张春武表达了自己的深深谢意。

就这样，没有报酬，张春武和张硕这对师徒组合指导孩子们度过了一个又一个春夏秋冬，将自己的心血无私奉献给这些残缺的花蕾。“看到球队取得好成绩，看到孩子们阳光的笑脸，看到他们也能像正常孩子一样圆自己的足球梦，我们无比欣慰。这些，要比金钱更重要。”张春武说。

（《中国教育报》记者　周洪松　2015 年 8 月 28 日报道）

山东省

核心提示

山东省推出系列举措，强化体育与教育、企业与学校“两个结合”，深入推进校园足球运动。建设千余所足球特色项目学校，建立贯通大中小学的四级联赛制度，由省教育厅携手鲁能体育培养足球教练员和足球专业人才，建设“鲁能泰山城市足球学校”。

青岛市第二十五届“可口可乐·市长杯”校园足球联赛。（资料图片）

省级行动

山东：体教结合、校企结合为校园足球留出口

建设千余所足球特色项目学校，建立贯通大中小学的四级联赛制度，由省教育厅携手鲁能体育培养足球教练员和足球专业人才，建设“鲁能泰山城市足球学校”……2015 年，山东推出系列举措，强化体育与教育、企业与学校“两个结合”，深入推进校园足球运动。

在 2014 年年底山东省教育厅等 6 部门联合出台的《山东省学生体质提升计划（2014 ~ 2018 年）》中，山东就要求加快制订并实施校园足球中长期发展规划。近期，山东将推出《山东省校园足球三年行动计划》，合理布局小学、中学、大学定点学校，按照高校、高中、初中、小学 1：3：9：27 的比例，3 年内建设 1 000 所校园足球特色学校，形成学段对接的校园足球区域发展格局。

目前，山东已连续 4 年举办全省各级足球联赛。根据加快发展校园足球工作的需要，山东将整合原有的全省各级足球联赛，将原有“体育彩票杯”省体育项目联赛的足球比赛，转成山东省校园足球四级联赛，进一步完善省、市、县、校四级足球联赛机制。

记者了解到，在 2015 年山东省体育局、教育厅联合召开的三大球工作会议上，山东结合全省校园足球实际，确定全省教育、体育系统密切配合，按照试点先行、分步实施的原则，组织全省 8 个城市、20 个县（市、区）为山东省校园足球先行试点城市和县（市、区）。到 2017 年，重点打造 20 所高校、60 所高中、200 所初中、800 所小学为足球特色项目学校，开设足球课程，增加足球课时，加强场地、师资、经费和组织领导保障，建立贯通大中小学的四级联赛制度，蓬勃开展校园足球运动。

针对校园足球教练员短缺等现状，山东省教育厅 2015 年与国网山东省电力公司签署了《合作推动山东省校园足球发展框架协议书》。按照协议，山东省教育厅将携手鲁能体育，在教练员培训、校园足球活动组织和城市足球学校建设等方面开展合作。双方将在鲁能泰山足球学校共同建设山东省校园足球教练员培训基地，开展校园足球教练员资质认定，培训校园足球教练员。双方还将逐步在部分足球基础较好的城市建设“鲁能泰山城市足球学校”，面向当地招收有一定发展潜质的学生进行专业训练。同时，选拔优秀苗子球员，参加鲁能足校暑期夏令营。

山东省教育厅有关人士认为，这将为省内重点足球城市的校园足球学生提供更加专业、更高水平的培训平台，给校园足球提供一个“出口”，提升校园足球的吸引力，培养更多优秀专业人才。同时，这一举措也将树立一个校企结合的榜样，或许能有效解决长期以来中国体育过早专业化的问题，让孩子在不脱离家庭、不脱离学校、不脱离社会的环境下健康成长，为中国竞技足球发展探索出一条新路子。

（《中国教育报》记者　魏海政　易鑫　宋伟涛　2015 年 5 月 13 日报道）

地方经验

传播足球文化　组建师资队伍　吸引全员参与

青岛：全城“踢”起来

青岛是中国知名的足球城市。早在2007年，青岛就在全国率先推出了以普及校园足球为目标的“校园阳光足球计划”。近年来，青岛的校园足球工作更是取得了良好的成效，得到广泛的认可。

政府主导，营造全社会足球氛围

在青岛，截至2015年，“市长杯”校园足球赛已经连续举办了25年，成为一个品牌。

2015年4月17日下午，青岛市校园足球工作现场会暨第二十五届“可口可乐·市长杯”校园足球联赛在青岛市城阳区实验小学举行。“青岛市以普及校园足球为目标，建立政府主导、教育体育合作、学校广泛参与的推进机制，有效地推动了校园足球工作的稳步发展。”青岛市教育局局长邓云锋说。

25年来，“市长杯”足球赛不断丰富和完善，如今已成为青岛市参赛队伍最多、参赛时间最长、参赛人数最多、比赛规模最大的一项标志性青少年传统体育赛事。

青岛市政府还建立了教育、体育、财政等部门共同参与的联席会议制度，每年至少召开两次会议，研究校园足球普及推广计划，协调解决难点问题。青岛市政府专门研究制定《青岛市创建国家校园足球改革试验区方案》，明确了青岛发展校园足球的指导思想、工作目标，并出台建立四级校园足球特色学校培养体系等13项具体措施。2014年，全市校园足球特色学校已由2010年的46所增加至100所，到2017年将达到300所，占全市各类学校总数的25%。2014年，教育、体育、财政、人社等4部门联合下发《关于加强阳光体育活动促进学生体质健康工作的意见》，明确提出要“在全市中小学建立300所左右的足球特色校，畅通足球人才成长通道”。

“我们还依托青岛理工大学成立了青岛市校园足球协会，同时在评价导向上进行倾斜。”青岛市教育局副局长王铨说，早在2010年，青岛市教育、体育部门已经制发足球特色学校评估标准，建立考核、奖励制度及动态管理机制，加大在学校督导评估中的权重。

学校响应，足球热情落在实处

校园足球工作的顺利开展，离不开政府的主导，同样也离不开学校的积极响应，在“足球进校园”口号的号召下，各个学校更是创意百出，确保校园足球工作落到实处。

走进青岛市宜阳路小学，随处可见整齐的足球知识长廊、新颖丰实的足球日记、精美别致的足球手抄报、构思巧妙的足球征文。会议室中，滚动播放的学校特色足球活动、学生独特创意的足球文化衫、一座座金灿灿的足球比赛奖杯……无不显现着独特的校园

足球文化特色，这些都是学校多年来开展校园足球活动的集中体现，更是学校足球文化的深刻积淀。“通过足球文化的传播，孩子们对足球有着更深刻的理解。”宜阳路小学校长孙瑜对记者说。

“我们学校特别重视开设足球特色课程，以课程为抓手来带动校园足球的发展。”青岛电子学校校长崔西展说。青岛电子学校充分汲取足球文化艺术，研发足球特色课程，每两周一次，做到每个班级都有足球队，班班有活动，人人都参与。青岛第五十六中学把足球作为体育课的必修内容，每周用一节体育课进行足球教学，同时把足球运动纳入大课间或课外活动。在延安二路小学，每周每班 3 节的体育课中，专设 1 节为足球课，以保证全校近千名学生，每周每人有 40 ~ 60 分钟接触足球的时间。

“有一个好教练，才有一支好球队。优秀的足球专业师资，是提升校园足球教育训练质量的关键所在。”孙瑜说。青岛市宜阳路小学积极探索社会化服务模式，把校园足球这个专业性很强的体育活动交给专业的师资来指导。学校与崇鼎足球推广中心合作，聘请国内足坛名宿刘国江任技术总监，甄选 3 名专业性强、基本功过硬的足球教练，分别组建了 U7、U9 和 U11 三支男子足球队和一支 U9 女子足球队。教练组成员积极进取、善于思考，为足球特色发展提供了专业性的指导。

学生参与，足球成为生活伴侣

走进依山傍海的文登路小学，可以看见，课间追跑打闹的少了，研究球技、互相切磋的身影多了；校园里戴眼镜的学生少了，踢毽跳绳做游戏的多了；小胖墩儿们正在慢慢淡出人们的视线。在青岛电子学校，学生家长都很支持孩子们参加足球活动，通过踢球，学生体质呈逐年上升趋势，体质健康合格率达到了 95% 以上。孩子们在享受足球带来快乐的同时，变得更健康、更聪明、更活泼、更自信、更快乐。

徜徉于延安二路小学美丽的校园中，随处可见让人陶醉的黑白精灵。操场上，小小的足球在孩子们脚下跳跃，沿着楼梯布展的一张张图片诉说着学校足球特色发展的历程……整个学校已经成为一个“足球文化磁场”，感染着身处其中的每一位成员。

延安二路小学的蕴星足球社团成立于 2011 年。自成立以来，社团积极开展丰富多彩的活动，深入挖掘和提炼“快乐、好玩、乐学、苦练”的足球特色文化，将之升华为足球精神。社团成员努力探索足球社团良好的运行机制。在每一届的足球文化节上，全校学生都要开展社旗、社徽、社训的设计比赛，征集足球歌。另外，学生们还利用课余时间开展不同材质足球制作、足球手抄报创作比赛、足球日记等活动。社团成员们通过摘抄和剪贴的形式，记录自己对于足球的认识和参与足球运动的快乐。在这一个个活动中，学生们得到了锻炼，提高了技能，学会了合作，增强了社团凝聚力。

（《中国教育报》记者　宋伟涛　李小伟　孙军　实习生　林兴枝　2015 年 5 月 13 日报道）

潍坊：社会资源助推校园足球运动发展

“足球教学采用选课走班制，实行分层教学，每周一节足球特长课。小学低年级以足球游戏及基本功为主，小学高年级以基本功和简单的战术为主，初中加大足球实战练习。”近日，山东省潍坊市寿光世纪学校校长张照松一边带领本报记者观看学校天然草坪上孩子们踢球，一边介绍，“再加上5名专业足球教练、一名从鲁能足球学校聘请的总教练的专业指导，校园足球搞得有声有色。”

潍坊市教育局体卫艺科科长冯秀红介绍，潍坊近年来不断创新机制，充分利用社会资源加强经费保障，搭建市、县、校三级足球联赛平台，购买服务评估校园足球运动开展情况，助推校园足球运动发展。针对校园足球普及过程中场地、师资、器材等方面的制约因素，市财政拿出200多万元，逐步解决这些方面的困难。此外，市体育局也从体育彩票销售额中拿出5%专项经费，保障各级联赛的实施。目前，全市已申报49所学校为全国青少年校园足球特色学校。预计到2018年，全市80%的学校将达到全国校园足球特色学校标准。

记者在青州市采访时，正好赶上青州市中小学生篮、排、足三大球联赛隆重开幕。青州市教育局局长徐继中说，目前，全市所有中小学校100%完全配备体育器材，仅近几年新建的足球运动场就有32个。青州经济开发区高柳学校每年生均体育经费不低于10%，保证了体育和校园足球工作的正常开展。邵庄镇普通小学还设立了足球特色学校发展专项基金，主要用于校园足球校本课程开发、课题研究、训练、教师培训、竞赛、奖励等。

“我们充分挖掘利用社会资源助推校园足球运动发展，促进足球训练指导的专业化。”冯秀红说。2015年4月份，潍坊从全市选拔有一定足球教学经验的61名教师，到鲁能足校开展理论和实践教学培训，并带动11个县（市、区）713名教师开展足球指导教师培训。同时，潍坊足协也选拔了一批品质好、技能优的足球爱好者开展校园活动，指导学校足球教学。安丘大盛中学与安丘市体育学校结成足球教学互动联盟，每月组织一次以年级为单位的竞技比赛，每学期组织一次年级挑战赛，每年举行一次校园足球文化节。新安中学也从鲁能足校聘请了两名专职教练，每周两次指导足球队训练。

潍坊市还创新机制，通过购买服务的方式，委托潍坊市创新教育管理评估中心每年分两次通过现场调查和实际观摩等方式，对校园足球开展和课程开设等情况进行现场评估，促进校园足球运动良性发展机制的建设。

（《中国教育报》记者　魏海政　易鑫　宋伟涛　2015年5月13日报道）

淄博市临淄区：蹴鞠之乡吹起足球新风

2004年7月15日，在第三届世界足球博览会开幕式上，国际足联正式确认：足球起源于中国淄博市临淄区，“蹴鞠”是有史料记载的最早足球活动。如今，“足球故乡”的校园里吹起了足球新风。

“让足球发源地的深厚文化融入孩子们的成长过程中，才能真正带动临淄校园足球的发展。”淄博市临淄区教育局局长朱奉强对记者说。

为了让齐文化走进校园，构建校园蹴鞠和足球文化，临淄区开展了各种形式的活动。

近些年，临淄区开展了“爱祖国、爱家乡、爱世界足球起源地”主题教育和征文活动，并组织了系列座谈会。政府投资新建了 1 万平方米的世界足球博物馆，大力开展足球文化推广和普及教育。

“校园足球的发展离不开相关措施的保障。”朱奉强介绍，2004 年，临淄区成立了足球产业开发领导小组办公室，构建了完整的足球发展领导体系，制定了《世界足球起源地临淄建设规划》，将青少年校园足球运动纳入整体规划，积极推进起源地足球运动事业的发展。

临淄区在加强足球基础设施建设上也“大手笔”不断。临淄区教育局办公室主任周晶元说，近些年，临淄区已相继建成公共足球运动场 12 个，投资 6 600 余万元。实施农村中小学塑胶场地改造工程，新建了 27 个塑胶运动场地，2015 年拟全部消除农村学校“土操场”。临淄区把足球专业教师队伍建设作为发展校园足球的关键，在每年的教师招聘中，增设足球教师招聘计划，不断完善学校足球教师配备。

太公小学的于浩阳是一个农村孩子，他的心中一直有一个足球梦。可是在连踢球场地都找不到的情况下，他只能把梦想藏在心底。而太公小学“追梦”足球俱乐部的成立，让于浩阳找到了圆梦的舞台。为了走一条专业化引领之路，太公小学于 2015 年 3 月组建了自己的足球俱乐部——“追梦”足球俱乐部。在极短的时间内，成员就从 40 人飙升到 500 人，已经接近全校总人数的一半。

“现在，我们每周都会有专门的足球课，授课的老师也变成了学校聘请的专业足球教练，我终于也能专业一把了。”于浩阳告诉记者，在“追梦”足球俱乐部里，他能感受到自己离梦想越来越近。

（《中国教育报》记者　宋伟涛　易鑫　魏海政　实习生　豆俊杰　2015 年 5 月 13 日报道）

人物风采

铿锵玫瑰绽放绿茵场

——记山东省淄博市临淄实验中学女子足球队

停球、带球过人、外脚背射门，进了！

很难想象，眼前酷炫的足球脚法和矫健的身姿步伐，属于一群十三四岁的女学生——临淄实验中学女子足球队的队员们。

听说要接受采访，她们都你看看我，我看看你，不好意思开口说话，但一说起训练和比赛，她们都开始叽叽喳喳说个不停。

“大家喊我‘铁头女王’，我也很享受这个称呼！”打后卫位置的赵淑敏大声说，“刚开始练的时候很疼，总是找不到合适的顶球部位，那时候我也不喜欢头球，一见球就躲。但是慢慢地我发现，只要找准落点，用头顶球就不疼了。比赛中少不了高球，作为后卫，就要想办法去抢！”

看着练颠球的徐子真，赵淑敏又抢着说："我们都叫她'铁血金刚'，打后卫、半场对抗，每次比赛，不管是什么样的对手射门，她都能挡出去，滴水不漏。有时候摔倒了，她也跟没事一样，从来不掉眼泪！"

徐子真有着漂亮的棕色皮肤，瘦瘦的，虽然看不出有多结实，但队员们都被她的"硬气"折服。

说起比赛，徐子真绘声绘色："有一次参加全国比赛，所有球队都无法攻破大连队的球门，但我们打破了这个'定律'！当时比赛一直0∶0僵持，关键时刻，后卫3号李岩拿球，直塞传给8号中锋段心茹，她下底传中，我纵身一跳，一个头球传给了赵梦雨，赵梦雨拿球过人，迅速射门，球进了！"

徐子真口中的赵梦雨，就是刚才射门的女孩，她抿着嘴在一旁笑起来。这个初一的女生，已经获得过2012年全国青少年校园足球活动夏令营"最佳球员""最佳射手"等许多个荣誉称号。

对每个女生而言，踢足球的道路都很曲折。

"上初一那年，爸爸一听我要报足球队，就拍着桌子吼，又是嫌我逞能，又是怕耽误学习。刚进足球队的那一个月，周末回家时，爸爸都不正眼看我！"刘妍蕾说。

"女孩子踢球都怕晒黑，家长也心疼，还担心她们的学习。可以说，能坚持下来的，都是真心爱足球的。"教练翟鹏说。

面对阻力，翟鹏和队员们一起，向家长和学校交出了一份份漂亮的答卷。"踢了一两年后，孩子们的性格有了明显的变化，活泼、开朗，自信、自律、自强，学习也有了提高，另外，我们队里几乎没有近视眼的孩子。"翟鹏说。

刘妍蕾、赵梦雨入选国少队，球队蝉联山东省体育联赛足球比赛女子冠军，荣获全国足球夏令营沈阳赛区一等奖……女子足球队取得的让人眼花缭乱的成绩，更是点燃了全校学生乃至家长对足球的热情。

"现在，每次参加比赛，爸爸都是我们最忠实的啦啦队员，拉横幅、打标语、出车接送，没有他不热衷的事！"刘妍蕾说。

赵梦雨印象最深的是，2014年8月，学校女子队参加山东省中小学生锦标赛，以5∶0的成绩打败济南队，她激动地把电话第一个打给爸爸时，曾经对她拍桌子的爸爸，竟然激动得在电话里哭了起来。

女子足球队在学校的粉丝团人数也越来越多。现在，队员们担任了其他同学的"小导师"，还常常在校园足球联赛活动中担任"小评委"。

临淄实验中学校长李安亮说："唤起兴趣，鼓舞精神，女子足球队把学校的这个核心办学理念很好地融入了足球运动，给我们全体师生树立了学习的榜样。她们所具备的团结、拼搏、奋进的足球精神，已经深深融入师生心灵。"

"红颜娇媚承受雨打风吹，拔剑扬眉豪情快慰。"亲眼见到才知道，风雨彩虹中，铿锵玫瑰的绽放如此壮美。

（《中国教育报》记者　易鑫　魏海政　宋伟涛　2015年5月13日报道　通讯员　孙增美）

河南省

核心提示

河南省校园足球工作领导小组办公室对全省所有校园足球试点学校“约法三章”：将足球课列入校本课程，每周必须保证至少有一节足球课；每天每次半小时的两个大课间活动，其中一个必须安排与足球相关的内容；每年必须举办一次班级足球联赛。从制度上确保学生有足够的时间学练足球。

郑州市金水区金桥学校学生在大课间进行踩球练习。（余闯　摄）

省级行动

河南：“约法三章”力推校园足球

2015 年，河南省校园足球工作推进会召开。会上印发了《河南省校园足球行动计划》，并对校园足球工作进行全面安排部署。

河南校园足球活动始于 2009 年，经过 6 年多的发展取得了明显成效：郑州市被确定为国家级校园足球活动试点市，漯河市临颍县被确定为国家级校园足球活动试点县，开封市、洛阳市、新乡市、许昌市被确定为省级校园足球布局城市；全省发展了 160 多所校园足球试点学校，足球运动越来越受到中小学生的喜爱；涌现出了不少好苗子，郑州市第八十五中学河南建业 U14 足球队在全国锦标赛上夺冠，其他各级青少年队也在近年的全国大赛上多次闯入前三名……

记者在采访中了解到，河南校园足球活动取得的成效主要得益于两个方面：一是全省校园足球工作领导小组办公室设在省教育厅，体制机制顺畅，便于组织和协调校园足球工作；二是推广校园足球活动的措施扎实有效。

那么，河南推广校园足球的具体措施是什么呢？早在 2013 年，河南省校园足球工作领导小组办公室就曾对全省所有校园足球试点学校“约法三章”：将足球课列入校本课程，每周必须保证至少有一节足球课；每天每次半小时的两个大课间活动，其中一个必须安排与足球相关的内容；每年必须举办一次班级足球联赛。“这三项规定，从制度上确保了学生有足够的时间学练足球，从而推进校园足球运动普及和发展。”河南省体育界一名资深人士表示。

根据《河南省校园足球行动计划》确定的校园足球发展目标，河南将用 3 年时间，按照小学、初中、高中 6∶3∶1 的比例，在全省创建 1 500 所校园足球特色学校，不断提高校园足球的普及程度；用 3 年时间，实现对全省校园足球管理人员、校长、指导教师、裁判人员的轮训，提高校园足球师资的业务水平，为校园足球的持续发展提供人力保障；建立健全校园足球教学训练考核评价体系和四级联赛体系，为校园足球技术水平的不断提高提供发展动力。

河南还明确提出，要积极探索建立政府支持、市场参与、多方筹措的支持校园足球发展的经费投入机制；按照“因地制宜、逐步改善”的原则，加大校园足球场地设施建设力度，把足球场地设施建设纳入学校标准化建设和基本办学条件改善实施工作。

据了解，按照河南省校足办年度工作计划，为确保校园足球活动扎实开展，该省 2015 年还编印《校园足球工作指南及考评标准》《校园足球行为规范》，发至各校园足球试点城市和学校。同时，尝试把校园足球纳入教育督导评价指标体系，定期对校园足球特色学校开展专项督导和检查评估，对成绩突出的学校和个人进行表彰奖励，对发现的问题及时督促改进。

“目前，除已经发布校园足球行动计划、成立校园足球工作领导小组、建立校园足球专家指导委员会外，我们正在制订校园足球各类人员培训方案、校园足球四级联赛方案，还正在筹备全省首届校园足球夏令营活动。”河南省校足办主任、省教育厅体卫艺处处长郭蔚蔚说，“我们要通过校园足球活动的普及和发展，让更多的学生了解足球、热爱足球、会踢足球，在足球运动中健康快乐地成长。”

（《中国教育报》记者　李见新　李小伟　余闯　2015 年 4 月 7 日报道）

地方经验

踢球成为学生的生活方式

——河南省郑州市金水区校园足球发展纪实

2015 年，记者走进河南省郑州市金水区农业路小学，浓郁的足球文化气息迎面扑来。

金水区是郑州市的中心城区，有中小学生 9 万多人。自 2009 年校园足球走进河南省中小学以来，金水区坚持校本化实施、制度化推进品牌化引领，加强组织、师资和场地保障，普及足球技能，让广大中小学生享受到了踢球的乐趣。

大课间学生玩足球
开发足球校本课程

上午 9 点 40 分，伴随着动感十足、鼓点明快的音乐声，金水区农业路小学的大课间开始了。全校所有学生每人手持一个足球，踏着鼓点来到操场，进行踩球、运球等脚法练习，做足球操，整个校园因为孩子们跃动的身影变得沸腾起来。

从 2012 年开始，金水区在河南省率先实行每天上午、下午两个大课间制度，总计一个小时，纳入学校主课表，将其作为中小学生掌握和强化体育技能的主阵地，以及学校体育教学和课外体育活动开展情况的展示平台。

“大课间如今已成为有效开展校园足球活动的一张名片。”金水区教育体育局副局长邱云说，在“健康第一”思想指导下，体育课、课外体育锻炼、大课间活动等学校体育活动，都是学习足球技能、促进学生健康成长的课程。

在金水区，中小学按照体育与健康课程标准的精神，结合学校师资、学生、场地、传统特色等因素，自主开发足球课程，科学设置各水平段课程目标，制订课程规划。同时，实施足球课程“442”推进策略，即每学期体育课时的 40% 实行足球技能项目教学，40% 进行必授基础技能项目教学，20% 作为其他自选项目教学时间。

在农业路小学大课间上，四年级（5）班学生程换换娴熟的颠球动作吸引了记者的目光。她告诉记者：“最多时能连着颠 128 个球。”

“换换是学校足球社团的，入团一年多时间。”校长张彩霞说，学校先锋足球队成立于 2009 年 9 月，从起初的二十几名队员发展到现在所有社团中人数最多、热情最高

的社团，“足球项目起到了引领示范作用”。

而在金水区金桥学校上午的大课间，全校 2 000 多名学生玩转足球的场面可谓气势恢宏。校长冯宇说，金水区教体局推进体育特色文化建设，金桥学校和农业路小学都是“乐享足球”项目发展学校。

冯宇拿来了一摞摞的足球校本教材。记者看到，书中按照体育教学层次和水平，以足球基本技能和文化普及为主要内容，在训练设计和课时安排上都作了详细介绍，实现了校园足球实施过程校本化。“经过 6 年扎实的基本功练习，孩子们既增强了体质，又能运用战术对抗比赛。”冯宇说。

师资场地有保障
制度化推动校园足球活动开展

“就怕冷不丁来检查。”笑着说这话的，是金水区农科路小学校长张丽娟。

2015 年 1 月 21 日下午，金水区教体局局长王珂来到农科路小学，观摩该校大课间活动，查阅校园足球课程规划、校本教材、教学设计、体育家庭作业等过程性材料。

农科路小学是足球传统项目学校，足球队不仅在全国、省、市的比赛中取得了优异成绩，还为省队输送了许多优秀队员。

“有成绩在于平时抓得好，区里搞了观摩评估，一直督促着我们往前走，说不定啥时候领导就突然出现在校园里。”张丽娟说。

近年，金水区实施“一把手”工程，教体局局长、校长、班主任都是第一责任人，其中突出校长负责制，把学校体育工作和学生体质健康水平作为校长年终考核的重要指标，并对组织不力者进行诫勉谈话和责任追究。同时，成立由高校专家、骨干教师和名师组成的“足球课程推进工作指导组”，主要对足球课程的顶层设计、课程开发、特色教学等进行指导，使课程建设更具科学性和实效性。

王珂告诉记者，金水区实行随机现场观摩学校制度，不提前确定学校，每学期组织跨学区推磨式大课间观摩交流活动，每年进行体育学科学业质量评价，抽测必授的足球技能项目和基础技能项目，最终全区公示抽测结果。

“大课间是校长的公开课，做得不好要一票否决。”这是王珂给全区中小学校长布置的“作业”，并会不定期到校“检查作业”。王珂说，学校体育工作是促进学校回归育人本原、促进学生全面发展的重要途径，学校体育活动使学生强健体魄、健全人格、养成终身体育锻炼习惯和健康生活方式。

“在推动校园足球方面，我们欣喜地看到，踢球成了许多中小学生的生活方式，我想检查的意义已经达到了。”王珂说。

除了组织保障之外，金水区在足球师资和训练场地保障上也下足了功夫。选配教师向体育学科倾斜；外聘专业足球队退役队员、足球专业大学生等作为专兼职教师，充实学校一线教练员队伍，由教体局统一支付费用；加强体育主管人员培训，提升课程顶层设计和推进能力。

"一校一品一球"
塑校园足球品牌

河南省校园足球工作领导小组办公室主任、省教育厅体卫艺处处长郭蔚蔚说，金水区如今在校园足球方面已形成“人人会踢球、班班有球队”的良好发展局面，今后将加大品牌塑造力度。

2014 年 9 月，金水区在“一校一品”格局基础上，着眼长远，适时提出“一校一品一球”战略，启动实施校园足球“9531”工程，区域联动开展探索和尝试。

“9”，着力打造农业路小学、金桥学校等 9 所选择足球项目作为“一校一品”学校，精教足球技能，实现课堂、课外和课间活动三结合，促使全体学生掌握足球技能，实现足球品牌学校的建设目标。

“5”，全区选择体操、武术等类项目的学校，要选择足球等“三大球”中的一项作为第二项运动项目。其中，选择足球项目的学校要达到 50%，学校通过组建足球社团，进而形成一支学校足球品牌队伍。

“3”，全区选择田径、跳绳等竞技类体育项目的学校，其中 30% 的学校再选择足球项目开展第二项运动技能，选拔组建足球品牌队伍。

“1”，推动校园足球从娃娃抓起，依托金水区第一幼儿园足球特色，探索幼儿足球教学，让幼儿感受足球、培养兴趣，同时引领其他幼儿园走上品牌建设之路。

“全体学生是面，铺设了特色项目的广度，点面结合使校园足球逐渐成为品牌化运动项目。”邱云说。

国家足球后备人才的梯队成长也是金水区发展校园足球品牌化的战略举措。记者和河南省实验中学操场上训练的足球队员交流时，发现有许多人是从该区足球特色学校升入本校的。

“刚才的校队里，有 5 名学生来自农业路小学，8 名是南阳路二小的学生，还有两名是刚从农科路小学进来的。”副校长吴振民告诉记者，“学校分初中和高中，区里实行的特招政策可以保障足球苗子呈阶梯式成长，有利于足球后备人才培养。我们还将为足球人才升入大学创造条件。”

（《中国教育报》记者　余闯　李小伟　李见新　2015 年 4 月 7 日报道）

特色学校

沁阳中小学：每周都少不了足球

抢圈、颠球、跑位，2015 年 3 月 26 日下午，河南省沁阳市实验小学操场上，学生们生龙活虎地奔跑着，脚下的足球传递着快乐与活力。如今，在沁阳市各学校，足球已成为学生日常生活中又一项快乐的校园活动。

2014 年，沁阳市教育局将“快乐足球”理念引进校园，在学校普及足球运动。通

过编排足球操、开展校园联赛等，引导学生热爱足球、了解足球、练习足球，从中收获健康和快乐。目前，沁阳市各学校纷纷成立足球队，校园足球已成为学生的必修课。

“踢足球不仅锻炼了身体，更让我们学会了团队之间的配合。”沁阳市第十五中学初二学生祝彦斌加入了校足球队，在他看来，足球的魅力不仅仅是比赛，更是队友之间的友谊。

作为一所农村初中，沁阳市第十五中学的足球活动也开展得如火如荼：每周集体观看一次足球视频；每周一节足球课，每天下午大课间开展社团活动，每周三、周四下午利用一个小时进行足球训练；保证两名专业体育教师进行训练，同时聘用家长和社会上足球爱好者参与学生社团活动。

为推进足球进校园，沁阳市教育局还采取了多项措施：把足球课纳入体育课教学；成立足球社团，每周开展不少于一次社团活动；组建校级足球队，定期开展训练；举办校内足球班级联赛、年级挑战赛，给学生展示足球技能的平台；开展多元评价，把学生足球特长水平纳入综合素质评价；设立专项经费，加强硬件设施建设，保障校园足球活动开展。

“足球既能锻炼体力，又能锻炼身体灵活性和协调性，还可以培养拼搏意识、竞争意识和团队精神。我们将在今年的学生阳光体育联赛中开展全市中小学足球比赛，以检验各学校足球运动开展情况。”沁阳市教育局局长史曙光说。

（《中国教育报》记者　李见新　李小伟　余闯　2015 年 4 月 7 日报道）

漯河市临颍县北街学校：

踢球也能有出路

河南省漯河市临颍县北街学校位于县城老城区，是一所九年一贯制学校，素有重视体育工作的优良传统。2015 年，记者走进该校，目睹学校因势利导发展校园足球形成的可喜局面。

2009 年，临颍县北街学校探索发展校园足球，挑选一些喜欢足球运动的学生，进行传球、运球、射门等训练，以及“一过二”“跑位”等战术练习，使学生从不会踢球到会踢球、能比赛。

2011 年，临颍县成为全国青少年校园足球活动试点县。借着这个东风，同年 8 月，学校开展了足球特长班招生，本着学生自愿、家长支持的原则，通过体育技能和文化知识测试，招收了一大批四至九年级具备较好足球基本技能的学生，6 个年级 6 个班，每班 30 人。学校利用大课间、课外活动、周末、节假日，组织特长班学生进行强化训练；每学期举行全校性足球联赛，以赛促练，检验训练质量。

在建设足球特色班过程中，学校也遇到不少困惑，如场地、生源、训练经费、师资等问题，但始终没有放弃，总是千方百计去寻求解决之道。学校加强教练员队伍建设，提高教练员的足球技巧和教学能力。目前，学校有省、市级优秀体育教练员 3 人，足球教练基本满足训练需要；运动场地面积 2.4 万平方米，占总建筑面积的 60%，活动场地及器材生均占有量达标。

为促进足球人才长远发展，学校实施了多项保障措施：学习、训练两不误，各门功课开足开齐；为足球特长生购买意外伤害保险，解决家长后顾之忧；按计划拨付专项资金，给予生活补贴；中招可直接升入高中学习，继续参加足球训练。

多年来，临颍县北街学校体育竞技硕果累累，特别是校园足球多次在省市县举行的足球赛事中取得了较好成绩。学校为足球界输送了一大批优秀足球苗子：2011 年，张艳娇被广东恒大录走；安康被北京国安队录为少年梯队队员；梁依冰被福建女足录为预备队员；青丹宁被河南省体校录取。2013 年，郭蓉、谢家起等学生被广东恒大足校录取……

（《中国教育报》记者　余闯　李小伟　李见新　2015 年 4 月 7 日报道）

人物风采

王珂："忽视学生体质就是渎职"

2014 年，在全国学校体育工作座谈会上，郑州市金水区作为唯一县区代表发言；在全国青少年足球工作电视电话会上，金水区农业路小学作为全国中小学唯一代表汇报校园足球工作。这样的荣誉令金水区教体局局长王珂欣喜不已。

目前，金水区农业路小学、金桥学校、农科路小学等 9 所学校正在建设以足球文化为特色的"一校一品"。让每一个孩子都能掌握终身受益的体育锻炼技能，是王珂的心愿。担任金水区教体局局长 8 年多来，他目睹并推动了金水区学校体育的蓬勃发展。

王珂常说，学校都应该有自己的特色。走进金水区中小学，每所学校都有自己的看家绝活，每一个学生都有自己的拿手好戏。部分学校把空竹、腰鼓、京剧等民族项目引入体育课，催生出独特的校园文化；啦啦操、轮滑等新兴体育项目，改变着学生的学习生活；部分传统体育强校选择篮球、足球、体操、田径等传统优势体育项目，探寻品牌化发展之路。

"学校体育活动是增强学生体质、培养艺术素养、提高教育质量的必要手段，是推进课程改革、实施素质教育的重要突破口，是加强德育建设、提升学校文化品位的重要途径。"谈起学校体育工作，王珂说只有思想认识到位，才能真正下大力气抓实抓好，切实提升学生体质健康水平。

体育在不少地方的学校都是"副科"，不管说起来多么重要，但在应试教育体制下，"健康第一"却并不能真正落到实处。在王珂看来，抓好学校体育工作，尤其是校园足球，机制、经费、师资三项保障是关键。

在机制保障方面，金水区严格实施"一把手"工程，区教体局局长、学校校长、班主任都是第一责任人，突出校长负责制；在经费保障方面，王珂向学校承诺要让体育工作"不差钱"，近年来先后投入 6 000 多万元用于校园场地建设、维修以及购买配置体育设施等。

专业教师缺乏是开展学校体育工作面临的难题之一。对此，王珂采取三项措施缓解这一压力：在选配教师时向体育学科倾斜；引进省内优秀运动员和教练员，充实学校体育师资队伍；定期邀请郑州市体育部门选派的优秀教练员到体育特色学校、体育传统项目学校指导学生课余训练或直接带队，帮助学校提高训练质量。

王珂毕业于河南大学体育系体育教育专业，曾担任过 7 年体育教师。对此，王珂笑着说："并不是因为我是学体育的才对体育工作这么重视，而是因为体育对培养学生的强健体魄和良好心理素质，养成健康的审美情趣和生活方式，有着其他学科不可替代的作用。"

"学生要想成长成才，不仅要有好成绩，更要有好身体，健康的体质是孩子们未来追逐梦想的基石。这一工作使命神圣、任重道远，抓不好学生体质健康工作就是渎职！"王珂说。

（《中国教育报》记者　李见新　李小伟　余闯　2015 年 4 月 7 日报道）

安徽省

核心提示

安徽省将根据全省校园足球专项调查及校园足球特色学校调研情况，制订出适合安徽省校园足球发展的规划，并研究制订四级联赛方案，以四级联赛为平台，形成“学校参与、层层选拔、全省联赛”的总体发展格局。

合肥市梦园小学足球队在比赛中。（资料图片）

省级行动

安徽：竞赛趣味并重发展校园足球

2015 年，记者从安徽省教育厅了解到，安徽省将根据全省校园足球专项调查及校园足球特色学校调研情况，制订出适合安徽省校园足球发展的规划，并研究制订四级联赛方案，以四级联赛为平台，形成“学校参与、层层选拔、全省联赛”的总体发展格局。“安徽省校园足球正处于加速发展阶段，亮点颇多，我们有信心将校园足球发展到更高水平。”多名业内人士信心满满地向记者表示。

据了解，2014 年 10 月，安徽省教育厅下发了《安徽省教育厅关于大力开展校园足球活动的通知》，要求全省各级各类学校，凡具备开展足球运动场地的，都要以班级或年级为单位建立足球队，开展足球运动。在招生政策上，《通知》要求各市要结合校园足球活动开展情况，完善初中、高中足球特长生招生政策，鼓励省级示范高中招收足球特长生，畅通足球特长生培养输送渠道，逐步形成小学、初中、高中、大学校园足球梯队建设体系。

校园足球，重在育人。安徽省把增强体质健康、提高运动技能、促进人格发展、培养意志品质作为校园足球的基本要求，努力扩大青少年学生校园足球活动的参与面，鼓励学生以不同形式参与到校园足球中，以达到足球回归教育的目的。安徽省教育厅负责人表示，安徽将围绕“强基础、调机制、上水平”三个核心，制订实施方案，制定各项规章制度，开展校园足球定点学校认定工作，要求各学校因地制宜，配好教练，建好场地，购买设施，让孩子们动起来，以校园足球带动校园体育开展。

随着中小学体育教师培养规模的扩大、学校体育场地建设力度的加大，将会有越来越多的学校开展校园足球运动。安徽省将对全省中小学开展校园足球专项培训，保证已申报及拟申报国家级校园足球特色学校的每一所学校都有一名体育老师参加培训。安徽省还将开展“绿茵场上展风采，快乐足球伴我行”系列校园足球活动，创建常态化的校园足球竞赛机制，开展丰富多彩、趣味性强的校园足球活动，形成“人人都参与、班班有足球、校校有特色”的局面。

安徽省还要求各地要积极营造足球文化。各中小学校要利用校园宣传栏、班级墙报、校园网等多种途径，大力宣传足球知识，培养学生对足球运动的兴趣，鼓励成立校园足球兴趣小组或足球社团组织。此外，还强调要完善安全保障。市县区教育行政部门、各学校要加强安全知识教育，制订体育安全管理工作方案，明确管理责任人，落实安全责任制。加强对体育场馆、设施的维护使用管理，切实保证使用安全、运动安全。要建立健全政府主导、社会参与的学校风险管理机制与校园意外伤害事件的应急机制，形成包括安全教育培训、活动过程管理、保险赔付等学校体育风险管理制度，依法妥善处理学校体育意外伤害事故。

（《中国教育报》 2015 年 6 月 11 日报道　通讯员　王琼）

地方经验

“不丢竞技，但也绝不只注重竞技”

合肥：“大足球观”踢出“大快乐”

“加油！加油！”“加油！加油！”看台上传来此起彼伏的呐喊声……2015年5月2日，在合肥市八中，2014~2015年度全国青少年校园足球联赛（合肥赛区）第二循环第五轮比赛正式开战，随着比赛的深入，球场上的竞争愈加激烈！

自2009年全国校园足球活动正式开展以来，合肥市成为安徽省唯一一个校园足球布点城市。目前，合肥市校园足球已经开展得如火如荼，从小学到初中都有联赛。“第一年联赛我们有45所学校、47个队参加，到了2014~2015赛季，合肥市有71所学校的81支代表队参加，共计有1 667名运动员参加了718场联赛。”合肥市校园足球管理办公室主任王欣告诉记者，学校刚开展足球联赛的时候，一些家长不是很支持，怕影响孩子的学习，而随着全市联赛以及学校内部比赛的不断开展，老师和家长们发现孩子的身体素质逐渐变好，集体荣誉感增强了，而且学习积极性也有了提高。如今，足球在合肥的校园里越来越受欢迎。

开辟绿色通道　打造专业师资

看着学生们在人造草皮足球场上尽情地奔跑，合肥市跃进小学的校长郑国友感慨万千。他说：“原来的土场地既不平整，又埋有很多细小的建筑垃圾，这些建筑垃圾经常是刚挖走一批，一场雨下过又冲出一批，学生只要一摔倒就是皮开肉绽。”为了最大限度减少受伤，学校老师带领学生用锹挖、用镐头掘，取出危险石块，又从外面运土填平坑坑洼洼，硬是造出一个足球场来。如今的跃进小学，已经拥有200米的塑胶跑道和标准化的人造草皮足球场，还有能容纳300人的看台。

自合肥市成为全国校园足球布点城市以来，市级财政每年安排60万元专项经费，2014年更是大幅度提高经费额度，达到270万元。财政投入有效解决了像跃进小学这样没有场地和设备的问题。

但是没有足球教练，校园足球依旧无法开展。为解决这一问题，合肥市部分地区开辟了引进优秀体育教育人才的“绿色通道”，那些专业的运动员、教练员，即便没有教师资格证书，也可以直接面试竞争上岗。合肥市经济技术开发区社会发展局副局长彭桂贞说，2015年经开区准备引进体育艺术教育人才共15名，考虑到优秀的体育人才不一定善于考试，所以让他们面试上岗，但在岗两年内必须拿到教师资格证，才能继续从教。

为了推进校园足球的发展，合肥市梦园小学在教室紧张的情况下，仍努力腾出300多平方米空间供校园足球俱乐部使用。出于对足球的热爱，学校原体育教师丁学宽出资并聘请专业教练员成立了俱乐部，刚进入小学的学生，只要通过俱乐部的潜能测试，即可参加。合肥国家高新区技术产业开发区管委会社会事业局局长江浩说：“除了足球，

其他的运动项目都将推广这种俱乐部运作形式。”

随着中小学校园足球的不断发展，越来越多的家长和老师都注意到了一个问题：孩子到了高中阶段就不能像现在这样继续打比赛了。于是，2014 年 9 月，合肥市启动了高中足球联赛，并将合肥一中、六中、八中等校确定为校园足球定点学校，招收足球特长生，足球项目也被列入体育中考考试内容，校园足球得到了进一步发展。

淡化功利色彩　营造快乐氛围

校园足球的精髓是“快乐”。为了给这些喜欢踢球的孩子营造出一个愉悦的联赛环境，合肥在赛事组织上进行了一些探索。王欣说，合肥校园足球一大特色就是不设名次，用一、二、三等奖的奖励办法来代替排名，而且奖励面非常大，球队只要参加比赛，基本上都能获奖，以此保证各队的参赛积极性，“我们就是想让合肥喜欢踢球的中小学生在一个没有功利色彩、没有加分压力的环境下活动起来。我们不追求把校园足球办成职业足球的基地，只是想让孩子们健康快乐成长”。

在这样不为考试加分、不为功利、只为快乐的校园足球环境里，孩子们在自由驰骋，健康成长着。

据郑国友介绍，学校目前共有 781 名学生，外来务工人员子女占 80% 之多，而足球给了学校的孩子们相当大的自信，“我们乡镇学校的孩子与市区的孩子相比，最弱的地方就是不自信。在学校开展足球活动以后，他们的精气神立马就不一样了，校园足球是提升孩子身心健康水平的一个优秀平台”。在这位校长看来，踢球还能让孩子们学会团结合作、学会接受挫折。合肥市稻香村小学倡导的是以球育德、以球促智，学校体育老师常开彬说：“随着比赛越来越多，无论是在性格养成上，还是在视野、交流方式上，孩子们明显成熟了很多，也更懂得关心照顾他人了。足球是个团体项目，我不仅要教他们踢好球，更要教他们做好人。”

家长们也曾担心踢球会影响孩子学习，但是在合肥一中，却有一支“学霸足球队”。足球场上，他们是所向披靡的“足球小子”；但课堂上的他们，又是不折不扣的学霸，全队 15 人的中考平均分超过 740 分，就连校长陈栋都是他们的球迷。陈栋说：“作为校长，我不愿看到我的学生只会读书，却弱不禁风。我希望让孩子们身心得到健康发展，提高学生的综合素质，每个孩子都能表现出阳光健康的一面。”合肥一中学生魏啸天的家长魏传银说：“足球运动并不耽误学习，两者只要进行合理安排，是可以兼顾的。我的孩子是全国校园足球的‘希望之星’，同时他也以 720 多分的成绩考进合肥一中。足球是讲究团队合作的，这对于孩子以后的发展很重要。所以，我一直很支持他踢足球，我几乎观看了他的每场比赛。”

围绕学生主体　文化联姻足球

习友小学每年都会举行“世界杯”，每个班级任选一个代表国家，比如巴西、荷兰、阿根廷等。在“世界杯”开始的时候，不上场比赛的同学就担任啦啦队，他们不仅要在赛场上支持自己的“国家”，而且要了解自己“国家”的地理知识、风土人情等，习友小学校长张云说："这样做的目的，就是让不踢球的孩子以另外一种形式参与到校园足球中来，提高他们获得知识的热情。"由"世界杯"辐射出来的活动，已经成为学校的一道亮丽风景线。在"世界杯"开幕的时候，小队员们还在自己的脸上印上自己"国家"的国旗图案，挥舞着小国旗，有模有样。

像习友小学这样，以校园足球为突破口，大力推进校园文化建设，提高学生学习的积极性，是合肥很多学校的尝试。梦园小学邵春荣校长一直强调"大足球观"："所谓'校园足球'，校园在前，足球在后，学生是校园足球运动开展的主体，我们要做到不丢竞技，但也要保证文化才是重点。"

梦园小学已经连续7年举行足球文化节，除了校园足球联赛，还有校园足球宝贝选拔赛。学生们充分展示自己的才艺，通过推选的形式担任足球宝贝，并在校园足球联赛上进行才艺展示。邵春荣说："让文化与足球联姻，这才是我们发展校园足球的目的。"

如今的合肥，由于足球氛围越来越浓厚，进入校队、参加联赛成为众多学生的目标。2015年，合肥市校园足球联赛的注册人口已经突破3千人，而足球人口已经突破3.6万人，校园足球正以前所未有的态势在合肥市各个学校蓬勃发展。

（《中国教育报》通讯员　王琼　记者　俞路石　2015年6月11日报道）

特色学校

新中国刚成立就开始踢球，蚌埠市回民小学：

60年后，足球精彩继续

学校占地不足9亩，却拥有全市首个标准的5人制足球场；800名在校学生，班班建有球队，人人都参与……60年来，蚌埠市回民小学坚守足球教育，让学生踢足球，踢出大健康；玩足球，玩出大快乐；爱足球，爱出大精神。

回民小学创建于1919年。20世纪50年代，第一任校长沙广昌建立了学校第一支足球队，从此，足球运动深深扎根在这所蚌埠市区唯一的民族学校。

1981年，原国家体委在早先确定的16个足球重点城市的基础上，又增加了4个城市，其中就有蚌埠。从此，蚌埠这座小城正式有了"足球之城"的称号，蚌埠校园足球也随之水涨船高，风靡一时。"那时候，学校足球队经常出去打比赛，并且都取得了不错的成绩，经常在国家、省市比赛中获奖。"现任校长忽善宝说。1983年，学校又受到教育部、共青团中央、国家体委的表彰；1986年，学校被命名为"安徽省体育传统项目学校"；1997年和2001年先后两次被评为"全国群众体育先进单位"。

20世纪90年代后期，随着足球运动逐步走向低迷，大多数学校逐渐退出校园足球，但是回民小学一直在坚持。2004年，学校结合市级特色学校创建，力排众议，把校办纸箱厂拆迁，改建成全市首个也是当时最先进的5人制足球场，为足球队训练提供了场地。学校每年都会克服各种困难，送足球队去全国各地打比赛。50年来，回民小学的

足球训练和比赛从未间断，足球特色教育延续至今。截至 2015 年，学校足球队 33 次夺得全市冠军、15 次夺得省冠军、两次获得全国赛事冠军、一次获南方十省市季军。学校向各级足球俱乐部输送人才 80 余名，该校毕业生赵鹏、陈雷还曾经入选国家男子足球队。

执教 33 年的李顶平是学校的足球教练。在他的推动下，学校把足球活动纳入课表，足球课的教学列入学校教学工作计划。针对不同年级的学生特点，学校成立了高、中、低三个层次的训练队。针对一、二年级学生的特点，学校组织他们多熟悉球性，多做游戏，培养他们对足球的兴趣；三、四年级学生有了一定的足球基础，学校便组织开展 5 人制或 7 人制的比赛，让学生在比赛中学会传球、学会交流；五、六年级学生则组成校级足球队，每天坚持两小时的常规化训练，并利用双休日和节假日，组织对抗比赛，由外聘资深教练和专职足球人士担任教练。李顶平说，自己没奢望过多少学生能走上足球的职业道路，他们能踢出个快乐童年就足够了。

2015 年年初，国家公布了《中国足球改革发展总体方案》，校园足球上升到国家战略，蚌埠市也随之出台了《校园足球“百千万”工程实施方案》，蚌埠市回民小学被列入全市 129 所校园足球特色示范校之一。忽善宝校长为此欢欣鼓舞，她说：“好消息一个接一个，校园足球的春天已经到了！”

（《中国教育报》通讯员　王浩　记者　俞路石　2015 年 6 月 11 日报道）

人物风采

师徒教练：帮孩子圆足球梦

合肥市跃进小学，一个以水库移民和外来务工人员子女为主的农村学校，却走出了王芙蓉这个 U15 国家队队员，这不能不说是一个奇迹。从刚开始一无装备、二无场地、三无经验的窘境，到成为安徽省乡镇学校唯一一所足球体育传统项目学校，就不能不说到谢长征和彭常胜因足球而结下的浓浓师徒情谊。

53 岁的谢长征是足球专业出身，借着 2011 年合肥市庐阳区教体局加大城市学校与乡村学校捆绑发展的东风，时任合肥市红星小学副校长的谢长征，主动请缨来到跃进小学，这也使他与学校足球教练彭常胜结下一段深深的师徒缘。

说到他的徒弟彭常胜，谢长征总是赞不绝口：“彭老师是田径专业出身，要成为一名优秀的校园足球教练，他需要比别人付出更多的努力和汗水。彭老师很爱学，记得我刚来的时候，他经常来找我探讨孩子们足球训练的问题。他思虑周全，想的问题往往都是我疏忽的，甚至连孩子挑食的毛病都会记下来，再变着法儿让孩子们改掉这些毛病，以保证学生的营养均衡。在足球专业知识上，我是他的老师，但在爱护孩子方面，他却是我的老师。”

在谢长征的眼里，彭常胜是一个勤奋敬业的好徒弟，但在孩子们的心中，彭常胜却是一位能走进他们心里的知心大哥哥。“心里有事儿憋着难受，找彭老师说说就感觉好多了。”这是记者在采访中听到学生们说得最多的一句话。

曾荣获“合肥市校园足球优秀指导员”等诸多荣誉称号的彭常胜在谈及跃进小学校园足球发展历程时，总是不忘在他身后默默给予教学指点的谢长征。

2008年，学校刚刚组建校足球队时，足球教练奇缺。彭常胜说：“当时只有我这个‘野路子’出身的足球教练给孩子上足球课。而谢校长来了后，立刻为学校量身打造了校园足球发展的基本框架。”

“谢校长身体不是很好，如果训练强度过大，心脏早搏的他会感到非常不舒服，每当这时，他便回去歇会儿再回来。他常说的一句话是‘能教一个是一个，能搞一会儿是一会儿’，一位德高望重的校长能如此，我还有什么理由不满腔热情地投入到工作中呢？”彭常胜说。

常年的合作让谢长征和彭常胜有了不言自明的默契。在足球教育理念上，他们都认为，发展校园足球的本意并不在于一定要使学生掌握娴熟的足球技法，而是要通过足球运动，最终使他们拥有健康的体魄和健全的人格。

谢长征告诉记者，在这样一所以移民和外来务工人员子女为主的学校里，内向少语、敏感细腻、不善表达是大多数孩子共有的性格特征。足球是一项团体运动，它打开了孩子们通往彼此的心路，同时，也培养了他们的团队意识和合作精神。

曾在全国校园足球夏令营中获“希望之星”称号、现已被选拔进入上海根宝足球学校学习的张款便是因足球改变性格的一名队员。论球技，张款绝对是一号选手，是队里的顶梁柱，但就是因为自卑，在比赛中，他总是习惯将球传给其他队员。为了改变张款的性格弱点，谢长征和彭常胜一个唱白脸，一个唱红脸。谢长征经常吓唬他：“如果今天训练不敢带球，下场就罚跑十圈！”如果在场上张款自信满满，全场发挥自如，彭常胜就会配合着谢长征的批评及时给他以鼓励。“恩威并施”的方法终于让张款找到了自我，现在的他，再也不是以前那个唯唯诺诺的小男孩儿了。在上海根宝足球学校来校选拔足球苗子时，足球教练们一眼就相中了这个掌控全场的主力。

想起和张款一样的孩子们，谢长征感叹：“我想正是因为这种改变的存在，才支撑着我们坚守这项事业吧。”

（《中国教育报》通讯员　方梦宇　记者　俞路石　2015年6月11日报道）

江苏省

核心提示

江苏省加强顶层设计，构筑完善的校园足球“金字塔体系”。具体措施包括：所有学校都要将校园足球纳入体育教学内容，普及足球知识；足球特色学校要保证每周一节足球课；校园足球队除完成课程规定的学业外，要经常训练，参加比赛；有发展潜质的学生可通过教体结合渠道输送到专业足球队进一步发展等。

南京市鼓楼第一中心小学球员在比赛进球后拥抱庆祝。（资料图片）

省级行动

江苏：构筑完善的校园足球“金字塔”

所有学校都要将校园足球纳入体育教学内容，普及足球知识；足球特色学校要保证每周一节足球课；校园足球队除完成课程规定的学业外，要经常训练，参加比赛；有发展潜质的学生可通过教体结合渠道输送到专业足球队进一步发展……记者从2016年江苏省青少年校园足球现场推进会上获悉，该省将加强顶层设计，构筑完善的校园足球“金字塔体系”。

2015年以来，江苏省积极开展校园足球试点工作，全省共有618所学校被确定为全国青少年校园足球特色学校，南京市雨花台区、江阴市、张家港市被确定为全国青少年校园足球试点县（市、区）。各地广泛开展校园足球竞赛活动，建立了“省长杯”“市长杯”“县长杯”“校长杯”四级联赛制度，参与赛事的学生达21.8万人次。

江苏要求，各地中小学要把足球纳入课程体系，成为体育课必学内容。足球特色学校每周要为学生安排一节足球课，把足球纳入学校大课间、课外体育活动，创新足球校本课程，逐步形成小学趣味化、初中多样化、高中专项化、大学专业化的校园足球教学体系。鼓励有足球特长的其他学科教师经过培训后兼职从事足球教学，鼓励专业能力强、思想作风好的足球教练员、裁判员、退役足球运动员担任兼职足球教师，鼓励经认证的足球校外辅导员进校指导。

江苏还为足球特长生打通了上学通道。该省提出，各地要在现有政策基础上，适当调整高中考试招生政策，激励足球特长生长期参加足球学习、训练和竞赛活动。制定和实施中小学校足球特长生升学支持政策，允许足球特长生升学时在特色学校合理流动，获得良好的特长发展环境。把学生足球特长水平纳入学生综合素质评价，如实记录，形成档案，供招生参考。

据了解，2016年江苏全国青少年校园足球特色学校将“扩容”，全省各地175所中小学正在申报第二批全国青少年校园足球特色学校。

（《中国教育报》记者　沈大雷　2016年6月2日报道）

地方经验

南京多举措推进校园足球发展，掀起足球热潮

校园里飘出浓浓的“足球味”

作为亚足联“中国足球展望计划”试点城市和首批全国青少年校园足球布局城市之一，早在2007年，南京市就已经开始着力发展校园足球。2015年，全国青少年校园足球特色学校及试点县（市、区）遴选名单中，南京有78所中小学入围，雨花台区则成

为全国试点区。

“足球不仅是一种运动，更是一种文化，一种精神。对于培养孩子的行为习惯、坚强意志、沟通能力、责任心、抗挫折能力、决策力都很有帮助。1988 年，我们学校就招收了足球学前班，绿茵场上孩子们踢球的身影永远是学校一道亮丽的风景线。”虽然是一名女校长，但南京市小营小学校长毛丽平对足球的“教育功效”却有着深刻理解。

在南京市中小学，对于如何看待校园足球，跟毛丽萍有着同样想法的校长不在少数。正是在这样的理念引领下，如今，南京市校园足球的发展蓬勃有力，通过“教体结合”体制，不断强化专业师资队伍建设，坚持普及与提高并重，重在培养学生的足球兴趣，为校园足球的健康发展打下了良好的基础。

四个“一点”化解足球师资缺乏困难

“南京市中学生对教师在足球教学方面的能力评价较低。其中在讲解、示范方面评价为‘一般以下’的分别占 72.74% 和 73.47%”，这是 2014 年南京师范大学附属中学江宁分校教师杜柏对南京市 10 所中学校园足球发展现状进行调查后得到的结果。“从目前来看，专业师资力量的不足确实是制约校园足球健康发展的一个重要因素。为了突破这个瓶颈，我们在足球专业师资的培养和引进方面下了不少功夫。”南京市教育局副局长张利明说。

2015 年 2 月，南京市教育局联合体育局，举办了南京市校园足球系列培训第一期教练员培训班。培训班精心设计了足球游戏与小型比赛、5 人制足球、足球训练课组织与设计等 10 个教学专题，为来自一线的中小学体育教师们讲解校园足球的理论与实际操作。除了教师培训，南京还先后开展了多期校园足球裁判员和校园足球特色学校校长专项培训，努力做好校园足球长远发展的“人才储备”工作。

为保证每个校园足球特色学校配置一名以上专职足球教师，最大限度解决足球师资缺乏的问题，南京市想出了四个“一点”的办法：倾斜一点，新招聘的教师适当向足球人才倾斜；转入一点，鼓励现有体育教师和有足球特长的其他学科教师任教，任教足球课程计入教师工作量；留住一点，从退休教师中返聘部分师资力量；引入一点，聘用优秀退役运动员承担校园足球课余训练、球队教练、比赛裁判和赛事组织等工作，聘请现役运动员、教练员和足球专业的大学生担任学校的足球社会指导员。

学校校长们也是“各显神通”，尽可能地提高足球教练们的待遇水平。在南京市弘光中学，学校保证体育教师在评优评比、工资待遇、职务评聘等方面享受同等待遇，他们参与足球训练活动不仅与其他学科一样计入工作量，而且还可以按照 1.5 倍的课时费拿到训练补贴。

除了“内援”，南京还打起了“外援”师资的主意。2015 年，教育部启动了校园足球外教支持项目，南京成为江苏省内唯一外籍足球教师试点城市。现在，来自比利时的足球教练山姆已经进入南京部分中小学任教。谈起这个年轻的“洋教头”，中国的教练们很感慨，“训练手段新颖，很多训练方式我们都没见过，看着都觉得很新鲜”“不管是训练课程还是比赛，他都把氛围调动得特别好，孩子学得很快乐”……

以足球特色学校带动校园足球水平提高

南京市浦口区泰山小学，曾被亚足联官方网站称为“在亚洲展望中成长起来的足球典范学校”。作为一所近一半学生是外来务工人员子女的学校，是如何得到这样的国际赞誉的？

其中的秘籍就是学校建设中的特色发展。在泰山小学，随处可见足球元素，连校园中的垃圾桶都是足球形状。2006 年，学校就确立了“以足球为龙头，全面培养学生个性特长”的办学特色。通过多年的特色发展，如今，“泰山小学学生的烙印就是足球”，学校也为国少集训队、江苏省队输送了多名队员。教练们说，家长们对孩子踢球的支持力度明显不一样了，有的家长为了保证孩子的训练时间，还主动取消了周末的辅导班，他们再也不用上门去做工作了。

在探索提高校园足球水平的过程中，南京找到了创建足球特色学校这个重要的抓手。按照比例科学、结构合理和有效衔接的要求，南京制订专项规划，遴选一批工作基础好、积极性高的中小学校、幼儿园进行重点扶持和培育建设，充分考虑中小学划片、升学等因素，形成学段对接的青少年校园足球区域发展格局。

南京市玄武区教育局副局长沈峰介绍，足球是玄武区许多学校的传统项目，以前有中学联赛，从 2015 年 4 月开始延伸到小学，各学校的积极性很高。目前玄武区共有 20 余所小学，其中申报足球特色学校的已经达 80%。

经过多年努力，南京对雨花台区男子足球、浦口区和建邺区女子足球进行了合理布局，在组织管理、运动员输送衔接、特长生招生政策、经费保障等方面予以重点扶持。目前这三个区的校园足球梯队合理、基础扎实，向省、市专业队和高校高水平运动队输送了大批足球人才。

为了提高特色水平，打造更多校园足球的“菁英人才”，南京还积极整合社会资源，如省专业队和基地资源、高校资源以及联合办学资源推动校园足球活动开展。由江苏国信集团、意大利帕尔玛足球俱乐部、江苏省体育局和南京外国语学校四方共同联办的“南外足球学校”已开学，40 多名 13 ~ 14 岁的足球少年开始了他们的“菁英特训”。

以文化和活动为载体掀起足球热潮

在小营小学采访，正值上午课间操时间。操场上，学生们人手一个足球，伴随着轻快动感的音乐，时而脚下转球，时而双手捧起，校园里洋溢着欢乐的气氛。“我们自编了一套足球健身操，让学生人人有球，天天做操，让孩子们从小了解足球、感受足球、热爱足球。”毛丽萍说。

“现在，我们学校每节体育课都有足球元素，足球联赛、足球节、足球知识竞赛、足球摄影、足球绘画、足球创编舞，形式多样的活动载体很好地把足球元素融入学生学习生活的各个方面。”在南京市弘光中学校长刘光涛眼中，足球已经是学校运动化发展和校园文化建设的核心内容。

在努力提高校园足球水平的同时，南京坚持“阳光体育、快乐足球”的理念，通过倡导“团结协作、积极向上、顽强拼搏、健康成长”的校园足球文化，要求学校充分利用大课间、课外活动及节假日组织青少年学生开展丰富多彩的校园足球文化活动，在校园内外掀起“爱足球”“踢足球”“看足球”的热潮和氛围。

在校园足球教学和训练体系上，南京组织专家编制《南京市校园足球教学纲要》，按照不同年龄阶段科学设计，有计划地逐步把足球基本知识、基本技能和现代信息纳入中小学体育课程必修内容，不断提高足球教学质量。从2015学年起，全市校园足球特色学校每周开设一节足球课，其余中小学保证以足球为主要内容的必要课外体育活动，大力推进校园足球课程建设，逐步形成小学初中多样化、高中专项化校园足球课程体系。

对于南京校园足球的未来发展，南京市教育局局长吴晓茅信心十足：“小足球，大教育。我们将努力营造‘阳光体育、快乐足球’的校园足球理念，力争到2020年，创建110所校园足球特色学校，吸引2万名学生参加各级各类校园足球竞赛和培训活动，推动青少年足球运动全面、稳定、健康、持续发展。”

（《中国教育报》记者　翁小平　沈大雷　2016年6月2日报道　通讯员　唐晓娟　王京）

扬州宝应：校园足球成最闪亮名片

“截至目前，我校已先后为国家、省专业运动队输送李志高、刘飞、吉翔等10余名优秀足球运动员！”记者在扬州市宝应县实验小学采访时，该校校长陈士才自豪地说。

宝应实小是江苏省足球传统校，从20世纪80年代初就开始发展校园足球运动。如今，该校不仅有足球团体操，每个年级还有足球兴趣小组，全校性的班级足球联赛也开展得红红火火。足球成为该校最亮丽的一张名片。

宝应实小是宝应县开展校园足球运动的“王牌”学校。多年来，宝应县与足球运动结下了不解之缘，现有校级足球队122支，县级足球队10支，建立了“县、校、班”三级校园足球体系，曾先后输送了50多名优秀足球运动员，被誉为“里下河足球之乡”。

宝应县画川高级中学西校区的前身是宝应县运动学校，成立于20世纪90年代，是目前江苏省首批足球训练基地仅存的一家。“县教育局对足球工作的支持，对我们来说至关重要。”该校副校长陈大伟告诉记者，“县里不仅每年向我们划拨专项经费，而且在学生升学方面给予我们优惠政策，这样孩子们就可以放心地考入我校，安心地踢球。”

记者了解到，宝应县高度重视校园足球，专门成立了全县校园足球活动领导小组，并建立了校园足球管理工作联席会议制度。“联席会议定期研究校园足球的组织、管理、经费投入、师资培养、选苗培训等各项业务工作，及时为学校解决各种问题。”宝应县教育局中教科副科长郭锡春介绍。

针对开展校园足球缺乏场地的问题，2014年，宝应县在江苏省教育厅的支持下，投入5 500多万元建成了27片中小学塑胶化运动场地，覆盖到城区每一所中小学以及所有的乡镇中心校。同时，积极探索学校与社会公共体育场所共享机制，为学生提供更充足的足球场地。

校园足球的普及，专业教师不足也是一大难题，“为此，我县通过‘请进来’送宝、‘走出去’取经的办法，积极推荐体育骨干教师参加专业培训，培训结束后回来再做培

训教师，让更多的教师从中受益。”该县教育局副局长、安宜高中校长朱兵说，该县还在每年暑期或重大赛事前夕，对全县各校足球教师进行专业训练，逐人开展专业技术和理论知识考核。“目前，我县共有专业教师 80 余名，不仅确保了每所学校都有懂足球的‘行家’，还承担起了扬州市校园足球教练员和裁判员的培训工作。”

（《中国教育报》记者　沈大雷　2016 年 6 月 2 日报道　通讯员　仲伟春）

特色学校

一所足球特色校的兴衰记

绿茵赛场上，小队员们来回穿梭、配合默契，不时有“明星”球员来个盘球过人……前不久，一年一度的江苏省扬州市邗江实验学校校园足球联赛开幕了，校园里一时劲吹“足球风”。

说起校园足球，邗江实验学校的“成绩单”可不俗。2003 年开展校园足球运动以来，该校曾勇夺“金色少年足球赛”扬州赛区冠军，还曾在省运会为扬州代表团摘得一枚金牌。2015 年，该校还入选了全国青少年校园足球特色学校。

不过，回顾该校十多年的校园足球发展历程，2003 年就来到该校带队的老国脚胡燕瑜教练坦言，一路走来，既有过辉煌时刻，也遭遇过低谷，坚持下来非常不易。

“操场是煤渣的，到处坑洼不堪。”回忆起最初的训练条件，校体健教研室主任孔庆祥说，简陋的条件挡不住孩子们对足球的热爱，大家自发成立足球兴趣小组，利用课余时间练球，“常常一场球踢下来，浑身上下脏得就像在地上打了滚似的”。

后来，硬件条件逐渐改善了，但不少家长却对孩子踢足球颇有微词。“有时发现了好的苗子，家长怕影响学习，死活不同意。”胡燕瑜说，从训练的角度看，乒乓球、田径、艺术体操等单项体育项目容易练出成绩，足球作为团队运动项目却较难，“所以，曾有一段时间，球队人员越来越少。”

近几年，随着我国校园足球运动的兴起，该校的足球发展也迎来了契机。校长蒋拥军告诉记者，2012 年，该校被确定为扬州市首批校园足球试点校。与此同时，一系列普及校园足球的举措也在学校渐次铺开：建立校园足球联赛制度，组建多个年龄组的男女足球队；每周利用一节体育课进行足球教学，足球运动纳入大课间以及课外活动；编写足球运动校本教材，为各年龄段的足球教学和课外活动提供保障；该校每年用于开展校园足球活动的经费不少于 10 万元，并为运动员购买了意外伤害保险……

更让胡燕瑜倍感振奋的是，目前，扬州市已经把足球项目列为普通高中招收优秀运动员的项目。“这样一来，有效调动了各级学校强化足球项目的积极性，也解决了家长的顾虑，从政策层面上保障了校园足球的稳步推进。”胡燕瑜说。

目前，该校参与校园足球运动的人数逐年上升，中小学足球兴趣小组人数已经超过 500 人。胡燕瑜兴奋地说：“现在校园里踢足球的人数多了，氛围也越来越好。”

（《中国教育报》记者　沈大雷　2016 年 6 月 2 日报道）

人物风采

17 年，一位中学校长的“足球情结”

穆耕森，江苏省南京市雨花台中学校长、江苏省中学生足球协会主席。在日前结束的江苏省青少年校园足球年度颁奖典礼上，穆耕森代表学校捧回了 2015 年江苏省“省长杯”初中男子、高中男子比赛两项一等奖的奖杯。在同一天的颁奖典礼上，他所在的雨花台中学球队教练和队员还被评为“最佳教练员”和“最佳运动员”。

这样的荣誉来之不易，背后需要付出大量常人难以体会的艰辛和汗水。那么，校园足球水平的提高，除了教练和球员们努力训练之外，校长又能做些什么？

这个问题，穆耕森也经常在心里问自己。

作为一所足球特色校，雨花台中学从 1999 年就开始发展校园足球，到现在（2016 年）已经走过了 17 个年头。从起步，到坎坷坚守，再到今天的“形势一片大好”，穆耕森见证了雨花台中学足球运动发展的全过程。

“七八年前，是最困难的时候。没有场地、没有经费、没有成绩，学生又难管理，当时一度想放弃。”穆耕森说，幸运的是，对于足球，他和学校最终都坚持了下来。

“即使是学校球队成绩最差的时候，校长给我们的还是鼓励和支持。每次外出比赛的时候，他都会在我们上报的预算资金外再增加一点，为的就是让学生们能够安心训练打比赛。我们高中组的队员，校长都能叫上名字，连他们的成绩也都了然于心。”雨花台中学体育教师吴伟用“一个真正喜爱足球的人”来评价自己的校长。

为了提高学校的足球师资水平，雨花台中学先后从江苏省足球训练基地自费高薪聘请了两名有多年专业队带队经验的教练员。“对于外聘足球专业体育教师或者足球教练的编制，对他们的录用标准可以适当放宽要求，这样不仅能吸引更多的优秀足球人才进入校园，也能为高水平足球运动员解决一部分出路问题。”穆耕森建议。

穆耕森说自己非常重视学校球员们文化课的学习，“如果仅仅会踢球，而没有文化素养，孩子们在踢球之路上是走不了多远的”。因此，在雨花台中学，历来坚持校园足球“两条腿”走路，即专业技能与文化学习共同发展：对因外出比赛耽误课程的队员进行集中补习，力争每一名队员在文化课上不掉队；对进入高中阶段基础薄弱的起始年级队员，采用灵活的“先集中后分散”的授课模式，即先小班化集中补习再编入自然班级，解决了教练员日常训练比赛的后顾之忧，也得到了学生及其家长的认可。

“校园足球，普及型与专业型教学要相辅相成。我们希望以足球为抓手，带动学校其他体育运动项目的发展。”穆耕森说，他最想看到的场景，就是学校下课后整个操场上都是孩子们运动的呐喊声和呼喊声。

（《中国教育报》记者　翁小平　沈大雷　2016 年 6 月 2 日报道）

上海市

核心提示

上海市成立了校园足球培训中心，构建了校园足球教师、教练、裁判员的系统培训体系；将校园足球工作经费纳入市、区县两级财政教育经费予以保障；2016年初首创校园体育伤害事故处理专项基金，建立了学生运动意外伤害事故第三方处理机制。

荣获SKF欧洲青年足球赛冠军，曹杨二中女足开心留影。（资料图片）

省级行动

体教结合冲破障碍

上海七部门共推校园足球

1 500所中小学全覆盖，近500所学校拥有自己的足球队伍，每年逾千场赛事，万余名注册运动员……这串数字说起来容易，真要实现，却有许多障碍需要突破。发改委、财政局等五大部门与教委、体育局联动培育，方才保障上海的校园足球，形成了如今的局面。

首先就是师资，体育教师很多，但并非都能玩转足球。上海成立了校园足球培训中心，将足球培训全部纳入“教师职后培训360计划”，构建了校园足球教师、教练、裁判员的系统培训体系。同时鼓励有足球特长的其他学科教师兼上足球课，并引进足球教练员、裁判员和经过培训的退役运动员等，担任兼职教师。目前，全市1 500所中小学校，都有了经过培训的本校足球活动指导员，足球特色学校则更多。

在寸土寸金的上海，运动场所的紧张毋庸置疑。上海市教委等部门在2015年、2016年，先后两次发文。一方面要求“依托公共体育场馆建设的中心，每周对青少年学生公益开放时间不得少于30小时；依托学校体育场馆建设的中心，每周对青少年学生免费公益开放时间不得少于40小时”。另一方面，通过引进“笼式足球”“可移动操场”，挖掘学校现有场地，开发学校的楼顶或地下空间等手段，“上天入地”拓展学生体育活动场所。

《上海市教育委员会等七部门关于加快发展青少年校园足球的实施意见》明确要求，将校园足球工作经费纳入市、区县两级财政教育经费予以保障。市教委设立专项经费，体育局安排相应的体育彩票公益金用于支持校园足球，各区县、学校也要安排专项费用。

如今教育经费相对充足，“钱”已经不是最大的问题，“有些学校不愿意开展体育活动，主要就是怕孩子受伤”，上海金山区兴塔小学校长张国勤指出。在2016年初，上海首创校园体育伤害事故处理专项基金，建立了学生运动意外伤害事故第三方处理机制。不过，受访者都强调，只要按照上级部门要求严格执行安全防范规章制度并制定应急预案，在专业化的足球教学和训练中，很少出现学生意外受伤的情况。

在这种种措施出台前，很难想象，像兴塔小学这样一所仅有900人的学校，现有的足球总数就超过500个。除了逾百人的庞大校队外，每个班还有“班队”。而成立班队、级队、校队，正是上海对足球特色学校的要求。就算没能成为运动队的一员，作文写足球，美术画足球，演讲谈足球，课余看足球；班级联赛时，设计队徽、队旗，组成啦啦队加油助威，主持、采访、报道……在兴塔小学，足球早就成了校园生活中不可或缺的一部分。

这样的“足球人口”，亦是上海发展校园足球有心培育的另一大群体。上海市校园足球联盟专门成立了学校推广部，在校园中大力发展学生足球社团，两次评选星级社团并给予资助。同时，通过组织足球明星进校园、学生观摩高水平体育赛事、足球网络知识竞赛等形式多样的足球活动作为校园文化建设的重要内容，让足球运动扎根校园、融入生活。

（《中国教育报》记者　凌馨　2017 年 2 月 18 日报道）

地方经验

课程全覆盖　校园比赛多

——上海体教结合普及校园足球

若说校园足球在上海有什么特别之处，“普及率”是第一个关键词。早在 2012 年 1 月，上海就成立了校园足球联盟，由教委牵头、体育局配合，至 2016 年已有近 500 成员，每年组织市级正式赛事逾千场，联盟校运动队的学生们几乎每周都能打上比赛。即便不是联盟成员，上海的 1 500 所中小学，如今已经每所学校都有经过专项培训的足球活动指导员，并且每周开展足球活动。说来容易，行来不易，自 2012 年至今，上海从体育课程改革入手，多部门联动，方才实现“全覆盖”。

“贴住她！哎对！你要跑到她前面去，就是这样！不能只是跟在后面，那没有用的，我们要跑到她的行走路线上去，她就没办法了。”在教师的指导声中，两名女生在草地上做着带球、断球的训练。只见带球者快跑时用脚背正面运球，掩护时用脚背外侧触球，偶尔来个转向摆脱，则是用了脚背内侧；而试图断球的那位，则随着教师的指示，一路贴住、越过她的对手，拦住了足球的去路。

每周一课　人人都能踢足球

这是一个周四的上午，上海市曹杨第二中学一节普通的体育课。高一女足班在学习抢截球，同年级男足班则在另一名教师的指导下练习射门。每周 170 分钟的体育课，这 40 多名学生，全都用来学踢足球。几个月下来，基本上个个“玩”得有模有样，运球、传球时，同学们也配合默契。

实际上，这些在足球场上配合默契的伙伴们，很多并非同班同学。自从 2012 年上海开始进行高中体育专项化课程改革，曹杨二中的学生们，就过上了跟大学生类似的“选修”生活。足球、篮球、网球、乒乓球、羽毛球、健美操……学生们愿意学什么就选什么。而学校则会在每个学年的前两周，先让他们逐个项目体验，以便作出选择。选课后，每个专项班的人数都会被控制在 30 人以内，如此一来，在足球课上，同学们不但能看到球、摸到球，还能每人真正“玩转球”。

紧随其后，“小学体育兴趣化，初中体育多样化”在沪展开，足球亦是重点项目。在 2012 年，“校园足球”在全国还不是个热门话题，上海就已经提出了“把运动队办到学校、让运动员从学校走出”的体教结合理念，希望从课堂开始，增加足球人口，夯实

足球人才根基。

到2016年，上海已有90所全国足球特色学校，这些学校每周都会安排至少一节足球课。这样的足球课可不是花架子，市一级会下发足球专项课的指导材料，足球特色学校还会根据自身情况编制校本教材，连课堂设置都会重新安排。在曹杨二中，一般的体育课是40分钟一节，此外每周还会安排一次“大课”，时长90分钟，与足球赛持续时间相等。“一般的体育课时间太短，学生刚活动开就下课了，不如大课效果好。”学校体育老师说。

就算不是足球特色学校，或因师资、场地等客观条件限制，暂时未能开设专门的足球课的上海其他学校，也都会每周开展一次足球活动。

四横四纵　市级比赛逾千场

花了大力气普及足球活动，真能像巴西等国家一样，在普通学生里培育出足球人才吗？还真行。作为上海市实验性、示范性重点高中，曹杨二中的学生在入学前，绝大多数是足球零基础。而该校的足球队成员，全是通过专项课发掘的。“有没有足球天分，让学生做几个动作就看出来了。折返跑、启动、跳跃，带球做几个变向，就测出来了。”女足专项教师向曦表示。

曾为安徽女足主力队员的向曦，同时也担校女足俱乐部教练。出过孙雯等“巨星”，有此辉煌历史的曹杨二中女足，不但是上海市女足的两支二线队之一，更屡获全国乃至世界各类赛事冠军。而开展足球专项课程改革以来，由业余运动员组成的校女足，亦已连夺历届上海市女足锦标赛、十项系列赛、中运会、市运会冠军。

有这样成绩的前提是，曹二女足很“忙”。足球专项班的学生在上课之外，每周二、周五下午，也要接受训练。几乎每个周末，她们还要出去踢一场校际比赛。“以前有校园足球联盟联赛和杯赛，以小组单循环为主；现在改打U17精英赛，是主客场制的。加上市学生运动会，从9月底开始，几乎每周都在打比赛。”向曦介绍。

“比赛多”，是上海开展校园足球的一大特色，现已形成“四横四纵”的赛事体系。“四横”即小学、初中、高中、大学四个学龄段分组，“四纵”指暑期学生足球赛、校际联赛、区际杯赛、国际邀请赛的四级赛事体系，每年市级青少年足球比赛超过1 000场。而上海校园足球联盟成员学校，也已从2012年联盟成立初期的226所，增加到2016年的428所，在联盟注册的学生运动员亦由4 000余名增加到1.2万余名。

学生们都很喜欢这样的比赛，经过共同的成功失败，感情似乎总比别人更好些。“我最好的朋友就是踢比赛时认识的，她可有意思了，真的特有意思。”好朋友们，是曹二女足中后卫尹倩金选修足球课后最大的收获，其中有队友，也有对手。

以球育人　练球照样考北大

想要争取家长的支持，学校得下些功夫。“业余要训练、比赛的话，学习时间就要减少。有时候学生球踢得蛮好的，文化成绩下降了，家长就会觉得训练可以放放，多点时间学习了。”曹杨二中分管副校长沈霄介绍，老师和足球俱乐部的教练们，除了关注

学生训练，另一个重要工作，就是督促小队员们抓好学习成绩。

实际上，在上海的足球特色学校，踢球好和学习好，早已不是非此即彼的选择题。2013 年，曹二高一新生王子瑜，在上海高中生校园足球联盟比赛举行之际，独中四元穿上“金靴”。作为校男足俱乐部的一员，他的文化成绩非但没有因为踢球下滑，还在高三毕业时被北京大学录取。考上上海交大、复旦等名校的男、女足队员，在该校亦是屡见不鲜。

同样以足球特色闻名的上海金山区兴塔小学，校足球队员的成绩，往往也能名列前茅。“2014 年上海市少体校破例招收了我们学校 8 名五年级以及 2 名预备班的学生，在预训的文化课考试中，他们的成绩在总招收的 16 名学生中是最好的。”校长张国勤介绍，从三年级开始，所有校足球队的同学都会被集中在一个班级里，由文化课骨干教师授课。这是学校考虑到体育训练可能会对文化学习时间的影响，专门作出的调整。

和曹二等上海的足球特色学校相似，兴塔小学在近年金山区的教学质量监控中，一直名列前茅。“而且我们兴塔小学的学生出去，一看就跟别人不一样。”张国勤举了一个小例子来说明“以球育人”的成果，“无论是队员在场上，还是我们啦啦队的座位，你看好了，我们比赛结束之后，是不会留下垃圾的。”

（《中国教育报》记者　凌馨　2017 年 2 月 18 日报道）

特色学校

兴塔小学女子足球队征战“美国杯”国际青少年足球赛夺亚军

农村小学踢出“洋气”足球

都说“一般一般，世界第三”，那上海金山区兴塔小学的女子足球队，可就真“不一般”了。在 2016 年的“美国杯”国际青少年足球邀请赛上，首次征战国际赛场的女孩们，便一举夺得了 U11 亚军奖杯。“美国杯”是全球最大的青少年足球赛事之一，至今已举办 32 届，球王贝利等知名球星都曾到场支持。2016 年该赛事更是集合了来自 17 个国家和美国 19 个州的 1 153 支球队、1.6 万余名运动员。

在报名申请参赛前，就连校长张国勤都没想到，女孩子们会成为这场赛事的“黑马”，更别提她们还被分在了 U11 较强的一组。毕竟兴塔小学虽号称位于“大上海”，但距离市中心还要近百公里，“一脚就能把球踢到浙江去”。20 世纪刚开展足球活动时，兴塔小学仅有一条煤渣跑道，草坪更是一下雨就成了烂泥地。就从这样的“土”条件开始，兴塔小学的足球队，硬是踢出了独属于自己的一份“洋气”。

穿过半球　跟美国人去赛场球

对兴塔小学的女足队员来说，最“洋气”的经历就是参加“美国杯”。在这所九成都是农村娃的学校，U11 的女足小球员们，是第一批“出过国”的人。虽已时隔半年，

聊起参赛时的情形，学生们还是七嘴八舌停不下来。"朱玉婷的一个小粉丝，被她迷住了，单独给她加油，还特意给她鼓掌。""还有个男生想跟董燕飞拍照，头发是蓝色的鸡冠头。""每次打完比赛他们就主动找我们换徽章，我们的徽章都不够"……

10 名队员，26 小时航程，13 小时时差，11 天 11 场 8 人制比赛，首次试水"美国杯"，不管是姑娘们还是带队教师，都没想过自己会成为赛事的"明星"。"美国人的小学生比赛是 8 人制，但报名可以报 16 个人，教练可以随时换人。但我们一共就去了 10 名队员，这上面吃亏了，小朋友们最后踢得蛮累的。"校长张国勤说。

与其他球队站在一起，兴塔小学的女足球员几乎都要矮上一个头，身材也显得纤细甚至有些瘦弱。然而近乎全胜的战绩，很快让她们成了最耀眼的"球星"。最后几场比赛时，姑娘们已经有了由明尼苏达州当地人组成的啦啦队。他们不但为球队加油、赠送礼物，还贴心地在送来的礼物上印上了每个人的号码和名字。球队 6 号朱玉婷，甚至因为一场对战，收获了一名专属小球迷——和她踢相同位置的外国小球员。

2∶4 输了决赛，小姑娘们并不服气，一边遗憾地说着应该主动进攻，一边念叨着"下次再踢她们"。但对张国勤来说，亚军已属意外之喜，当初送小球员们参加"美国杯"，他的想法仅仅是，"创造一点条件，让孩子们 5 年的经历丰富一点。假如有机会走出国门，看看人家的小朋友怎么踢球，对小朋友未来的发展会有一种促进作用"。而学校的教师和教练，则可以趁此开阔视野，了解国际先进的校园足球是怎么开展的。

跨过海峡　请日本人来当教练

一看到兴塔小学的足球训练场，就能感觉到足球理念里的那股"洋气"。

这里的训练场不叫训练场，叫"足球公园"，限于场地，它的面积不大，里面的"玩具"却很难在其他学校看到。看着像放在地上的超大版篮球框，是专门用来练定位球的；在不同位置被掏出一个个圆洞的板，是专练射门的；像综艺节目里做游戏用的数字墙，则是守门员练习专用的；就连抢圈游戏，都有一间专门的小屋——那是为了防止学生们受伤。

最"洋气"的，则是训练场上时不时出现的"绿牌"。红牌、黄牌众所周知，冷不丁看教练拿出张大大的绿牌，记者一时摸不着头脑，小球员们却瞬间高兴起来，欢跳着围在教练身边。原来这是专门用于勉励在训练中表现出色的球员的，表示"你做得真棒"。这一做法，是一位日本教练留下的。

曾在兴塔小学义务执教 3 年的斋藤诚司，时任日企在华高管，拥有日本的教练证书，还有一位弟子是日本国青队的主力。2012 年，兴塔小学正在寻摸让球队更上一层楼的办法，经过学生家长的牵线搭桥，与这位东洋教练一拍即合。

彼时的中国青少年足球，还是以少体校为主，像兴塔小学这样的普通全日制学校，水平参差不齐，也很难有机会进行正规的训练、比赛；而在日本，一般小学生都是周六训练，周日比赛，通过比赛寻找问题，通过训练领会技术，双管齐下水平快速提高。斋藤带来了他所知道的日本足球青训理念，而他从一举手、一抬腿的细节开始进行的基本功训练等"日系"方法，也成了兴塔小学这座"足球公园"的一部分。

（《中国教育报》记者　凌馨　2017 年 2 月 18 日报道）

湖北省

核心提示

湖北省下发《省教育厅省体育局关于在全省学校广泛开展青少年校园足球运动的通知》，省校园足球工作领导小组计划3年投入5 000万元经费，在全省布局700所足球特色学校。此外，足球被纳入湖北省中小学体育教学内容，小学和初中足球教学每周不少于1学时，高中每学年不少于18学时。

武汉市青少年校园足球联赛在硚口区举行。（资料图片）

省级行动

湖北：足球“踢”进体育课

记者从湖北省教育厅获悉，从2015年春季学期起，足球将被纳入湖北省中小学体育教学内容，小学和初中足球教学每周不少于1学时，高中每学年不少于18学时。

2015年2月，湖北省下发《省教育厅省体育局关于在全省学校广泛开展青少年校园足球运动的通知》。由湖北省教育厅牵头的省校园足球工作领导小组计划3年投入5 000万元经费，在全省布局700所足球特色学校。

为了促进校园足球的普及，足球还将被列入湖北省学生课余体育和课间体育活动主要内容，作为学生掌握体育基本技能的基础项目，纳入综合性学生运动会、体育竞赛和体育文化活动的重点项目，湖北将定期举办足球夏令营、冬令营、训练营等多种形式的活动。

按照全国校园足球竞赛方案，湖北省将组织开展小学、初中、高中、大学四级联赛和市（州）、县（市、区）以及学校所辖三个层面的校园足球联赛。按照不同年龄阶段学生的特点，原则上小学一年级至三年级开展4 ~ 5人制趣味性足球活动，四年级至六年级开展7 ~ 9人制足球小场地竞赛活动，初中开展以9人制为主的足球竞赛活动，高中和高校组织开展11人制足球竞赛活动。

该省教育厅将会同有关部门制定《湖北省青少年校园足球实施方案》，各地结合实际另制订具体实施方案，因地制宜开发足球课程资源，开设足球校本课程。探索在初中毕业生升学体育考试中增设足球技能选测项目并占相应分值的办法。

湖北省校园足球工作领导小组表示，将推出一系列激励机制，比如将足球基本技能纳入学生体育课考试内容，学生足球水平将被纳入学生综合素质评价，并形成档案作为上一层级学校招生的重要参考指标，在全省分年度布局“校园足球特色学校”。

（《中国教育报》记者　程墨　2015年3月25日报道　通讯员　杨保华）

地方经验

“我们不是为了让学生成为球星”

——武汉市硚口区开展校园足球运动纪实

打网球的李娜，跳水的伏明霞，打乒乓球的乔红，这里的学校曾走出了15位世界冠军，被誉为“冠军的摇篮”；年近九旬的“杂交水稻之父”袁隆平院士、中国返回式卫星总设计师林华宝院士曾感慨，是这里的学校培养了自己的健康体魄和终身锻炼的习惯；这里已经连续18年捧回武汉市中小学生田径运动会的冠军奖杯……如今，校园足球又成为这里的一张亮丽名片——这里就是武汉市硚口区。

整合教育资源，共建足球乐园

说起硚口区，可能很多人都不知道，但说起这里的汉正街，很多人都不会陌生。地处武汉老城区的硚口，一方面教育底蕴深厚，另一方面校园硬件设施先天不足，特别是运动场地，全区 64 所中小学只有 6 块标准运动场地。

“有场地要开展好校园足球，没有场地也能开展好校园足球。”凭着这股子韧劲，硚口教育人“螺蛳壳里做道场”，硬是把校园足球开展得红红火火，“秘诀”在哪里？

区教育局局长郑学军介绍，硚口区将校园足球布局定点规划与教育资源优化配置“同步处理”，打造六大教育组团，每个组团同时也是一个校园足球园区。园区内足球教育资源共享，并按照学校区域分布情况，配套建立了小学—初中—高中完整的足球人才输送、竞训的对口衔接模式。在小升初就近入学对口分配中，充分考虑学生的足球特长，搭建足球人才输送的“绿色通道”。

同时，硚口区教育局与相关部门合作，与区域内的大专院校、驻军部队、街道社区加强共建关系，借力社会资源助推校园足球进高校、进军营、进家庭。

有 1 200 多名学生的崇仁二小，地处商业繁华的六角街地区，运动场地有限。学校因地制宜，加强小场地的基本技术训练，如带球、颠球、脚弓传球、简单的二过一战术。学校借助区文体局资源，在邻近的六角亭体育场开展足球训练。2014 年，该校一次“出产”了 4 名国青队球员。

此外，结合全民健身运动，硚口区委、区政府在汉江湾体育公园建成 5 块标准足球场，3 块沙滩足球场，免费向学生开放。

建立三级联赛，足球踢进课堂

“带球突破”“传球”“射门”“进了！”走进位于汉正街商贸区的安徽街小学，虽然只有一块长 28 米、宽 14 米的水泥足球场，但这里的校园足球联赛却开展得如火如荼，每个孩子的脸上都写满了快乐。

区教育局副局长胡振双介绍，硚口区根据学生的年龄特征，建立了小学、初中、高中三级校级足球联赛机制，全区中小学常年坚持开展足球训练，做到班有班队、校有校队，每年组织学校开展足球联赛。

近年来，硚口区组织编写了《硚口区中小学足球》校本课程，并且将足球校本课程纳入学校体育教育工作计划，全区中小学每周安排一个课时落实足球校本课程。在足球课上，孩子们学会了“盘、传、带”等足球基本技能，形成了中小学生人人爱踢球、人人会踢球、人人踢好球的生动局面。

师资问题一直是校园足球开展的“老大难”。为了加强足球教育师资队伍的培养，满足校园足球教学需要，硚口区设立专项足球基金，用于聘用高水平的足球教练员指导学校开展校园足球运动，让校园足球对接国内科学训练模式。“到 2017 年，硚口区每所学校至少将配置一名以上专兼职足球教师。”区体卫艺站主任陈涛介绍说。

丰富足球文化，造就“校园球星”

“我们大力推行校园足球，目的不是为了让学校争锦标，也不是为了让学生成为球星，而是要让孩子们通过踢足球强身健体，培养他们终身运动的兴趣爱好和生活方式。”郑学军如是告诉记者。

多年来，硚口区提倡学生“以健康的体魄投入学习”，把校园足球作为实施素质教育的重要突破口，以“读好书、踢好球、做好人”为理念，突出校园足球的育人功能。

硚口区努力打造校园足球“一校一特色”，校园文化的差异，成就了学校各具特色的足球风格。东方红二小、武汉四中的学生训练刻苦，个人能力强，形成了“技术型”的足球特色；双环小学、长丰小学、七十九中、博学初中、一职教中心的学生身体素质好，作风硬朗，形成了“欧式”足球特色；崇仁二小、安徽街小学、二十七中、二十九中、五十九中的学生足球基本功扎实，善于协调配合，形成了“渗透式”的足球特色。学校足球特色的形成也造就了“一生一特长”。学生在训练比赛之余，有的成为“颠球王”，有的成为“点球杀手”，有的成为“小梅西”“女 C 罗”。

2015 年 1 月起实施的《硚口区校园足球三年行动计划（2015 ~ 2017 年）》明确提出，到 2017 年，全区所有中小学生都知道足球、接触足球、能踢足球，经常参加足球运动的学生达到 3 万人；开展丰富多彩的足球游戏活动和足球文艺，全区每年举办一次足球节，在区域中小学形成较为浓郁的足球文化氛围。

（《中国教育报》记者　张晨　李小伟　程墨　2015 年 3 月 25 日报道）

特色学校

武汉新合村小学：

49 年，“踢”出 34 名国脚

从 2009 年启动以来，场地、师资、经费，始终是制约校园足球发展的三大难点。

然而武汉市一所普普通通的小学——新合村小学，把“快乐足球”作为特色教育，在狭小的场地和缺乏专业师资的情况下坚持 49 年，先后走出冯志刚、郑斌、雷腾龙等 34 名国脚，成为全国有名的校园足球特色学校。他们是怎么做到的？这之中又体现出了怎样的智慧？

坐落在一处拥挤的老旧居民区内的新合村小学，三面处于楼房的“包围”之中。校园面积不大，只有 6 000 多平方米，是一所标准的“麻雀学校”。但学生却一点儿也不少，1 036 名学生八成以上来自进城务工人员家庭。

学校仅有一块梯形的人工草坪运动场地和一个风雨操场，用校长侯琳的话说，“连跑道都没地儿画”。

可是走进学校，会发现这里的孩子大多穿着球衣、球鞋来上学；课间活动，学生们涌向操场，大多在踢球嬉戏；甚至连课间操，老师和孩子们跳的也是自编的足球操。每个班级每周都有一节足球课，无论男生女生，都会踢上几脚。

“为了所有孩子都能感受足球的快乐，学校采取分时段、分场地、合理安排教学内容保证校本课程落实。”侯琳介绍，“目前学校 24 个班，班班都有一支足球队，每天有 100 多名足球队成员利用放学时间在操场上练球两小时。”

校园场地虽然狭小，但新合村小学却把“小”足球踢成校园“大”文化。

每个班的队旗、队服、口号，都是孩子们自己设计的。球场上，女孩子也得露面，男孩踢球，女孩就扮演足球宝贝，为男生呐喊助威。老师们还把足球“上”进了语文和数学课里。此外，每年一届的“校园足球节”，每学期的“健康杯”班级足球联赛，孩子们全员参与，享受足球带来的无尽快乐。

“对于不喜欢踢足球的孩子，爱画画的，可以画足球；爱写作文的，可以当足球小记者；爱做手工的，可以创作自己的大力神杯。”负责该校足球教育的教导主任汪建宏说。

“国脚的摇篮”源自 1966 年新合村小学的第一支少儿足球队——山鹰队，那年，刚参加工作的数学老师杨正试着召集孩子们组队练习足球。几十年间，学校领导换了一批又一批，“山鹰足球队”从区级、市级联赛逐级征战到全国赛场，足球教育特色也越擦越亮。

现在，新合村小学配备了专职足球教练员 2 名，并聘请省队退役的家长担任足球队教练，保证校本课程落实。

在学校课后进行的一场班级足球比赛中，虽然队员们都是十来岁的孩子，可是比赛很精彩。场上，踢得有模有样，非常投入；场下，双方的啦啦队员们不停地呐喊、助威。进球了，大家雀跃欢呼；失球了，跺足惋惜，欢乐写在稚嫩的脸上。

在新合村小学，这样的比赛几乎天天都有。孩子们从足球中不仅得到了健康与快乐，也会有很多其他收获。

武汉市政协近期的一次调研显示，相比于其他学校，新合村小学的“小胖墩”和“近视眼”学生要少。“这得益于校园足球的普及。”汪建宏告诉记者，学校坚持“以球育德”，增强规则意识和团结协作，顽强拼搏精神；“以球促学”，促使孩子们端正学习态度，养成良好学习习惯；“以球健体”，使校园足球活动成为学生阳光体育运动的有效载体，形成了以足球项目为特色，学生普遍掌握足球基本技能的“一校一品”和“一生一特长”的校园体育局面。

（《中国教育报》记者　张晨　李小伟　程墨　2015 年 3 月 25 日报道）

大冶市金山店铁矿学校：

矿校小足球演绎中国梦

“咱矿校的学生伢子‘加盟’皇马啦！”这则消息像长了翅膀一样飞进了湖北省大冶市大大小小的矿区，也成为该市金山店铁矿学校师生们津津乐道的话题。

原来，该校学生柳杰被广州恒大足球学校选中，作为首批25名队员之一，被选送到西班牙皇家马德里足球俱乐部进行培训。这下子，金山店铁矿学校的孩子们踢起球来劲头更足了。

由于地处偏远，长期以来，金山店铁矿学校学生课余生活相对贫乏，学生们大多只会“死读书”。2009年得知黄石成为全国首批校园足球试点城市，校长朱锐杰动起了脑筋，决定“引进”校园足球，并作为学校开展德育和素质教育的切入点。他与喜爱足球的教师刘雨江商量，在学校成立起第一支足球队。

学校推出了班级联赛，每个班都成立男、女两支足球队，每场比赛，上半场男队角逐，下半场女队PK，男女队总分记入班级成绩。渐渐地，无论课间还是放学后，足球场上都有学生运动的身影。“足球已经不是一项简单的运动，而是成为学生生活中不可缺少的一部分；校园也成为学生创造快乐的驿站。”刘雨江告诉记者。

随着校园足球的深入，学生发生了怎样的变化？六（4）班班主任阮菊兰老师给记者讲了一个故事。2014年班上转来了一名女生，常常在外面“匪”，家长和老师都很头疼。自从她喜欢上了校园足球后，遵守秩序了，学习也赶了上来，从60分考到90多分，与班上的其他同学也相处融洽。

“校园足球让学生们守秩序、自信了，更为重要的是，上学成为快乐的事，不仅仅是写作业和做题。”朱锐杰告诉记者。

家长也越来越支持孩子们踢足球，对学校有了认同感。如今每逢班级联赛，家长们纷纷到场观战，为孩子们加油助威。

（《中国教育报》记者　张晨　李小伟　程墨　2015年3月25日报道）

人物风采

邓世俊：“草根足球之父”

“虽然我没有踢到职业队，但我希望通过自己的努力，把一批有足球天赋的孩子带出来。”万松园路小学足球教练、生于1972年的邓世俊，也曾经梦想过进入国家队，最终由于身体原因，只得忍痛放弃。

1992年，师专毕业的他回到母校——武汉市万松园路小学，一所老牌足球特色学校，成为一名体育老师。

到校后，邓世俊做的第一件事就是向学校领导提出申请：从小学一年级选一批小队员，组成“体教结合试验足球队”。在他选出的20多个孩子里，现役国家队队员蒿俊闵正是其中之一。

邓世俊带着这群孩子一练就是6年，其间，他们夺得了武汉市、湖北省乃至U系列全国比赛的多个冠军。

邓世俊这个名字，也开始在国内足球教育领域崭露头角。当蒿俊闵这些队员升上初中到武汉体工队训练的时候，邓世俊也被借调到体工队担任教练，负责选拔U15以下的队员组队，后来他又受邀担任武汉一家职业足球俱乐部青训队总教练。

几经辗转，直到 2007 年，邓世俊再次回到阔别 10 年之久的万松园路小学。此时的邓世俊，已经获得了亚足联 A 级教练员证书和亚足联足球培训讲师资格。当时，在国内拥有这一资格的屈指可数，以这样的身份投身基层足球普及教育者，更是绝无仅有。

在邓世俊的带领下，万松园路小学的足球不断取得佳绩。仅在 2014 年，该校足球队就包揽了全国青少年校园足球比赛男子 U10 组冠亚军和 U12 组的第一名；在“谁是球王”比赛中，也以湖北省冠军的成绩出线。

非专业草根背景，却能跻身中国一流足球教练之列，还被国际足联讲师郭家明称为“草根足球之父”。

如今已然功成名就，但在邓世俊的心里，他的足球梦始终如一。不管多忙，足球基础教育，一直是他投入精力最多的事情。

（《中国教育报》记者　程墨　实习生　汪亮亮　2015 年 3 月 25 日报道）

湖南省

核心提示

湖南省要求，足球特色学校要设立体育工作专项经费，纳入学校年度经费预算，原则上年生均体育教育经费不低于10%；学校体育场地、设施、器材配备应基本达到国家标准；在省内20个县、8个市州选出100余名分管体育的副县长及教育局、体育局的相关行政人员，进行校园足球方面的培养。

长沙市长塘里小学学生正在教练的指导下练球。（王强　摄）

省级行动

湖南：遴选“副县长”掌管校园足球

2015 年 4 月，湖南省教育厅正式下发通知，对加快发展全省校园足球出台了具体举措。目前，湖南省已经遴选并向教育部推荐了 375 所学校，创建 2015 年全国青少年校园足球特色学校。

湖南省教育厅要求，足球特色学校要设立体育工作专项经费，纳入学校年度经费预算，原则上年生均体育教育经费不低于 10%，保证体育和校园足球工作的正常开展。学校体育场地、设施、器材配备应基本达到国家标准，并建设有适合学校条件的足球场地，足球及基本器材数量充足。抓好体育师资建设，学校要在核定编制总量内配齐体育教师，并能每年提供一次培训机会，保证体育教师在评优评比、工资待遇、职务评聘等方面享受同等待遇。学校要保证至少有一名足球专项体育教师，暂时不能配齐的学校要通过外聘、走教的形式落实。要增强安全风险防范意识，在实施校方责任险的基础上，为学生购买运动意外伤害险。

湖南要求，足球特色学校须建足球俱乐部，除了普及足球基本知识和技能外，各特色学校还需要开展校园足球课余训练，逐步做到小学三年级以上建有班级、年级代表队或兴趣小组，学校建有校级男、女足球代表队及足球俱乐部，学生基本达到全员参与足球活动的要求。

特色学校每年还要组织校内足球班级联赛、年级挑战赛，每个班级球队或兴趣小组参与比赛场次每年不少于 10 场。

湖南要求，以传授足球基本知识和技能为主，各特色学校要尽快启动足球课程开设，逐步实现义务教育阶段学校把足球作为体育课的必修内容，每周安排一节体育课进行足球教学；高中阶段学校开设足球选修课。要根据国家校园足球教学指南，因地制宜，开发校本课程，编制校本教材，开展适合学生年龄特点的足球教学和课外活动。要将足球运动纳入大课间和每天锻炼一小时课外活动内容，保证学生经常性参与足球活动并掌握相应的足球基本知识和技能。要积极开展以足球为主题的校园文化活动，鼓励其他学科教学融入足球运动元素，集思广益，群策群力，努力培育校园足球文化。

同时，记者也从湖南省体育局了解到，湖南将在省内 20 个县、8 个市州选出 100 余名分管体育的副县长及教育局、体育局的相关行政人员，进行校园足球方面的培养，以保证发展。

湖南省体育局局长李舜表示，省体育局将大力支持校园足球发展，涵盖小学、中学、大学的校园足球联赛将一如既往地举行，还将编写专门的校园足球读本，让足球读本走进每一所学校，走入每一个学生的生活。

据了解，在建立中小学足球特色学校方面，湖南省 2015 年已经申报 375 所，计划到 2017 年提升至 900 ~ 1 000 所，整体比例占省中小学总量的 6% ~ 8%。此外，湖南省还在2015年下半年送出10名大中小学的足球专业相关人员赴法国学习，为期半年。

（《中国教育报》记者 李旭林 王强阳 锡叶 2015年4月16日报道）

地方经验

春天里，栽下足球“幼苗”

——长沙市推进校园足球发展纪实

与跳水、羽毛球、体操等湖南传统体育强项相比，在很多湖南人的印象中，足球是湖南比较“弱”的体育项目：历史上职业队断层长达10年，错过20世纪90年代职业化黄金期；山区地形多，对足球运动开展不利；青训跟不上，本土球员太少，在职业足坛，别说中超球队，就连湖南籍裁判也没几个……

面对众多湖南人民对未来湖南足球发展的期待，这个“足球弱省”的省会城市——长沙，正在克服重重困难，从校园足球起步，播种下一棵棵足球“幼苗”，悉心浇灌，静静等待绿树成荫——湖南足球崛起的那一天。

场地不足，活动作补充

“校园足球的推广学校有一系列硬性要求，而长沙校园足球在场地方面，存在不少困难。”长沙市教科院体育教研员何旭鹏对记者说。

何旭鹏介绍，长沙市能达到7人制足球赛场地要求的中小学校园不多，大约只占总数的一半，而有标准400米跑道足球场的学校，长沙市只有10余所。

很多名校学生人数爆棚，但受主城区场地限制，这些名校很难拥有一个标准的足球场。

湖南人素有“吃得苦、霸得蛮、耐得烦”的精神，尽管场地受限，但这并没有阻挡住长沙发展校园足球的热情。

长沙市雨花区教育局局长喻小健告诉记者，该区各学校在开展校园足球活动中，注重以球健体，以球育人，充分挖掘校园足球的文化内涵。“开展校园足球活动不仅仅是为了培养足球后备力量，而且要让更多的孩子感受足球的快乐，使更多的孩子了解足球文化，通过足球体现自己的价值。”喻小健说。

每年，雨花区教育局都会组织部分学校举办校园足球文化节，通过活动让学校每一个学生参与到足球中来。如今，足球绘画、足球宝贝表演、足球游戏等活动已在校园掀起一阵阵足球运动的热潮。

在雨花区的引领下，长沙其他区县的校园足球文化氛围悄然形成，同时，得益于多元足球活动的开展，各区县也涌现出一批足球“小将”。

为激励这批小将，长沙市采取“走出去”策略，每年都派学校代表长沙市甚至湖南省征战各类足球比赛，获得全国冠军十多个。“这种交流收获的不仅仅是成绩，从这些

比赛中，我们吸取先进的方法，保持在足球训练上的创新能力和活力。”何旭鹏说。

多渠道引进足球教练员

5 年前，正是像今天这样花香四溢的春天，正忙着找工作的上饶师范大学应届毕业生万磊，在网上看到一条长沙市长塘里小学招聘足球教练员的消息，家在江西省景德镇市的他简单联系了长塘里小学的招聘负责人后，便买了一张火车票，踏上了开往长沙的火车。

“一到长塘里小学，我就被足球场上的小球员吸引住了。”回忆起第一次和长塘里小学学生接触时的感受，万磊仍然记忆犹新，“我从小就很喜欢踢足球，大学所学专业也是足球，但是这里的学生那么小就能接受那么专业的训练，技术在教练的指导下练得那么好，一种想与他们融入一起的愿望油然而生。”

在与长塘里小学学生一起生活了两个月后，万磊便与学校签订了合同，成为该校的足球教练员，短短 5 年，他与长塘里小学足球队收获长沙市各级足球比赛荣誉无数，培养了数百名足球“幼苗”。

“我们学校足球队在训学生有 140 人，目前有 8 名专职教练员，大多是通过大学校园招聘这种方式引进到学校的，他们受过专门的教育学和心理学培训，足球基本功扎实，和学生交流沟通有技巧，很有责任心。”长塘里小学校长谢秀云对学校引进的教练员赞不绝口。

与万磊的经历不一样，雅礼中学的足球教练员胡宇以前是一名职业足球运动员。2000 年，年仅 26 岁、处在职业足球运动员黄金年龄的胡宇由于一次重伤，从浙江绿城队提前退役，站在职业足球教练员和校园足球教练员的十字路口，胡宇选择回到自己的家乡，走进培育了自己的母校——雅礼中学，当起了一名校园足球教练员，并率队在 2009 年全国中学生足球锦标赛中一举夺得亚军。

为了让娃娃们从小就能感受足球技战术，领略足球的魅力，长沙市鼓励各学校拓宽渠道引进像万磊这样的足球专业毕业生或像胡宇这样经验丰富的专业足球教练。

如今，在这些专业足球教练员的带领下，雅礼中学、长塘里小学、德馨园小学等学校，都已成为职业足球俱乐部的后备人才基地，恒大足校、鲁能足校，甚至日本的足校都来长沙挖“苗子”。

女教师演绎“淑女也疯狂”

足球赛又要开始了，什么时间、什么地点开战？决战双方是谁……请看我们的足球海报！

这是长沙市德馨园小学五年级美术课堂上的一幕。一走进德馨园小学，记者便能感受到该校浓郁的足球文化氛围：学校的围墙上悬挂着校队获得足球比赛荣誉的多条横幅，操场上三四个班级的学生在教练员的指导下开展趣味足球活动，班级联赛的日程表摆放在行政楼大厅最醒目的位置。

校长王卫东告诉记者，学校历时两年编写了《足球竞训》和《足球与学科》两本校本教材，融入基本技能、战术，足球与文学、音乐、美术、英语、信息等内容，由各学科的老师负责实施，贯穿小学一到六年级的几乎所有课程。

良好的氛围感染了学校所有人。王卫东告诉记者，每年上半年的妇女节，下半年的教师节，60 多名女教师，按年龄搭配分为 4 个组开展教职工足球赛，女教师们抛开往日的矜持，飒爽英姿，在球场上冲锋陷阵，真是“淑女也疯狂”。

“学校每个年级、每个班级都有球队，全校学生每年可参加的足球比赛超过 100 场。”王卫东告诉记者，“学校的班级足球联赛贯穿每个学期的始终，使足球成为实施素质教育、带动学生健体的法宝。”

长沙市教育局党委书记、局长卢鸿鸣表示，从 2015 年开始，长沙便围绕“强基础、调机制、上水平”这三个核心进一步推进校园足球运动，并将创建 60 所校园足球特色学校，把足球纳入各级各类学校体育课程教学体系，作为体育课和大课间的必修内容，从 2015 年起逐步建立健全小学、初中、高中和大学四级足球联赛机制。

“有了四级联赛平台之后，将会吸引更多的学校参与进来，像国家队黄博文那样的优秀球员将更多出自我们长沙。”卢鸿鸣说。

（《中国教育报》记者　王强　阳锡叶　2015 年 4 月 16 日报道　特约通讯员　王本蛟）

常德武陵：大课间玩足球

2015 年 4 月 9 日下午 4 点，正是小学放学时间，可湖南省常德市武陵区北正街小学的操场上，却依旧人头攒动，只见一群小足球队员分成红白两队，正在紧张地进行着分组对抗训练。一旦有精彩的进球，围观的师生们便响起一阵掌声。该校校长褚俪华说：“现在学校各年级、各班级均成立了足球代表队，由体育教师和班主任具体负责组织训练，每天清晨和下午，不管天气好坏，操场上都活跃着孩子们奔跑的身影！”

近年来，常德市武陵区在校园足球建设上全面推进校园足球“梦”工程，全力打造足球“梦”文化，先后有 16 所学校被命名为省级校园足球试点校，参加省市比赛取得了可喜成绩。

武陵区教育局局长袁宗文介绍，2012 年以来，武陵区教育局倾力构筑校园足球“梦”工程。教育局专门成立了足球工作领导小组，从政策、资金、人力、制度等方面给予全方位支持，在全市率先制定了《区属中小学校校园足球联赛比赛章程》，明确规定每学期组织开展一次区级足球比赛；为了提高体育教师足球水平，教育局除了在每年的教师招聘上给予一定的支持，还经常组织体育教师参加省、市、区级的足球培训活动，并明确规定校园足球教练必须持证上岗，目前区属学校都有一名体育教师取得了全国青少年校园足球初级指导员培训证书。

为了实现校园足球的长期可持续发展，武陵区将校园足球工作作为突破口，将足球运动融入学校体育工作的各个层面。该区按规定开足体育课，每周至少安排一次足球课，要求各学校开展班级足球比赛，还在阳光体育大课间操中编入足球运动，让大部分学生参与足球运动。同时借助校园足球试点校、体育艺术“2+1”活动、“一校一品”

和校园文化建设等平台，将足球文化作为一项重要指标，纳入到建设体系，构筑良好的足球文化。

武陵区还加大了投入和人才培训力度，全区每年投入到学校体育工作的经费不少于800万元，其中足球活动不少于80万元，全区建成5人制标准足球场15个，成立男女学生足球队30支，校园足球运动学生参与率达到了80%，每年都要引进和培养一批足球教师，确保每校有一名经过培训的足球教师。该区还要求全区各个学校都要组建校级和班级足球队伍，每周至少开展3次足球训练，并保证每学期开展一次校级比赛，每年全区都要举行足球联赛，各校都要参加。

短短两年，武陵区成功打造了胜利路小学等一批国家级、市级“阳光体育”特色学校，建成了16所省级校园足球试点学校，占全区学校总数的38%。在参加省、市足球赛事中夺得多项殊荣，如从2012 ~ 2014年，北正街小学、金丹小学足球队代表常德市参加湖南省校园足球比赛分获第三、第四名各1次，二等奖6次。该区还先后向广东恒大俱乐部输送了覃文浩、李科毅、李艺萌等优秀运动员。

（《中国教育报》记者　阳锡叶　王强　2015年4月16日报道　特约通讯员　龚跃虎）

人物风采

教练胡宇：校园里的“男神”

他会多种外语，像英语、日语、德语等，但他的身份并不是一位外语教师，而是一名足球教练。他叫胡宇，是湖南长沙雅礼中学的体育教师。“他在雅礼的老师当中是一个传奇，是学生眼中的‘男神’。”同事说。

1974年出生的胡宇职业生涯分为两部分，曾经的中国火车头、西安安馨园、浙江绿城等足球俱乐部职业球员，现在的雅礼中学教师，但无论怎么变，始终与足球结缘。

从小开始，胡宇就十分热爱运动，因体育天赋突出而被选入长沙市体校足球队参加业余训练，起早贪黑，十年如一日，从没迟到缺席过。

“启蒙教练马俊鑫，小学教练吴同甫，中学恩师岑焕湖、朱绍湘、朱晓杰，他们除了教我足球技术，更教会了我做人的道理。”在长沙土生土长的胡宇说，尤其在雅礼中学读书期间，更加坚定了人生目标，那就是好好做人，好好读书，好好踢球，长大成为对国家有用的人。

为此，无论刮风下雨，任何困难都阻止不了胡宇朝这个目标前进。

1992年，胡宇从雅礼中学高中毕业，顺利考入了上海体育学院，在这里，胡宇不但长了见识、开阔了视野、结识了来自五湖四海的兄弟朋友，更丰富了自己的世界观和人生观。不仅接触到了各种不同的文化，也学习到了不同的语言，如英语、日语、德语等，为他日后从事教育事业和对外交流打下了基础。

随着1994年中国职业足球的开始，胡宇也被当时上海的二纺机、浦东、福豹所看中，开始了边读书边踢球的学校生涯。1996年大学毕业后，先后效力于中国火车头、西安安馨园、浙江绿城等足球俱乐部。2000年因伤做了几次手术后遗憾地结束了职业生涯，回到了母校雅礼中学，成为一名体育老师兼校高中足球队教练。

“足球在雅礼中学的底蕴是非常深厚的，有一百多年历史了，一直都是我们的校球。”胡宇说，足球是中国的体育弱项，更是湖南的体育弱项，却从来没有在雅礼中学被忽略过，它形成的文化已经深深根植于每个雅礼人的心中，现在每个班都有一个足球班队，踢得非常好的才能进校队，“这让我能继续从事我所热爱的事业，并且乐不思蜀，在获得成就感的同时也心怀感恩。”

让胡宇印象深刻的是，2001年他带着雅礼校队第一次参加全国大赛，别说赢一场球，连进一个球、平一场球都很困难。再往后慢慢地开始进球，开始赢球，到后来，逐渐获得了比较优异的成绩，培养输送了优秀球员到国家中学生队，赴海外试训等，也赢得了同行的认可。

“这些成绩都是一步一个脚印走出来的，用我的前辈朱晓杰老师的话说，这是我们八年努力的成果，从2001年不进球到2009年全国锦标赛亚军用了整整八年。”胡宇说，目前，每一届毕业的学生都基本上进入了名牌大学，为大学足球输送了大批人才。

目前，雅礼中学球队利用每周一至周五放学后的时间进行训练，成绩在湖南省内保持领先，在国内逐渐名列前茅，并屡屡参加国际赛事，取得了较好的成绩。

当我们采访完，天已经黑了。背后又传来胡宇的声音：“赶快起来，再做一组”“再坚持一下，现在是最能体现实力的时候”……

（《中国教育报》记者　阳锡叶　王强　2015年4月16日报道　特约通讯员　王本蛟）

江西省

核心提示

江西省将重点扶持500所中小学开展校园足球，并建立校园足球督导评估体系，把学生足球特长水平纳入学生综合素质评价。江西还将强化足球课余训练，巩固完善“小学—中学—大学”一条龙课余训练体系，并通过招生考试政策疏通足球人才成长通道。

朝气蓬勃的江西省南昌县莲塘三小校园足球队。（余闯　摄）

省级行动

江西省将出台方案加快普及中小学校园足球

学生足球特长水平纳入综合素质评价

2014 年 12 月，记者从江西省教育厅获悉，江西省正加紧出台实施方案，贯彻全国青少年校园足球工作电视电话会议精神，加快普及中小学校园足球。根据规划，江西省将重点扶持 500 所中小学开展校园足球，并建立校园足球督导评估体系，将学生足球特长水平纳入学生综合素质评价。

根据实施方案，江西省将大力推进体制创新。转变管理体制，由过去体育部门主抓转变为教育部门主导校园足球普及和提高工作，体育部门提供技术支持。推进赛制改革，进一步完善校园足球小学、初中、高中、大学“四级联赛”制度，通过市场机制积极引入社会资本承办赛事。

场地和设施是开展校园足球运动的基础。为此，江西省将完善政府支持、市场参与投入机制，加大经费投入，改善学校体育场地设施。针对农村中小学场地和设施比较落后的问题，江西省将对农村义务教育标准化建设工程和农村义务教育薄弱学校改造计划投资方向进行微调，资金投入向学校足球教学训练所需场地设施倾斜。省财政设立校园足球专项资金支持，省发改委将学校体育场地基础设施建设纳入规划，逐年建设，逐年改善。同时，通过市场运作吸引社会资金支持校园足球事业发展，做到专款专用。

为了吸引更多的青少年积极参与足球运动，江西省将对中小学校园足球的软硬件条件进行调查分析，招聘专职体育教师。强化足球课余训练，巩固完善“小学—中学—大学”一条龙课余训练体系，并通过招生考试政策疏通足球人才成长通道。建立校园足球督导评估体系，落实各部门职责，将校园足球与政府相关部门、学校政绩考核、教练员职称晋升挂钩，将学生足球特长水平纳入学生综合素质评价。

江西省将把加强校园足球普及工作，作为全面推进教育改革、实施素质教育的重要切入点，制订全省校园足球发展规划，适时召开“江西省校园足球工作会议”进行部署。根据国家布点规划，在原布点学校的基础上，江西省再选择具备场地设施条件和配有专职足球教师的 400 所中小学进行重点扶持，总体达到 500 所学校，其中小学 300 所、中学 200 所。

江西省还调整中小学体育课程内容，把足球课作为中小学生的必修课，确保每周一节足球课内容。加强国内外交流，建立与孙中山青少年基金会和英格兰足球联合会的合作关系，实施“中英校园足球合作项目”，引进国内外高水平足球人才和教学技术手段，开展校园足球教师培训和校园足球普及工作。

（《中国教育报》记者　余闯　易鑫　徐光明　2014 年 12 月 29 日报道）

地方经验

开足马力输送优秀足球人才

——江西省南昌市“体教结合”推进校园足球工作纪实

2014年12月17日下午5点，记者走进江西省南昌市三店小学，迎面遇到十几个刚结束足球练习的孩子和来接他们的家长。

“江老师好！”孩子们礼貌地跟他们的足球教练江超打招呼，这让同样在场的校长熊艳娟因为受到冷落而“吃醋”。“他们朝夕相处，孩子们肯定跟教练更亲。”熊艳娟说。

从孩子们和教练的和谐关系中，记者明显感受到足球运动带给孩子们的乐趣。2009年，南昌市启动青少年校园足球活动，以试点学校为依托、体教结合，共育体育后备人才。几年来，教育部门和体育部门齐抓共管，大力营造校园足球文化，加大投入完善场地、器材、师资等配备，建立科学评价奖励机制，实现了足球运动孩子们喜爱、家长和社会支持的良好局面。

营造校园足球文化——“在学校穿球衣是一件很时髦的事”

在南昌市三店小学，几名足球小球友和记者愉快地聊了起来。“我喜欢内马尔，他的速度快，带球过人很厉害。”三年级（6）班学生陈可说。

“梅西更厉害，别看他的个子不高，脚法没得说。”四年级（3）班学生杜冠辰不甘示弱，“我的左脚就是学的他的脚法。”

孩子们的“争执”引得一旁的家长哈哈大笑。陈可的父亲陈友国和杜冠辰的父亲杜辉告诉记者，足球是他们孩子最喜爱的运动，通过踢球既增强了体质，又培养了拼搏进取、团结协作的意志品质，“我们都很支持”。

三店小学位于南昌市老城区青云谱区，是南昌市发展校园足球的缩影。三店小学将足球运动列入学校五年发展规划，提出“一文一武，一动一静，动静结合，文武双全”的育人目标，同时不断丰富校园足球文化建设内涵，全力打造校园足球“特色牌”。学校足球队取名“冠云”，不仅有队旗，从2014年秋季开学起，学生们都穿上了足球元素的新校服。

由一所乡镇学校扩建而成的南昌县莲塘三小，2010年新建一个200米标准跑道的足球场，第二年就成为全国校园足球活动定点学校。校长黄国园告诉记者，学校确立了“传承足球文化，享受快乐童年”的校园足球发展思路，形成了班级、年级和学校三级足球队。现在，操场上每天下午的足球训练，学生身着球衣，进攻防守都做得有板有眼，已成为校园里一道独特的风景线。

莲塘三小还在学科教学中渗透足球知识，开展足球知识竞赛、足球手抄报和黑板报评比，评选“足球之星”和最佳射手等，丰富学生对足球文化的理解。

“有不少家长多次问我，哪里可以买到印有‘莲塘三小’字样的足球服，说孩子想

要。我说，很遗憾，只有足球队的队员才会有队服，学校欢迎更多的孩子加入足球队。在学校穿球衣是一件很时髦的事。”黄国园津津乐道。

在南昌市中小学，一项项富有成效的举措拉近了师生、家长和校园足球活动的距离，使校园足球成为南昌市最具形象力和影响力的青少年活动之一。

建章立制齐抓共管——“校园足球是教体部门共同的任务”

“校园足球是体育的有力抓手，我们要将校园足球普及到每一个喜欢它的孩子。”南昌市教育局局长魏国华说。

在南昌市青少年校园足球工作领导小组名单中，记者看到，南昌市教育局副调研员万群英和南昌市体育局副局长黄成军同为校园足球办公室主任，负责联合开展和落实校园足球活动各项工作。当记者问起业务分工时，两人几乎不约而同地说：“不管职能怎么转换，发展校园足球是我们教体部门共同的任务。”

2009 年，南昌市被确定为全国青少年校园足球布点城市，随即启动校园足球活动，出台了实施方案。校园足球活动如雨后春笋般发展起来。

南昌市体育局、市教育局联合对市、县、区的近百所中小学进行实地调研，根据学校情况和地理位置，确定校园足球活动布点学校。现在，全市有 30 所小学、16 所初中和 8 所高中为布点学校，参与学生 14 347 名。

为了提高校园足球指导员的教学能力和技术水平，南昌市举办了 8 期校长、指导员、裁判员培训班，聘请、抽调专业教练到校实地指导。12 月 17 日，为期一周的全国校园足球 2014 年度南昌初级指导员培训班正在莲塘三小举行，南昌市足协教练金丽鹤和武汉体育学院足球教练严壁政，为当地校园足球指导员讲授足球基本技术、训练课组织、比赛裁判规则等理论和实践课程。

南昌市校足办还聘请了国家级 C 级教练员 3 人、D 级教练员 5 人、校园足球教练员 52 人，深入布点学校，走进课堂，与师生共上足球课，提高体育教师的足球教学能力。

南昌市教育局、市体育局还联合发通知，建立布点学校青少年校园足球活动奖励机制，对布点学校进行年度评估考核，根据结果给予奖励。

校园足球活动需要专项经费保障。南昌市教育局体卫艺处副处长王丽霞告诉记者，当地校园足球活动经费主要由三大块组成：全国校足办拨付 46 万元，省体育局配套 10 万元，市体育局按一比一配套 46 万元，共计 102 万元。2014 年，南昌市额外拨付校园足球精英训练班 10 万元经费，2015 年这一数字增加到 20 万元。

打通人才上升通道——“先后输送 110 名优秀足球后备队员”

南昌市在开展校园足球普及活动的基础上，致力于培养更多的优秀运动员，为国家输送优秀的后备人才。

“这几年，南昌市先后向各级各类球队和专业机构输送了 110 名优秀足球后备队员。”万群英告诉记者，“这些球队机构包括国青队、国少队、北京八喜足球俱乐部、上海精文足球学校、广州恒大皇马足球学校等。”

源源不断的足球后备人才从中小学走出，这得益于南昌市每年开展区级和市级两级校园足球联赛。小学组比赛全部在周一至周五下午 4 点之后，基本做到主客场制。截至目前，主场率超过了 83%。初中和高中组比赛时间集中在周末两天全天，由校足办专职人员带队，规范赛场赛风赛纪。

联赛中，小学组分为 3 组进行双循环，初中和高中组进行单循环比赛。小学组各校队全年比赛 15 场，初中组比赛 18 场，高中组比赛 7 场，参赛人数 1 000 余人。联赛还设立了最佳射手、优秀门将、优秀指导员、优秀裁判员等奖项。

校园足球要面向长远规划发展，怎么办？南昌市想到的是：立足实际，学校因地制宜开展足球训练学，探索打通足球人才上升渠道。南昌市洪都中学是传统足球特色校，学校开展差异化的足球教学和训练：初中阶段重在兴趣培养，由足球专业体育教师讲授足球基础知识和技能；高中阶段足球训练和教学活动以技能、体能提升为主，通过高考向高校输送足球人才。学校还放宽中招政策限制，多渠道引进足球特长生。

“我们有信心、有决心把校园足球活动搞好，做到普及与提高齐头并进。同时，希望有更多的社会力量能参与到校园足球活动中来。”魏国华说。

（《中国教育报》记者　余闽　易鑫　徐光明　2014 年 12 月 29 日报道）

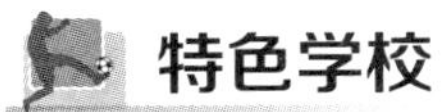

特色学校

足球迸发的神奇力量

景德镇二中足球活动“热”校园

江西省景德镇二中日前举办了一场校园足球常规赛，孩子们满场飞奔，动作连贯，射门精准，每一次成功的防守、抢断、射门，他们都发出纯真的笑声。

这是一群热爱足球的少年。每天上午 8 点，景德镇二中操场上，学生们准时开始训练，气氛变得热闹起来。训练内容很多，跑步热身、控球基本动作、折返跑、传接球……一上午训练，没有人缺席，也没人喊累喊苦。

景德镇二中是江西省首家青少年足球培训学校，也是首个以校园为依托建立的省级足球训练基地。江西省足协、景德镇市教育局、市体育局在该校尝试体教结合，创办足球特色班，成立校园足球队，采用灵活、科学的教育方式进行训练，取得了可喜成绩。2008 年，学校有 5 名学生入选国家少年希望集训队。

三线城市景德镇入选了全国校园足球活动首批 44 个布局城市，在江西省只有它和南昌市。对此，景德镇给出的答案很简单：动手早。

2002 年，景德镇市足协开始选派教练在小学进行业余训练指导，组织三级联赛，从最初 8 所小学参与到 2005 年后 12 所小学参加。当校园足球正式布局景德镇时，这里已经有了良好的基础。

2007年，景德镇市教育局发文，同意景德镇二中组建足球班，名额50人，单独招生，直至高中毕业。为培养足球苗子，学校专门编制了教材，以增长球员的综合知识。政府提供平台，促成了教育部门和体育部门携手，教学与足球结合。

如今，景德镇二中是江西青少年足球训练基地，拥有男、女足多级梯队的青训体系正日渐成熟，这里不仅有景德镇当地足球少年，还有来自省内赣州、九江等地市，乃至周边省份的学生。

多年来，景德镇已经成为国内俱乐部定点选材的基地，国安、亚泰、人和、恒大等球队，常年密切关注小球员的成长，至少有三分之二的中超、中甲俱乐部到景德镇挑人，有200多名学生分布在全国各职业俱乐部梯队当中。

（《中国教育报》记者　徐光明　易鑫　余闯　2014年12月29日报道）

每个班都有男女足球队

九江浔阳区柴桑小学足球“乐”校园

浔阳江头、甘棠湖畔，江西省九江市浔阳区柴桑小学就坐落于此。该校是九江市校园足球首批参与学校，率先感受到了这项运动的巨大魅力。近日，记者走进柴桑小学，目睹了校园足球活动的风采。

校园足球活动离不开自上而下的规范管理。为此，学校成立了以校长为组长的校园足球工作领导小组，多次召开专题会议研究校园足球工作，推选优秀体育教师，组建教练员和裁判员队伍，并派出去参加学习，提高训练和裁判水平。

学校在体育教学活动中，以开展足球活动为主，让足球课程进入每个班级的课堂。在教学安排上，低年级以足球游戏及基本功为主，高年级以基本功和简单的战术为主。学校为每班配发了足球，方便学生平时使用。

如今，学校每个班都组建了男、女足球队，在学校由班主任担当教练员，利用课余时间进行训练；在家里由家人担当教练，利用周末休息时间，在小区空闲场地开展足球活动，提高足球技能。

学校经常开展足球比赛，学生在彼此拼抢中尽情享受足球运动带来的快乐，以赛促练、以练推赛。学校结合创建特色学校的主题“快乐柴桑”，突出“乐”字，以“阳光体育、快乐足球”为主题，通过开展充满儿童情趣的快乐足球活动，让学生主动走出教室，走进足球天地，充分展现激情和活力。“校园足球活动已形成常态化，家长们都很认可，在参加市、区级比赛时有不少家长亲自陪同。”学校一位体育教师告诉记者。

学校负责人告诉记者，开展校园足球活动以来，学生体质健康合格率高了，综合素质提升了，还在各级各类体育比赛中取得了理想的竞赛成绩。

（《中国教育报》记者　余闯　易鑫　徐光明　2014年12月29日报道）

人物风采

熊超：酷爱足球当上校队“总教头”

2014年12月17日下午4点，晴朗冬日里的阳光斜洒进江西省南昌县莲塘三小的校园，映衬着四年级（10）班学生李帅在足球场上的身影，矫健而优美。

李帅练球已有两年多的时间，如今是学校年级组足球队的一员。而让记者没想到的是，莲塘三小校园足球的“总教头”竟是一位名叫熊超的大男孩。

熊超出生于1987年，从小学五年级与足球结缘，足球运动一直陪伴他到现在。2008年，熊超从南昌师范学院的前身江西教育学院毕业，到了莲塘三小教语文。

“热爱是最大的兴趣。”因为酷爱足球，踢球依然是熊超业余生活中最重要的一部分。可熊超发现，当地没有推广足球运动的社会团体。于是，在他和一帮球友的努力下，昌南足球协会2010年宣告成立，熊超任秘书长。

2011年9月，莲塘三小被确定为“全国校园足球活动定点学校”。熊超迎来了施展手脚开展校园足球的“春天”。

组建“阳光体育、快乐足球”校园足球队，组织队员训练，参加比赛检验训练效果，熊超忙得不可开交。学校为支持熊超开展校园足球活动，经常请专业足球教练金丽鹤到校指导，还外聘了两位足球一级运动员作为助理教练。2014年新学期，学校把每班每周的体育课增加到4节，规定其中一节是足球课。

2012年，熊超主动向学校申请成立校园足球工作室，计划构建校园足球文化、完善校园足球机构，促进校园足球活动开展规范化、制度化，并通过设立校园足球特色课题组，研发校园足球教材、科学制订训练方案，推动校园足球活动深入发展。这一想法得到了校长黄国园的大力支持。

熊超高兴地告诉记者：“从最早的一个人带十几个孩子，到现在常年参加足球训练的有100多人，我看到了校园足球发展的良好势头，觉得这些年的辛苦很值得。”

以赛带练，以赛促练。通过参加联赛实战，熊超越发认识到，孩子踢足球不光是速度，足球技能包括身体的协调能力、控球能力、拿球和带球能力，以及传接球和团队配合能力，才是主要的。“要苦练孩子们的球感和基本功。”熊超说。

2012~2013年度、2013~2014年度，熊超带领球队连续获得联赛一等奖。“一想起孩子们获胜时师生拥抱在一起欢呼的场景，我就很感动。足球运动真的太有魅力了。”熊超说。

“如今，开展校园足球有了良好的社会大环境，可谓天时、地利、人和。我会把校园足球作为人生事业来经营，让这项运动给更多的孩子带来快乐。期待早日有从这里走出的球员驰骋在国际国内顶级赛场。”熊超说。

（《中国教育报》记者　余闯　易鑫　徐光明　2014年12月29日报道）

浙江省

核心提示

浙江省提出，把足球教学纳入学校体育课程教学体系，逐步把足球基本知识、基本技能和现代信息纳入中小学和高校的体育课程必修内容；全面建立校园足球教学标准和学生运动水平达标标准，鼓励更多学生积极参与；积极探索高中招收足球优秀学生的办法，扩大高校高水平足球运动队招生规模。

浙江师范大学附属义乌实验学校足球节上，孩子们穿着统一的队服跳起足球操。（资料图片）

省级行动

培养兴趣爱好　完善四级联赛

浙江推进“校园足球”向纵深发展

“浙江一直在努力做全国校园足球的排头兵。”2015 年 1 月，在接受《中国教育报》“校园足球神州行”记者采访时，时任浙江省教育厅厅长刘希平表达了期盼校园足球蓬勃发展的强烈愿望。

近年来，浙江省多措并举、综合施策，推动全省校园足球运动取得新进展。从 2013 年起，浙江专项用于校园足球活动经费从每年 450 万元增加到 650 万元。省教育厅相关负责人表示，今后浙江还将建立以政府财政为主体、社会捐助和企业赞助为补充，多渠道筹措资金的经费保障机制。

2009 年，浙江省体育局和省教育厅联合成立浙江省校园足球工作领导小组，同时制定《浙江省青少年校园足球活动实施方案》。浙江校园足球省级布局城市从 2010 年开始，已实现全省 11 个设区市和义乌市的全覆盖，全省足球定点学校增加到 525 所，加上其他体育传统学校，全省开展校园足球活动的学校超过 600 所，各布局城市每年开展的足球比赛超 5 000 场，参赛学生超 20 万人。

“创新载体，完善四级联赛体制”是浙江近年来发展校园足球的一条有效经验。从 2009 年起，浙江实行了全省中小学生足球联赛制度和大学生足球甲、乙、丙三级联赛制度。截至 2014 年底，全省共完成年度校内比赛 11 973 场、校际比赛 5 027 场、省级决赛 535 场，共计 17 535 场；全省校园足球注册运动员和教练员 9 333 人，加上正在办理注册的人数，共计 1.2 万人。目前，全省 12 个布局城市均已开展高中、初中、小学男女甲乙组的市级校园足球联赛，部分城市还开展了幼儿足球操展示和高校联赛。每赛季省、市级联赛的比赛场次达 3 000 场以上，参赛学校 400 所以上，参赛球队 500 支以上，参赛人数近 5 000 人，足球文化节嘉年华参与人数达 2 万人以上。浙江还在部分幼儿园中推广足球操，培养少年儿童对足球的兴趣爱好。如今，浙江已逐步形成从小学到初中、高中、大学的校园足球四级联赛制度。

浙江已决定，把足球教学纳入学校体育课程教学体系，逐步把足球基本知识、基本技能和现代信息纳入中小学和高校的体育课程必修内容；全面建立校园足球教学标准和学生运动水平达标标准，鼓励更多学生积极参与；探索激励学生长期参加足球学习和训练的机制，积极探索高中招收足球优秀学生的办法，扩大高校高水平足球运动队招生规模。

浙江省进一步提出：到 2017 年，全省建设省、市、县（市、区）足球特色学校 1 000 所，组建 3 000 支以上学校足球队，建设若干个校园足球运动强县（市、区），以点带面推动校园足球普及；在全省建设 5 ~ 8 个高校高水平足球队，并以“三位一体”等多种方式招收高水平运动员，推进高校足球体育俱乐部（社团）建设，实现足球体育俱乐部（社团）全省高校全覆盖；在以往全省中小学生校园足球联赛基础上，完善小学、初中、高中、大学四级联赛机制，强化普及，进一步扩大联赛参与面，形成小学、初中、高中、大学足球人才培养体系。

（《中国教育报》记者 朱振岳 时晓玲 唐琪 2015 年 1 月 22 日报道）

地方经验

“校园足球不是培养马拉多纳”

——浙江省义乌市开展“普惠”校园足球

从开展校园足球伊始，义乌市教育局就在理念上达成一致——教体结合，求普及而非竞技。

“我们跟体育部门想法不一样，体育部门要评特色学校，上来就问你们给省队输送了多少队员，我们的布点学校不是搞体校，而是要全民健身。”日前，在接受《中国教育报》“校园足球神州行”记者采访时，浙江省义乌市教育局副局长、义乌市青少年校园足球活动领导小组副组长葛晓明态度十分明确。

2011 年，义乌作为唯一的县级市，入选浙江省第一批校园足球布局城市。近 4 年来，出台了《义乌市青少年校园足球活动实施方案》，布点学校从 17 所发展到 30 所，每年组织各学段市级联赛约 300 场……校园足球搞得红红火火。2014 年 12 月，义乌被评为浙江省优秀布局城市，受到省校园足球办公室的表彰。

“校园足球说到底是一种游戏和运动，要让学生们爱玩。”葛晓明说，“我们不是培养马拉多纳，更不能为了栽培几个职业选手让学生荒废了学业。”至于专业水平，“踢的人多了，水平自然就上来了”。

这样的“普惠”理念，渗透在义乌开展校园足球的每项举措里。

如何让更多学生参与 开足马力搞市级联赛

经过几年实践，义乌市发现，联赛能够以赛促练，达到“扩大规模，普及人口，提高质量，打造品牌”的目的。

义乌市教育局高校合作办副主任、市校园足球活动领导小组成员张涵铭说：“我们的特色是人人会踢球，班班有球队，校校有球赛，联盟有选拔，四季有联赛。”

首先，时间跨度长。义乌于每年上半年由各学校组织班级联赛，下半年从 9 月初开始到 12 月底组织市级足球联赛，做到四季有联赛。“联赛时间要拉得长一点。”葛晓明说，“因为时间短学校就不训练了，联赛时间长，训练的时间也长。”他介绍，今后的联赛要搞联盟，市级联赛里联盟先赛，再选拔到市里比赛，“联盟还考虑搞升降级，并且要评金靴奖、银靴奖、最佳阵容等，增加趣味性”。

其次，规范程度高。近年来，义乌市教育局、校园足球活动领导小组从宣传、场

地布置、裁判员、教练员、运动员及车辆使用安全等方面进一步规范足球联赛，并从2011年起培训校长和管理干部、教练员、裁判员、小记者等共300多人次。例如，比赛时间为每周二下午，就规定所有参加联赛的领队、教练、裁判员和管理人员等周二下午都不安排课务，保证联赛的顺利进行。

义乌十分重视校园足球宣传，每当有各学段比赛时（共300多场），都要求每次比赛后要在第一时间将“战况”图文发布在相关新闻网站上，为校园足球持续造势。

经过几年的努力，义乌的足球活动人口不断增加，共惠及2万多名学生；小学各布点学校学生参加足球活动的人数均在80%以上。

联赛也印证了“踢的人多了，水平自然就上来了”的设想。如今义乌每年都有10余支球队参加省级联赛，且成绩逐年提高。2015年有6支足球队在浙江省足球联赛总决赛中获前六名。

如何让踢球与学业互利　名校布点，足球特招

鼓励学生踢足球，但不能让学生荒废学业，更要为爱踢球的学生考虑未来。

为了让布点学校的孩子既喜欢足球，又不因此影响升学，义乌从小学开始，专门设置特长生招生，选城区最好的学校招足球特长生，让踢球踢得好的学生可以来读书，2014年浙中名校绣湖中学就特招小学足球运动员8名。

浙师大附属义乌实验学校体育教师、义乌市体育学科带头人任松梅教过很多这样的学生。她的一个从温州来的学生陈小健，从小体弱多病，但踢足球几年后，身体越来越棒，还以足球体育特长生的身份被招进该校初中部。

“这对学生和家庭来说是很有吸引力的，”义乌教育研修院研修员陈玲娟说，“一方面会踢球可以上好学校，另一方面踢球的学生身体棒、性格阳光，学习成绩往往越来越好。”

下一步，义乌计划在高中学段也选最好的学校布点，让擅长足球的初中生有“出口”。张涵铭说，现在义乌已经有两所布点普高，接下来计划在省一级重点中学义乌二中布点，目前该校已经开始申报2015年普通高中特长生招生计划。

葛晓明说：“这些学生以后读了大学回义乌来，就可以当足球教练啊！那我们就可持续发展了，不用老去找退役的运动员，哈哈！”说到这儿，他开怀一笑。

如何让布点学校不流于形式　重金赏优，末位淘汰

现在，义乌共有30所校园足球布点学校，其中幼儿园3所、小学11所、初中10所、高中6所。对这30所学校，市教育局和市校园足球活动领导小组严格要求，同时赏罚分明。

2014年底，义乌下拨22.1万元，按先进单位12 000元、优秀单位8 000元、合格单位5 000元的标准奖励27所布点学校。

除了专项奖励，义乌每年用于市级联赛补贴、奖金20余万元，用于小学、初中和高中近20支球队参加省级联赛30余万元，用于裁判员、教练员、管理干部培训10余

万元，加上给优秀布点学校的奖励基金，合计 90 万元。此外，义乌从 2007 年起就规定，学校生均公用经费不少于 8% 必须用于体育。经费的保障让布点学校干劲十足。

浙师大附属实验学校校长马惠潮向《中国教育报》记者展示了学校自编的一整套足球校本课程，这套课程根据不同年级的特点，由浅入深地讲解了足球的知识、文化、动作要领等。

马惠潮说，中学每周 3 节体育课、小学每周 2 节体育课中，必须有 1 节是足球课。小学有 4 支、中学有 2 支足球校队，“这些都是明确要求我们布点学校做到的”。此外，学校每年还搞足球嘉年华，让师生享受足球的乐趣。

学校地处城郊接合部，生源有将近一半是外来务工人员子弟。马惠潮说，原本学校属于二流学校，并不拔尖，但开展校园足球活动以后，教育部门派专门的足球教练、教师，把团队组织起来。现在，校队经常在市级、省级联赛中取得好成绩，“这在以前我们都不敢想，老师和学生的自信都大大提升了”。

义乌的布点学校除了重金赏优，还有末位淘汰。近 4 年来，义乌调整了 3 所布点学校，“不行就下”。新增点的学校也设有一定的门槛，必须符合下列条件：一是要有领导小组，且校长任组长；二是场地和教练配备符合要求；三是组织过班级联赛，至少有 30 名正式注册的足球运动员。

赏罚分明的举措让义乌的校园足球布点校真正成为足球特色校，在家长和学生心目中逐渐形成爱踢球就得上布点校的观念。

（《中国教育报》记者　唐琪　时晓玲　朱振岳　2015 年 1 月 22 日报道）

梦想从“足”下起步

——杭州积极探索校园足球文化新模式

2014 年 12 月中旬，杭州清河中学足球队在“谁是球王”民间足球争霸赛华东大区决赛中拿到了青少年组冠军，这也是杭州市校园足球蓬勃发展的一个缩影。作为 2009 年全国首批 40 个国家级校园足球活动布局城市之一，杭州的青少年校园足球走在了全国前列。

“在杭州同年龄段我们没有对手。”清河中学足球队主教练陈纪一最清楚，这些孩子是怎样从一次次传球练起，到如今终于踢得有模有样的。清河中学是杭州市青少年校园足球定点学校之一，在杭州市大力发展校园足球的 5 年里，清河中学引进专业的师资力量，不断完善梯队建设。2015 年 2 月，这支学生军出战了全国总决赛。

目前，杭州共有校园足球活动定点学校从小学至高中 93 所，试点幼儿园 8 所，参加校园足球活动学生达 1.97 万人；全市每年从市体彩公益金和市级财政中拨付 100 万元，并为所有参赛的 1 959 名注册学生运动员和教练员购买校园责任保险。

市校园足球办公室副主任王惠民说：“现在除了大学，其他几级（学校）都已经有了校园足球联赛，这在全国也是不多的。”

一个最深刻、最直观的感受是，5年来杭州校园足球参赛队伍数量的变化。王惠民深有感触地说："第一年，小学加初中一共才54支球队，不少球队是我们去找校长谈，请他们来参加，现在是主动申请参赛的学校多得不得了。"这次"市长杯"校园足球联赛，共有101所学校参与，161支球队参赛，参加人数达到2 471人。在杭州，如此大规模的校园足球联赛将随着"市长杯"的举办，逐步完善并形成"区县（市）长杯"和学校内联赛（"校长杯"）的赛事体系。

对杭州市大多数家长来说，是否支持孩子踢足球，底线在于学习成绩。2010年开始的体教结合模式，让以往待在体校的孩子如今都到普通学校上课，放学后就地在校训练，教练员则由杭州市体育发展集团体育中心派出。表现突出的孩子，还会在周末到市体育中心接受每天3小时的训练。

既然叫"市长杯"，便是依靠行政力量来推动校园足球，对此，时任杭州市体育局局长赵荣福相当赞同："行政支持对足球运动的发展有不可替代的推动作用。今后，我们还会与大学合作，让足球小将们一路踢到高校，拓宽校园足球的出路。"

（《中国教育报》记者　朱振岳　时晓玲　唐琪　2015年1月22日报道）

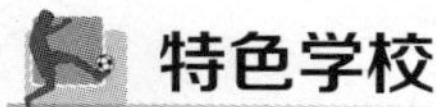

特色学校

学习差进不了校队

害怕踢足球影响学业，大概是很多家长不支持孩子踢球的主要原因。但在杭州市建兰中学，足球与学业似乎并不冲突。

"如果学习成绩达不到全年级前300名，不能进校队；进校队以后如果成绩大幅度下滑，我们还会劝退。"学校体育教师欧阳高科告诉《中国教育报》记者，为了留在校队，足球小子们每天以最高的效率完成作业，游戏、平板电脑更是一概没心思玩了。

在保证足球不影响学业的基础上，建兰中学为实现推动校园足球的普及和竞技水平的提高这两方面目标，作了许多努力。

推动普及方面，学校让足球贯穿体育课堂，初中三年，每学期都有足球单元教学。此外，学校把校园足球从运动员参与扩大到全员参与。每年的体育节是足球爱好者的盛宴，每个班级都有独特的足球文化。校党总支书记周素颖告诉《中国教育报》记者，学生们甚至会把罗纳尔多摇手指、劳尔亲吻戒指这样的大腕球星招牌动作设计到自己的团队展示当中。

提高竞技水平方面，学校采取体校结合的训练模式，并重金聘请浙江省前女足主教练李华军给学生们进行一周6次练习。

足球小子们的进步有目共睹，2014年，建兰男足校队夺得浙江省第五届中学生足球联赛晋级赛冠军，总决赛最终名列第四，而前三名都是专业的市体校队。

（《中国教育报》记者　唐琪　时晓玲　朱振岳　2015年1月22日报道）

人物风采

陈旭东：学生喜爱的“足球先生”

“绿茵场上，他矫健的身影成为校园里的一道风景线，他是学生心中的足球偶像。”在不久前举行的宁波市江东区第二届教育系统新闻人物评选中，江东区春晓中学足球队教练陈旭东作为唯一一名体育教育工作者，被称为“足球先生”。

陈旭东 2009 年 8 月从体校网球专业毕业后进入春晓中学工作。当时，学校想组建校园足球队，但没有人带。从小喜欢看球、踢球的陈旭东爽快地接过了这项任务，成为校足球队教练。

在陈旭东的带领下，校足球队实力迅速壮大，斩获了一个又一个奖项。2011 年以来，校队在宁波市青少年校园足球联赛、市校园足球联赛、市青少年足球比赛中，长期名列初中组冠亚军。在 2013 年全国青少年校园足球冠军杯赛（上海赛区）获得二等奖。在上个月刚刚结束的浙江省第六届中学生校园足球联赛（宁波赛区）夺得初中组第二名。

但刚开始带队的时候，陈旭东的工作开展得并不顺利，经常出现今天这个学生请假、明天那个学生不来的情况。家长也不支持，总是委婉地让班主任找陈旭东做工作。

为了扭转局面，陈旭东绞尽脑汁。训练前开展小游戏，调动队员积极性；在校级对抗赛中加入队伍，和学生一起踢球；训练完后找学生谈心。渐渐地，请假的人少了，学生们喜欢上了足球。

陈旭东带领的球队优秀队员不断崭露头角。2014 年 6 月，人大附中恒大皇马足球学校在浙江举行招生复试选拔，陈旭东的两名学生入选。

谈到足球队取得成绩的奥秘，陈旭东归结为常年坚持系统性的训练。在完成每周 15 课时体育常规教学外，他坚持每周 3 次带校队开展训练，课余时间、节假日，都成为陈旭东和孩子们摸爬滚打的黄金时间。

足球队硕果累累，但学生们的学习成绩让陈旭东放心不下：“单单球踢得好没用，成绩还得跟上去。”

陈旭东想了很多办法，平时注意训练学生的思维方法，帮助学生提升克服困难的能力以及心理调节能力。他还要求，如果学习成绩退步明显，就要暂停训练。

上学期期中考试，陈旭东做了一项统计，球队里 80% 的学生成绩都进步了。“这样，班主任就不会再找我麻烦了。”陈旭东打趣地说。

“陈老师说话特别逗。”在队员初三（4）班学生夏晓峰的眼里，陈旭东像个大哥哥，大家都亲切地叫他“东哥”。

有一件事让夏晓峰特别感动，在 2014 年的市中学生足球比赛中，自己脚骨折了，没想到陈老师带着队员们一起到家里看望他，还把奖杯带过来和他一起合影。

春晓中学校长徐俊告诉《中国教育报》记者，陈旭东带动了整个校园的足球运动，该校学生足球参与面已达到了 30% ~ 40%，每个班级都有足球队，每年的校园足球节都会组织班级联赛。

（《中国教育报》记者　史望颖　2015 年 1 月 22 日报道　通讯员　庄承婷）

福建省

核心提示

福建省召开校园足球调研座谈会，广泛听取专家学者和一线教师的建议，编写出版了福建省本土的《校园足球教师指导用书》（小学版）和《校园足球教师指导用书》（中学版）。同时，对全省各地中小学足球特色学校的足球教师进行培训，每期培训10天，每个班都安排有班主任和培训讲师。

厦门二中学生在足球教练的指导下练习颠球。（熊杰　摄）

省级行动

福建将出版校园足球“扫盲教材”

三年内将建成足球特色学校700所

“福建目前有省级及以上青少年校园足球特色学校655所，其中小学348所、中学307所，三年内将达到700所，届时足球特色学校数量将占全省中小学总数的10%，高于全国平均水平。”福建省教育厅体育卫生与艺术教育处处长张海明在接受《中国教育报》记者采访时说。

据了解，2015年4月，经福建省政府同意，由省教育厅牵头成立了福建省青少年校园足球工作领导小组，福建省教育厅厅长黄红武任组长。该小组将领导全省青少年校园足球工作的开展，履行校园足球工作的宏观指导、统筹协调、综合管理等职责和任务。

“现今校园足球很热，但热事情要冷思考，不能冒进，要符合教育教学的基本规律。福建开展校园足球的基本原则是科学、规范、有序、稳妥，口号是‘让足球飞’。”张海明说，2015年福建已经召开了校园足球调研座谈会，广泛听取了专家学者和一线教师的建议，编写出版了福建省本土的《校园足球教师指导用书》（小学版）和《校园足球教师指导用书》（中学版），教材的定位是“扫盲教材”“扫盲用书”。同时，福建还委托华侨大学公共管理学院开展福建青少年校园足球的现状与对策研究，正准备依托一所高校成立青少年校园足球发展中心。

张海明表示，开展青少年校园足球最大的短板是师资，因为中小学有足球学习和执教背景的教师比较少，“即便有的老师有足球学习背景，也不一定会上足球课”。据福建省教育厅对部分设区市进行摸底调查显示：有足球学习和执教背景的中小学教师屈指可数，其中福州93人、宁德50人、平潭3人。在摸底调查的基础上，福建省教育厅遴选出第一批校园足球讲师团队共18人，分别来自高校、中小学和进修学校，其中男讲师16人、女讲师2人。

不久前，福建组织第一批足球讲师到平潭综合实验区实战拉练，结果发现“他们足球课上得好”。“任何一名足球讲师随便借调到一个班级上足球课，都能在一节课内指导学生把足球踢起来。”张海明说。

眼下，福建正在对全省各地中小学足球特色学校的足球教师进行培训，每期培训10天，每个班都安排有班主任和培训讲师。“福建的足球教师培训比较接地气，讲师来自一线，教材自编，而各地各校的足球教师不限学科，关键是热爱足球。”张海明说，足球教师培训采取军事化管理，统一着装，严格考勤，每班安排三四个培训讲师，培训期间从头至尾跟学员在一起，并非像讲座一样上课。

据介绍，此前，为了使各地正确把握校园足球的内涵，福建省已举办了两个层面的培训：第一层面培训面向各县（市、区）教育局长和体卫艺科（股）长，180多人参训；第二层面培训面向各县（市、区）足球特色学校校长和教务长，近900人参加。

张海明说，2015 年，各校园足球特色学校要完成三个目标：第一，每周一节足球课要开起来；第二，校内班级联赛能打起来；第三，能组建男队和女队，特别是女足要踢起来。据悉，福建还将设计班队、校队、县队、市队、省队等 5 组校园足球徽章，以不同形状、大小、颜色予以区分，徽章上印有“福建省教育厅”及数字编号等字样，让参与踢球的学生有荣誉感和成就感。

（《中国教育报》记者 龙超凡 王强 翁小平 2015 年 10 月 1 日报道）

地方经验

厦门在师资、经费、交流等方面为校园足球发展“大开绿灯”

延续百年传统普及快乐足球

在风景如画的厦门鼓浪屿岛上，有一所充满了青春活力的百年老校——厦门二中，而让这所百年老校焕发青春活力的“秘密武器”之一就是足球。

厦门二中鼓浪屿校区，位于入岛不远处的一个山坡上，校门外狭长的小巷为学校平添了几分静逸。然而，一到周末，学校足操场上的人声鼎沸，又让人仿佛置身繁华都市。

就是在这个球场上，人们时不时可以看到一队头发斑白的中老年球员与一队稚气未脱的青少年球员在“比拼厮杀”。厦门二中校长吴启建告诉记者，学校的足球印记“悠久且浓厚”，校队中曾经走出过两位院士，很多五六十岁的老校友经常还会回到学校与小球员们踢友谊赛。

厦门二中的校园足球，见证了厦门足球乃至我国足球运动发展的漫长岁月。如今，足球再一次成为厦门校园体育发展的新亮点，全市已形成了班级、年段、学校（区）、市多个层级的校园足球联赛。厦门市教育局副局长任勇表示，厦门近年来在师资、经费、机构、比赛交流等方面“大开绿灯”，为校园足球发展营造了良好氛围。

现代足球发源地的新追赶

1898 年 2 月，英国传教士在鼓浪屿创办英华书院（厦门二中的前身），是当时鼓浪屿影响较大的西式学校。书院创办不久，即成立了英华足球队，至今已有 110 多年的历史。英华足球队经常在“番仔球埔”（即今天的鼓浪屿人民体育场），与岛上洋人组成的球队比赛，岛上居民时常围聚观看，称之为“脚球”比赛。有专家考证认为，“脚球”比赛堪称我国现代足球的萌芽，鼓浪屿也由此成了我国现代足球的发祥地。

解放后，鼓浪屿的足球发展脉络并没有“断裂”，当时的教育部门继续组织校园足球比赛，培养了大批足球人才，20 世纪六七十年代，福建省足球队的球员 90% 都是来自厦门。随着 2008 年厦门蓝狮宣布解散，厦门的职业足球历史告一段落，但这里的校园足球如同棵棵顽强的小树，一些学校，如厦门园南小学、厦门二中等，始终保持着良好的足球传统。而厦门的足球人，也一直在为校园足球的长远发展努力探索着。

吴昆盛曾经征战于中超赛场，在厦门乃至福建省都有一定的知名度。他的童年在鼓浪屿度过，小时候放学后就和小伙伴们在街头巷尾踢球，享受着无拘无束的童趣与运动的快乐。现在，他又回到鼓浪屿，成为厦门二中的足球教师。谈起这其中的原由，他说："我太爱这所学校了，太爱这里的足球氛围了，希望能够把足球文化融入到每一个学生的生命中。"

记者在采访中了解到，在厦门校园足球教练中，像吴昆盛这样，从母校走上足球发展之路，又回到母校执教的还有不少。厦门二中足球队的总教练何永三也是其中一位，1972 年到 1980 年，何永三曾是福建省足球队队长、团支部书记，曾带领福建省足球队获全国甲级队称号。作为厦门二中的毕业生，1980 年退役后，他就一直在厦门二中任体育教师。

就是在这样对足球不懈的热爱中，厦门的校园足球人开始了一拨又一拨的新追赶。

让快乐、成绩、球技在校园足球中共存

每天下午 4 点刚过，厦门思明区园南小学的五六十个学生，都会排着队，跟着足球教练到人民体育场训练。参加训练的小学生有两类，一类是经过选拔的队员；另一类是有兴趣的学生，只要参加了足球社团，就可以来踢球，没有任何门槛。

"每天下午练球，会不会影响学习？"记者随机采访了正在训练的六年级（3）班的几名学生，他们都表示，因为学校家庭作业比较少，一般半个小时就能解决，多的时候一个小时也能写完，所以 6 点回到家，7 点写作业，8 点之前就能完成。"虽然每天踢球有点累，但是天天和小伙伴们一起踢球玩耍，很快乐。"一名学生说。

校园足球活动的蓬勃开展，离不开厦门市教育局多年来营造的良好氛围。在小学阶段，厦门执行严格的"减负"措施，为校园足球等体育活动的开展提供了强有力的保障。严格规定小学放学时间，减少家庭作业量，让小学生有时间、有精力参加足球训练，让他们共享足球运动的魅力和快乐。

为了增加足球人口，发展校园足球，在给孩子们带来运动快乐的同时，更要关注小球员们未来的出路问题，这也成了很多业内人士的共识。

说起自己的文化课成绩，厦门二中学生王鑫海很自信。他是 2014 年二中出战全国校园足球冠军杯的主力队员，不仅球技好，文化课成绩也很好，现在已经被专业俱乐部看中。

记者了解到，厦门不少学校在选拔队员时，除了看球技和潜力外，还十分注重考查学生的文化课成绩。

在厦门二中，学校对足球班学生实行分流制。在初二，对那些潜力不足、在足球上提升空间不大的学生，劝其到普通班就读，集中精力学好文化课。对运动天赋好、成绩合格的学生，将他们保送到高中部，以后可以攻读大学体育专业。对那些文化课成绩非常出色的学生，鼓励他们考高中、考名牌大学，同时把足球作为特长继续发展。

2014 年，厦门二中足球班 21 名学生全部被本科院校录取。现在，足球班的学生有考普通大学、体育大学和进专业俱乐部等多条出路，这些让家长们对自己的孩子学习足球少了很多心理顾虑。

真正让足球热起来，重在普及

到2015年10月，厦门已经建立了56所校园足球布点学校，而在最近公布的《2015～2017年厦门市校园足球工作方案》里面，厦门市教育局提出，到2017年力争创建165所足球特色学校，其中大学5所、高中20所、初中40所、小学100所，并鼓励学校组建女子足球队。

该方案还提出，结合厦门现有中小学校园足球三级联赛开展情况，将举办高校校园足球联赛，进一步贯通四级联赛体系。通过班级赛、校级赛、区级、市级校园足球联赛等各级赛事，使联赛制度化、常态化，成为推动校园足球发展普及的平台。

眼下，厦门不少学校还举办了各种活动，推动校园足球的普及。思明区梧村小学举办了校园足球文化节，开展亲子足球对抗赛，让学生和家长一起享受足球的乐趣，同时还邀请中国花式足球第一人——谢华来学校表演，让孩子们大开眼界。

厦门康乐小学的校园足球联赛，将每一个场次的比赛都分为女生队、男生队、家长队三个环节，共有600多名学生、300多名家长参赛，学校的年轻男教师们还与家长队进行了友谊赛。孩子们纷纷为爸爸们、老师们欢呼呐喊、拍手叫好。康乐小学校长胡慧玲说："校园足球重在普及，重在快乐，家长参与，社区居民观看，才能真正让足球热起来。"

厦门还要求，小学、初中足球特色学校每周需开设1学时的足球教学课，高中每学期不少于18学时，普通学校每学期要开设10课时，并在课外活动中加强足球运动的推广；要求每学年要对学生进行足球基本技能考核，并纳入其足球成长档案。在教练员方面，"引进来，走出去"，尝试和知名足球俱乐部合作，邀请优秀外教到足球特色学校任教，利用假期举办培训班，同时也选派一批足球骨干教师（教练员）到国外学习和培训。

（《中国教育报》记者　熊杰　翁小平　王强　2015年10月1日报道）

校园足球点燃学生运动沸点

泉州特色校"三有"：有场地有老师有比赛

2015年9月，泉州市首届小学生足球联赛举行，全区15所小学共25支男、女球队参赛，鲤城区东门实验小学、侨星小学分获男子组、女子组冠军。

据了解，泉州市鲤城区已申报全国青少年校园足球试点区，目前有14所中小学申报了第一批"全国青少年校园足球特色学校"。

"取得男子组冠军，与学校有专业足球教师及频繁的足球训练有关。"泉州市鲤城区东门实验小学校长蔡晓芹介绍，学校现有足球专项教师2人，其中体育组组长程凤鸣老师是福建省体工队足球专业队退役运动员，经常应邀担任泉州市各级足球联赛裁判长，"两年前，学校男、女球队组建成立，坚持每天训练一两个小时，周末常常参加校际联赛"。

程凤鸣介绍，学校校园足球面向全体学生，每周安排一节体育课进行足球教学，分

年级组织学生学习运球、传球、颠球、带球、顶球、射门等基本技能，将足球基本技能融入体育游戏教学之中，学生参与足球的兴趣浓厚。

“当前，我们正在组织体育教师创编足球操，将其融入大课间活动。”蔡晓芹说，借助校园足球的东风，学校已建成5人制足球场，并将设立足球项目专项经费。

东风并非只眷顾鲤城区东门实验小学一所学校。在泉州，各县（市、区）中小学足球特色学校点燃了学生运动沸点，各校操场上时常可见学生踢球的身影，比赛的呐喊声不绝于耳，且目前已基本实现了“三有”：有场地、有老师、有比赛。

泉州师范学院附属小学校长黄志强说，学校重视培养学生的足球兴趣，体育课上教授足球内容，让学生在操场的各个角落把球踢起来，高年级学生则组织开展班级内、班级间比赛。

2015年初，晋江市心养小学成立了校园足球俱乐部，提出了“人人一个球，天天玩足球，个个很快乐，家家都幸福”的目标。晋江市心养小学校长张金陆说：“每天放学后，学校允许家长凭证件进入校园，和孩子一起踢球玩耍，让学生真正在踢球的过程中喜欢足球，增强学生体质。”

南安市西溪中学是该市首批4所足球定点校之一，于2012年组建校足球队，曾获厦漳泉三市中学足球联赛第二名。校长庄稼鸿介绍，学校从外省聘请了1名B级足球教练，住在校内给学生上足球课，体育教师中有4人是D级足球教练。

庄稼鸿讲述了一件趣事：曾有班主任与足球教练吵架，原因是班主任怕学生踢球训练时间长而影响学习。于是，学校对校足球队学生进行专门建档，跟踪其学习成绩变化。结果发现，踢足球对绝大多数学生的学习成绩没有影响，很多校队学生的成绩甚至比入校队以前更好。

据介绍，福建省2014年高考文科第一名林子涵，曾是泉州五中足球队队长，参加过2014年泉州市中学生体育联赛足球赛。

泉州市教育局副局长毛伟雄说：“开展青少年校园足球不能一阵风似的一哄而上，更不能放弃学校原有的传统体育特色项目。开展校园足球，应面向全体，做好普及与提高，着力培养学生的运动兴趣，让学生在参与中找到一两个自己喜欢的体育项目。同时，要发挥课堂的主渠道、主阵地作用，切实把足球列入体育课程，激发学生踢球的内生动力，变‘要我运动’为‘我要运动’。”

（《中国教育报》记者　龙超凡　王强　翁小平　2015年10月1日报道　特约通讯员　林贵福）

特色学校

厦门人民小学：

开发校本教材，让体育教师也成普及者

学校要普及足球，专业的足球教师却很稀缺，如何让普通体育教师，尤其是像在读

大学期间主修田径或其他专项的教师，也可以教足球，让他们也成为普及者，厦门市人民小学进行了探索。

人民小学目前是福建省、厦门市两级足球传统项目学校和省足球特色校，也是厦门市下一届省运会梯队 3 个训练点之一。多年来，学校足球队在全国、省、市比赛中取得多项好成绩。

人民小学校长林赞忠说，普及足球，如果全靠专业的足球教师，师资力量显然不够，只有让普通体育老师也行动起来，才能进一步推广普及，但是如何让这些学田径或是其他专项的教师也能教好足球，需要进行系统的培训。

记者在人民小学看到，带着学生练足球的，除了专业的足球教师，还有普通的体育教师，他们在大学并非学的是足球专业，但照样把足球教得有板有眼。教师卢心刚毕业于师范学院，在大学并不是主修足球，现在，他经常代表学校开示范课，讲解非足球专业教师如何教好足球。

前不久，人民小学的市级课题“小学足球校本课程开发与实施研究”结题，并对小学各个阶段足球教学的基本要求进行了讲解。记者看到，对小学一年级的要求包括：知道所学足球运动的动作名称、通过足球各种球性练习了解触球位置、提高球感意识等内容。现在，人民小学专门编制了小学一年级和二年级的足球校本教材。

记者了解到，学校之所以编制一年级和二年级的校本教材，是因为目前国家教材是从小学三年级开始的，而让一、二年级小孩子认识足球，学习基本技能，有助于更好地培养他们的足球意识。

人民小学体育教师张悦虹是亚足联 A 级足球教练。他说，像一些比较初级的足球学习内容，普通体育教师都能教。他说，在体育教师普及的基础上，再由专业的教师来对有特长的学生进行系统训练，由专业教师来带足球队，这样就能把普及和提高结合起来。

张悦虹说，体育专业的教师，在大学时，多数都修过足球课，有一定的基础，同时对于小学来讲，体育教师做到“全科化”势在必行。

在人民小学的训练场上，记者看到一群一、二年级的小朋友正在练习颠球。教练陈臻说，这些小朋友都是从体育课中表现比较好的学生中挑选出来的，学校对他们进行重点训练，等到五、六年级时，他们就有可能进校队。

二年级（5）班学生小林说，自己在幼儿园，以及在课外，都没有练足球，是在学校体育教师的指导下，才开始喜欢足球的。说起训练目标，他说：“要进校队，代表学校去比赛。”

通过科学的抓训练和普及，近年来，人民小学取得了较好的成绩。2011 年和 2012 年，校队连续两年获得厦门市小学生足球锦标赛冠军，2014 年获季军，2015 年再夺厦门市小学生足球锦标赛冠军。2015 年，还获得了“我爱足球”中国民间足球争霸赛福建南区小学组冠军。

（《中国教育报》记者　熊杰　2015 年 10 月 1 日报道）

广西壮族自治区

核心提示

广西壮族自治区（以下简称广西）出台《关于切实加强学校体育工作促进学生健康成长的实施意见》，对学生体育锻炼的时间、课程、开展方式及师资保障方面，提出新的要求。特别在推进校园足球方面，广西要求各级各类学校要广泛开展足球教学和课余训练，将足球纳入学校体育课程教学体系。

田东县布兵小学学生在进行足球训练。（唐琪　摄）

省级行动

广西构建一条龙足球训练体系

“建立起稳定的小学—初中—高中—大学四级联赛体系。”2015 年 5 月，广西正式出台《关于切实加强学校体育工作促进学生健康成长的实施意见》，对学生体育锻炼的时间、课程、开展方式及师资保障方面，提出新的要求。特别在推进校园足球方面，广西要求各级各类学校要广泛开展足球教学和课余训练，将足球纳入学校体育课程教学体系。

推进足球深入课堂，提高校园足球普及水平。广西坚持开展阳光体育运动，把足球活动纳入阳光体育运动之中，严格执行国家课程标准，把足球纳入学校体育课程教学体系，掀起广西各级学生参加校园足球活动的热潮。从 2015 年起，广西教育厅与广西体育局每年联合举办广西壮族自治区“千里杯”青少年校园足球联赛。从 2008 年开始，北海市已将足球科目列入了体育中考项目，利用中考导向作用，提高学校和家长的重视程度。目前，北海市已经建立了幼儿园—小学—中学一条龙的业余足球训练体系。

重点扶持特色学校，以点带面实现全面发展。在创建全国校园足球特色学校的基础上，广西重点扶持 14 个市及高校打造“校园足球示范校”，作为广西开展校园足球的标杆，对场地、师资、课堂教学、球队建设、训练竞赛等方面给予重点扶持。2011 年，广西推选北海作为校园足球试点城市并获得通过。2015 年起，广西充分利用高校高水平运动队资源，对广西校园足球项目进行“5111”式的设点布局，构建大中小学联动的布局体系，即：在全区高校中选取 5 所足球项目水平较高的高校，同时在 14 个设区市中，每市分别选取高中、初中、小学各一所作为校园足球示范试点学校。5 所高校对应 14 所高中，每所高中对应一所初中，每所初中对应一所小学。以高校为引领，以点带面，层层辐射，在开展校园足球教学、足球训练管理、运动员招生和培养、教练员和裁判员培训、优秀专业教练员进校园等方面实现大中小学的有效对接，保障校园足球运动发展的系统性和连续性。

重视人才培养工作，完善足球教师队伍建设。根据广西教育厅 2015 年度体育教师培训计划，暑假期间，广西将充分利用广西民族大学、广西师范大学这两所拥有足球方向高水平运动队的高校资源，集中对学校专兼职足球教师开展专项培训，共举办 4 期足球教师培训班，计划培训 320 名专兼职足球教师。通过培训，确保自 2015 年秋季学期起，广西校园足球特色学校顺利完成每周开设一节足球课的要求。同时，通过特岗教师计划补充足球教师队伍，整合教育及体育部门现有闲置专业资源，通过转岗培训、新增递补、社会聘请等方式，鼓励他们担任兼职教师。

开展足球教育合作，助推与东盟国家文体交流。广西发挥与东盟国家地缘上的独特优势，加强与东盟国家文体的交流合作。2015 年 3 月，广西东兴市举办了首届中国—东盟国际青少年足球邀请赛，来自中国、越南、缅甸、马来西亚等国的校园足球队参赛。下一步，广西将扩大参赛队伍规模和参赛队年龄组别，努力将其打造成中国与东盟体育交流有较大影响力的品牌赛事。

时任广西教育厅厅长秦斌表示，广西要加强指导各级各类学校将足球课纳入学校体育课程教学体系，把足球活动纳入阳光体育运动中，通过各种形式和渠道引导学生体验足球、热爱足球、学练足球，努力营造浓厚的足球文化氛围。

（《中国教育报》记者　宋潇潇　周仕敏　2015 年 5 月 28 日报道）

地方经验

北海：校园足球红火的秘密

北海是广西壮族自治区命名的“足球城”。早在 19 世纪末，足球运动就作为殖民侵略的副产品传入当地，北海因此成为西南地区最早接触和开展足球运动的城市。近 20 年来，北海足球一直称雄广西。同时，北海也是全国青少年校园足球活动布点城市、青少年足球冬训基地。

在这个“以足球为习惯”的城市，校园足球开展得如何？《中国教育报》“校园足球神州行”采访团到这里寻找答案。

落实梯队建设，拒绝立竿见影

2015 年，北海陆续有八中的梁庭斌、高德小学的邓华艺和十五小的郑志健 3 名小球星入选国少梯队选拔名单。

至 2015 年 5 月，北海共有 62 所校园足球布点学校，参加校园足球联赛注册的人数有 300 多人。国家队的认可，是对学校开展校园足球的极大鼓励。出尖子当然好，但是，北海人没有被冲昏头脑。

“教育来不得立竿见影的事情，我们不能盯着眼前利益，盼着学生在校阶段得多少冠军，必须系统地把体系建设工作做下去，为学生长远发展考虑。”北海市海城区第二小学校长石维广说。

不同于很多地方，北海校园足球的梯队建设从幼儿园就搞起了。

“猜猜我在模仿什么动物？”北海市第一幼儿园的操场上，足球教练吴铭双膝半蹲、作横行状。“是沙蟹！”孩子们争相回答。“对！我们今天要玩的游戏就叫捉沙蟹。”讲完规则，教练一声令下，小朋友们有模有样地带球跑动起来。几分钟后，看孩子们练得差不多了，带着“怪兽”头套的教练摇铃登场，把那些来不及“钻洞”的、慌了神抱起球就跑的小朋友通通捉了起来。场边的小朋友手舞足蹈地叫着、笑着。

一幼从 2014 年起就给每班开设足球课，每周一小时，这在北海幼儿园里是第一家。一幼园长张重宁说，北海足球的群众基础好，但很多人是从小学高年级才开始接触，“我们就想，能不能从娃娃抓起，让兴趣来得更早一点？”

于是，一幼从二小请来教练吴铭，专门为幼儿园的孩子设计足球课。“有些人说，小孩子嘛，给个球让他们随便玩玩就好了啊。我很不认同，越是启蒙越需要专业性。”

吴铭说，“所以我愿意来教幼儿园，应该让孩子们一开始就得到专业的指导。”

孩子升入小学，就可以参加训练队了。比如，二小成立了不同年龄层次的训练队，按年级及年龄分为3个梯队，一、二年级为预备队，三、四年级为基础队，五、六年级为尖子队。一、二年级容易兴奋，也容易转移注意力，适合进行一些训练敏捷度的竞争游戏，如果过早地让学生为了打比赛苦练，不但效果不好，还很容易让他们厌烦、放弃足球。等学生到了五、六年级，就要加强技术练习。如今，二小已经形成了预备队—基础队—尖子队的“一条龙”训练体制。

不能等靠要，篮球场练出足球冠军

2014年底，北海市海城区第十五小学代表北海夺得了“谁是球王”中国足球民间争霸赛广西赛区总冠军，并代表广西参加了华南区全国“谁是球王”争霸赛，获得季军。

要知道，这是个在硬地篮球场上练出来的足球冠军。2014年初，十五小因为校园建设，原有足球场无法使用。近一年时间里，教练和学生们每天就在篮球场上坚持训练，定期到附近学校借场实战。十五小硬件条件并不优越，学生75%来自外地，南腔北调，管理起来也并非易事，但校长李科贵说：“不能等所有条件具备了才开始搞校园足球，我们用足够的重视和热爱打出了好成绩。”

缺经费、缺教练、缺场地，是目前全国开展校园足球面临的普遍问题。在北海，人们积极想办法解决这些问题。缺经费，各校努力保证。九中校长林延勤说，只要是体育、艺术的事，学校出钱一点儿不含糊；高德小学校长龙光先说，在他们这样一所农村小学，每年学校投20万元给校园足球。除了学校自己的经费，各校还积极联系当地商家提供赞助。由于学生们踢得好，很多商家也愿意支持，甚至主动要求冠名。

缺教练，各校组织体育教师参与专业培训，并在编制方面给予支持。如一中2015年准备新招3名教师，其中一个名额就留给足球教练。八中采取“请进来，走出去”措施加强交流，聘请原广西男子足球代表队主力韩达雄到校带队，本校教练员也在裁判工作、各类培训中表现活跃。

缺场地，北海市支持、鼓励临近学校共享资源，比如一中的体育场每天上午就开放给一墙之隔的幼儿园使用。

防止学生只顾踢球，“三三制”护航全面成长

在北海人看来，要搞好校园足球，没有一套管理机制是不行的。

二小创立了“三三制”的管理体制。这是二小为了保证足球队员的学习成绩和个人成长不掉队、校园足球顺利开展的制度“法宝”。二小的资深教练陈志坚告诉《中国教育报》记者，从20世纪70年代起学校就开始实施“三三制”，即以教练员为核心，以“主管领导、教练员、班主任—队员”三位一体进行思想管理，以“教师、教练员、家长—队员”进行三位一体的学习、训练工作管理。

这意味着，参加训练的每个学生，学习、训练、思想、个人表现都有专人负责和管

理。一个明显的例子是，每次外出参赛，总有文化课教师一起“出征”，利用比赛间隙辅导队员完成学习任务。队员如果学习退步，教练也会严肃地劝其反省。“三三制”的落实，争取到了家长和班主任对校园足球的支持。

“不能让学生为了足球，其他的都不管，这不利于其长期发展。”校长和教练都表达了相同的立场。

美丽的银滩边，热闹的足球城。

采访当天，九中校长、教工队主力林延勤刚结束一场球赛，当他身穿红色球服、一身大汗来到记者面前时，路过的学生们像和球场上的哥们儿打招呼一样，亲热地喊着：“校长好！”

二小教练吴铭到北海市第一幼儿园兼职带课，一个月工资只有 1 300 元；一中教练杨雪松一年除了春节之外每天带队训练，一天的补贴只有几元钱……但他们自己说，没办法，就是喜欢足球。

学生去外地比赛，很多家庭全家开车去观战，还带食材煲汤给孩子们喝；一些学校在重大球赛前有出征仪式，校长上台作动员演讲；开学典礼上，校长不光给三好学生颁奖，还专门为足球队颁奖。

……

这些，或许才是北海校园足球能够红火的真正秘密。

（《中国教育报》记者　唐琪　高毅哲　2015 年 5 月 28 日报道）

百色市田东县：

学校社会合力踢好球

当一些地方还在为中小学体育设施该不该向社会开放争论不休的时候，在百色市田东县，几乎所有的中小学体育场地都已向社会开放。

站在田东县思林中学新修的人工草坪足球场上，校长陆德海手指着操场一角的一个小门，连声说：“看见没有，看见没有？那个小门，一到下午 5 点就开，周围的村民都进来踢球。”

陆德海欢迎村民们来踢球。“守着这么好的场地，不让老百姓来踢球，大家会戳你脊梁骨的。”陆德海说。

不过，陆德海可不是仅仅因为这个才打开大门的。思林中学有自己的足球队，因为向社会开放了足球场，只要愿意，他们每天都能和不同的队伍过招，大大提高了自己的水平。

思林中学的足球场漂亮规整，田东二中则刚刚拿到足球场的新建项目，下半年就要开工。如今的田东二中足球场还比较破败，杂草丛生，不过，这丝毫不妨碍校长农克白打开校门，让社会球队来踢球。

“这融洽了学校和周围居民的关系，我们学校的教学工作得到很多好处啊。”农克

白说，“学校周边是密集住宅区，一到晚上就很热闹，有时候会干扰到学生上晚自习，这时我们出去跟他们打招呼，都很方便的！”

田东是广西的足球之乡，35 年前，田东的一支小学生代表队就拿过百色地区的冠军。每年，在当地政府主导和企业赞助下，田东的常规赛事有“体彩杯”县区足球邀请赛、“贺岁杯”足球赛等。仅 2015 年 1 月 ~ 5 月，田东足球赛事就一个接着一个，有首届足球联赛、小学生 5 人制足球赛、田东高中足球联赛、思林嘹歌节足球邀请赛等。如今，不管是在学校的足球场，还是在县体育场，或者在乡下简陋的草地上，都活跃着一支支足球队。

田东县有关部门意识到，在如此浓厚的足球氛围中，打开校门，让社会足球和校园足球充分融合，产生化学反应，是发展校园足球运动的不二选择。

学校主动向社会打开大门，不仅是为社会足球队行方便，社会各界的足球资源也因此积极寻求和校园足球的合作，共同为校园足球的发展努力。2012 年以来，田东县一直在推行以“让每个小学生和中学生学会一门乐器，或擅长一项体育运动”为主要内容的艺体教育。其中，社会力量为校园足球提供了大量资源。

全县 24 所中小学都与社会足球队结成对子。社会足球队不仅为校园提供训练器材，还每周组织力量来到校园，教给学生足球技巧。

在田东，活跃着一支平均年龄 45 岁以上的“老同志足球队”。在政府推动下，不久前，老同志足球队与田东县祥周镇布兵小学开始共建校园足球队。每周，老同志足球队都有队员来到学校，指导学生训练。布兵小学校长辛华尚说：“社会足球力量弥补了我们专业师资不足的短板，使我们的足球训练有了专业保障。”

如今，田东已在全县范围内多管齐下，招聘足球专业或有足球专长的人才，充实学校足球教师队伍。众多民间足球俱乐部踊跃担任校园足球指导员、教练员，并为学校捐助足球运动设备。至 2015 年 5 月，全县有专职和兼职足球教师 306 人，年内计划再招聘 50 名体育教师。同时，积极与高校合作，接收高校每年安排的 170 名左右的体育专业生到县项目学校顶岗实习。不久前，田东还邀请到了中国足球“金哨”、清华大学中国足球发展研究中心孙葆洁教授等区内外足球专家，对足球教师进行技能培训，提高足球教师专业水平。

在校园足球蓬勃发展的局面下，田东县出台了青少年校园足球运动工作方案。田东县将累计投入 5 000 余万元，为 4 所学校建设标准化足球场，还将投入 500 余万元，为中小学校购置足球等运动器材。将校园足球纳入中小学校的常规教学，按不同年龄段开设足球课程。幼儿阶段，开设健康领域课程，为青少年校园足球工作奠定基础；小学阶段，分年级开设足球课程，循序渐进，逐步提高教学效果；初中阶段，开展足球教学和训练，组建班级、年级、校级足球队，开展校级比赛，提高学生的足球技能；高中阶段，引导学生把足球运动培养成爱好和习惯，积极组建足球兴趣小团队，以进一步激发学生参与足球运动的热情。

（《中国教育报》记者　高毅哲　唐琪　2015 年 5 月 28 日报道）

人物风采

一起训练一起比赛一起追梦

校园里的足球“双子星”

在广西的足球城北海，踢球的学生数以百计，浓厚的足球氛围，也让北海走出了不少具有较高水平的校园足球“明星”。作为他们中的佼佼者，王建聪、梁庭斌正一步步向着自己的梦想前进。足球，带给他们的既是快乐，也是梦想。

王建聪：争夺300万元奖学金留洋计划

前不久，2015北海国际青少年足球邀请赛在广西北海市海浪足球训练基地举行。在这支参赛的北海队中，北海一中初二学生王建聪是队中的主力前锋，也是球队的精神领袖。

王建聪在这次比赛中表现优异，赢得了主办方的青睐，与队友陈在鸿一起获得了“梦想成真”海外留学全国选拔的名额，将争夺英国李斯特郡布鲁克足球学院免费留学四年、总值300万元奖学金计划的机会。

王建聪说：“一开始见别人踢球的时候觉得很好玩，等慢慢接触足球后发现越来越喜欢，觉得踢球能给我带来快乐。”现承担着队长角色的他，曾代表北海队参加广东清远足球夏令营，获得希望之星和最佳射手，是近年来北海校园足球涌现出的又一颗新星。

王建聪上六年级时，体重已经超过了120斤，相对于其他队友来说自己就是一名十足的胖子，因此被大家称呼为“肥仔”。他自己对这个外号也觉得亲切。

王建聪五年级开始接触足球。那时父母担心他受伤，反对他踢球，但他依然偷偷地训练。为了证明自己能做好，王建聪在学校上课也非常努力，学习踢球两不误，认真学习也认真踢球。虽然现在他对足球的爱好终于得到了父母的理解，但王建聪悄悄告诉记者，踢球几年的时间里，两个脚踝都有不同程度的伤病，可是自己都没有告诉家人，“我一般受伤都不敢告诉他们，因为一告诉他们，他们又会很担心”。

对于未来，王建聪的目标很明确：“继续认真训练，把自己努力提高，在每次比赛中发挥自己的最佳水平。我希望以后当职业足球运动员。”这就是王建聪的足球梦。

梁庭斌：踢进拜仁青少年世界杯

“好消息，好消息！”2015年5月，一个喜讯传来，来自北海市侨港镇的北海市八中学生（原华侨中学学生）梁庭斌入选U16国少集训队。

他出生于侨港，身上有着浓郁的渔民气质。侨港有着浓郁的足球氛围，在家庭、生活环境、学习环境的影响下，梁庭斌的天赋得以全部发挥。

“我是去锻炼了就喜欢上足球了。”梁庭斌还没有接触足球之前，身体很虚弱，经常会感冒发烧。“后来家人知道学校里有个足球队，就让我去参加了足球训练，经过一

段时间的训练，我喜欢上了踢足球，同时，我的身体素质也越来越好，所以我选择了足球。”梁庭斌说。

上初三的梁庭斌，自初一加入校足球队以来，已有多次大赛经历。在一次全国校园足球冠军赛上，经过著名德国俱乐部拜仁慕尼黑的教练的严格选拔，他得以参加“拜仁青少年世界杯”，与另外9名中国优秀足球少年，赴德国慕尼黑接受拜仁教练专业指导，并参加与世界各国青少年足球运动员的交流，最终在著名的慕尼黑安联球场参加青少年杯决赛。

梁庭斌和王建聪是队友，他们在足球场上经常交流，交流场上如何跑位和传球更合理。

在训练中，如果分组的话，他们一般都会在同一组。王建聪负责中场，梁庭斌负责后卫，他们是“黄金搭档”。

梁庭斌说，就读八中后，学校每年都会召开一次校队家长座谈会，教练和家长交流，如何让他们在踢好球的同时，不耽误学习，调整好休息时间。每次考试学习下降了，父母就会提醒他上课要认真，同时老师也特别关注他，课余进行辅导。

（《中国教育报》记者　周仕敏　宋潇潇　2015年5月28日报道）

海南省

核心提示

海南省拟分步在全省范围内遴选建设367所校园足球特色学校，覆盖小学、初中、高中、高校四个阶段。海南还将落实加强校园足球的师资配备和培训，加大场地、器材经费投入，完善升学政策，实行学生保险全覆盖，开展足球教学研究，编写足球分层教学大纲等相关政策，并构建省内校园足球的四级联赛机制。

海南琼中女子足球队队员在训练。（资料图片）

省级行动

海南：校园足球发展得天独厚

2015 年 3 月，《中国教育报》“校园足球神州行”采访报道组来到海南。亚热带气候在赋予海南热带风情的同时，也给这里的校园足球带来得天独厚的发展优势。“校园足球在海南，理应发展得更快更好！”时任海南省教育厅副厅长廖清林说。

与拥有漫长冬季的内地相比，海南的学生一年四季都能踢足球。记者抵达海口的当天，正值当地足协组织的业余联赛比赛日，队员们短袖短裤上阵，而参赛队伍中不乏来自校园的球队。海口市滨海九小的教练冼长昆也是某支业余球队的球员，他说：“一年到头只要愿意，即便是小学球队，每周也都至少可以约上一场比赛。这样高密度的比赛，对提高队员的战术素养帮助极大。”

鉴于这样的天时地利，在加快校园足球发展的规划中，海南拟分步在全省范围内遴选建设 367 所校园足球特色学校，覆盖小学、初中、高中、高校四个阶段，其中小学 200 所、初中 100 所、高中 50 所、高校 17 所。海南还将落实加强校园足球的师资配备和培训，加大场地、器材经费投入，完善升学政策，实行学生保险全覆盖，开展足球教学研究，编写足球分层教学大纲等相关政策，并推动校园足球教学与大课间、课外活动实现融合，构建省内校园足球的四级联赛机制。

为了使足球比赛常态化，海南要求校园足球定点学校原则上小学三年级以上应成立班级、年级代表队，建立校内足球竞赛制度，组织校内足球班级联赛、年级挑战赛。每年应组织趣味赛、对抗赛、单项技巧赛等丰富多彩的校内比赛，市（县）校园足球管理机构应指导学校组织开展好班级、年级之间的比赛活动。

为此，海南要求各地按标准配齐配足体育教师，并采取政府购买服务等方式，吸纳优秀职业运动员担任校园足球教练工作，鼓励足球爱好者开展志愿服务活动，优先加强支撑校园足球开展的师资配备。同时，海南还将依托有关培训机构加强对足球教师的专业培训，提高教师施教的能力和水平。

海南同时要求，各级校园足球管理机构要定期举办小学、初中足球夏令营、冬令营，对在四级联赛中技能突出的队员集中进行针对性训练，并对队员进行足球基本功定级测试；邀请足球明星做现场指导；通过比赛选拔队员，组队参加各类赛事和交流。

（《中国教育报》记者　高毅哲　翁小平　刘见　2015 年 3 月 19 日报道）

地方经验

海口建校园足球三级联赛机制，鼓励全民共同参与

盼未来培养出国家队球员

中场长传突破、禁区内快速短传配合、倒地铲射，这不是职业足球比赛，也不是成年人的比赛，而是海南省海口市校园足球联赛上小球员们的一次次精彩表现。

海南省教育厅体卫艺处处长卢刚表示，中小学生的足球比赛，照样可以踢得有板有眼、颇有章法。现在海口踢球的学生越来越多了，学校参与的积极性也越来越高了。

最新统计数据显示，2014 ~ 2015 年度的海口市校园足球联赛，分为小学、初中和高中三个组别，有 28 所学校的 36 支队伍参加，参赛运动员 917 人、教练员 39 人，共有 238 场比赛，赛程历时半年。

为更好地推动校园足球的普及，早在 2009 年，在成为以“阳光体育，快乐足球”为主题的全国青少年校园足球活动首批布局城市之后，海口市就成立了青少年校园足球工作领导小组，建立起以小学、初中、高中为参赛主体的校园足球三级联赛。

在此基础上，海口还开展了多期培训，培训对象涉及校园足球定点学校主管校长、管理干部、教练、指导员和裁判员等，先后请来原广州太阳神队主教练周穗安，亚足联讲师、前广东省足球队主教练陈玉良为体育教师们上课。

推广校园足球，专业化的师资队伍很重要，但目前很多学校特别是农村学校连正常的体育教师编制都无法保证，更不用说配备足球专业出身的师资力量了。为了解决师资问题，位于海口市美兰区灵山镇的灵山中学“下血本”想方设法为主教练配备了 3 个助手，组成了教练组。学校副校长王录文说，正是依靠这个敬业的教练团队，再加上常态化的规范训练，学校足球队从 2003 年组建开始，先后获得了海南省中学生足球赛的 3 个冠军、2 个亚军、2 个季军，多次获得海口市校园足球初中组和高中组冠军，多次代表海南、海口参加全国各级各类足球赛事，足球成为学校的一张特色名片。

为了让校园足球得到更多的关注，提高各参赛队伍的竞技水平与积极性，海口市组织实施了校园足球参赛队伍与足球超级、甲级联赛队伍之间的“结对子”帮扶活动，让联赛球队走进校园，参与并推动校园足球的发展。目前海口足球联赛共有 16 支队伍，每一支队伍都确定一个校园足球参赛队作为定点帮扶对象，给小球员们送去足球训练器材、指导日常训练甚至进行足球交流比赛等。

随着三级联赛的逐年举办，不少优秀的足球苗子在校园联赛中脱颖而出。2014 年 8 月，在广东举行的全国校园足球夏令营活动中，海口初中代表队以 5 战全胜、进 39 球丢 1 球的成绩夺冠。2013 年，海口灵山中学学生周昌德在“携手英利直达慕尼黑”选拔活动中脱颖而出，入选了中国校园足球希望之星足球队。

“我认为发展校园足球最主要的目的就是让更多的学生参与足球运动，让他们一起

体验运动的乐趣。现在孩子们一下课就想着去踢球，还有学生一见到我就追着问班级联赛什么时候开始。”海口滨海第九小学体育教师、足球队教练冼长昆告诉记者，随着班级联赛的日渐红火，足球在海口九小可以说是“全民运动”，不仅有校队还有班队，不仅有男队员还有女队员，不仅有足球队员还有啦啦队员。家长们的态度也发生了很大的变化，从最初的不支持，到现在孩子的比赛每场必到，甚至自带摄影摄像器材、自告奋勇当教练，这些都让他对自己的工作充满了成就感，也对未来校园足球的发展充满了信心，“我现在最大的心愿就是能够培养出一个未来的国家队球员”。

（《中国教育报》记者　翁小平　高毅哲　刘见　2015 年 3 月 19 日报道）

特色学校

琼海：校园德比“叫阵”正酣

琼海市校园足球的霸主——嘉积中学足球队，在 2014 年被拉下马了！

这成为轰动琼海市学校乃至整个足球界的消息。

嘉积中学在此前 20 届的海南省中学生足球联赛中 4 次夺冠。在整个琼海校园足球界，它对其他队都近乎无敌般的存在。

然而在 2014 年，第 21 届海南省中学生足球联赛中，嘉积中学只获得第 7 名，夺得冠军的是来自琼海市的另一支队伍：嘉积二中。

琼海市校园足球王位易主！

对嘉积中学来说，被同城对手超过，是不可接受的。足球世界里，同城对手的对抗最为火爆，被称为德比大战。一个球迷，或许不会对世界杯决赛血脉偾张，但面对同城德比，一定是肾上腺素飙升。

更何况，夺冠的居然是二中。

如同很多县都有一个名声显赫的县中和一个灰头土脸的二中一样，在琼海，嘉积中学和嘉积二中，就是这样一种关系。

对此，有人认命，但也有人不服。

“谁会甘心永远是小角色？”陆泰君说。

陆泰君，37 岁，中等个头，黑壮，嘉积二中副校长、足球队教练，说话声音敞亮。有队员形容，他往那一站，就是三个字：“不服输”。

他见不得学校长期被别人压制的局面。2002 年，刚刚毕业的陆泰君来到嘉积二中，担任足球队教练。于是，足球就成为陆泰君瞄准的突破口。

然而，陆泰君当初面临的却是这样的局面：稀稀拉拉的 10 来个队员，勉强凑成一支球队；这支球队在当年全省中学生足球赛的成绩是 13 名，而参加比赛的也就 13 支球队；学校操场才刚刚铺上草皮，跑道依然是石粉跑道。

陆泰君的雄心壮志就这样起步了。他带着球员从基本功练起，自己动手做训练器材。大家找来踢破的球，剪成碗状的球皮，扣在球场上充当训练标志盘。

从2002年起，经过12年的努力，其间有过连续3年倒在四强门槛前的痛苦经历，陆泰君领着队员们一步步前进，终于在2014年的省赛中打进决赛，并最终击败海口市灵山中学，成为海南省中学生足球赛新的王者。

嘉积二中的逆袭，也震动了嘉积中学。

“足球是我们的传统优势项目，这次被二中超过，就好像高考被他们超过一样，从老师到学生，面子上都挂不住。”一名嘉积中学的教师说。

嘉积中学校长雷源也是个不认输的角色。在他的主导和支持下，嘉积中学改组教练组，从社会上聘请专业人士，教练增加到6人，设立总教练，另有两名教练分管高中队和初中队——俨然是职业队的梯队模式。此外，嘉积中学还配备了专业的守门员教练，学校对球队的一年经费投入达到30万元。

这可不是“有钱就是任性”。雷源对体育的认识是：“体育是教育的重要组成部分。体育运动蕴藏的竞争意识、团队意识、荣誉意识，对塑造学生的现代人格具有书本无法替代的巨大作用。”

琼海的校园足球远不止只有两支球队较劲，更大的背景是，小小的琼海市，拥有24个群众业余足球俱乐部，涉及党政机关、公检法、学校、医疗卫生、社会团体、私营企业、乡镇等。琼海还有一支专业的裁判员队伍，包括国家一级裁判员10多人，国家二级裁判员20人。琼海人对足球的热爱，可见一斑。

琼海市教育局的一名负责人说：“琼海已经形成了群众普遍参与的足球氛围，具备了一定程度的足球文化，这对于校园足球的进一步发展，是最扎实的基础！”

（《中国教育报》记者　高毅哲　翁小平　刘见　2015年3月19日报道）

人物风采

含苞待放的铿锵玫瑰

——记肖山和海南琼中女子足球队

2017年5月下旬，当《中国教育报》“校园足球神州行”采访报道组来到海南省琼中县琼中中学时，一位长相黝黑、两鬓斑白的中年教练正带着一群清瘦的小球员在球场上训练。“一看到球起来就要判断好，不要站在原地等。”在听到教练的大声呼喊后，守门员立即往前挪了点位置，紧张地盯着在边线上亲自给她“喂球”的教练。

这位人未老、头发却已斑白的教练叫肖山，曾被评为全国“最美乡村教师”，而正在训练的小球员们正是在海南甚至全国足球圈内都“赫赫有名”的琼中女子足球队队员。

山里孩子像一只只羚羊

肖山，曾是山西省足球队的主力球员，退役后在湖南一家足球俱乐部当教练。2006年，在恩师谷中声的召唤下，他放弃了高薪的职业教练工作，以支教教师的身份来到海

南琼中，准备组建一支女子足球队。当时，海南还没有女子足球队，他坦言，打动自己的就是谷中声那句“组队后可以带队参加全运会”。

到海南后，肖山和谷中声用几个月的时间跑遍了琼中，从 1 000 多个山区学生中，选拔了首批 24 名队员。“你们知道足球吗？”“知道，足球就是排球用脚踢。”在大山深处挑选队员时，这样的回答让曾经踌躇满志要为足球发展做点事的肖山心里直打鼓。

让肖山更惊讶的是，刚开始组队训练时，孩子们总是穿着拖鞋和牛仔裤就上场，把球鞋发给她们，她们居然宁可光脚都不愿意穿鞋，奇怪的是，孩子们光着脚竟然比穿鞋时跑得还快。不过，在惊讶的同时，肖山觉得这些能够赤脚在山里跑的孩子们就像一只只羚羊，在踢球上还是有很大潜力的。

在挑选球员的过程中，山区孩子们生活的艰辛和对外面世界的无知，深深地刺痛了肖山。他希望给这些可能初中就要辍学的孩子们一项生存的本领，不仅要让她们知道足球不是用脚踢的排球，而且要让她们真正懂得如何用奋斗来改变自己的人生。

由于身体原因，谷中声慢慢退出了球队的管理，肖山的任务更重了。他不仅是球队的教练，还是球队的司机、厨师、队医、领队，球员的训练比赛、后勤保障、对外联络都得亲力亲为。现在，甚至每天下午训练结束后，肖山都要和妻子吴小莉一起给孩子们做饭，小队员们洗菜切菜，他们两口子负责炒菜。肖山说，自己做饭虽然辛苦一点，但是至少可以让队员们吃得好一些。

一年只休一周的“橡皮糖”球队

2009 年，琼中女足代表海南参加在广西北海举行的全国女子足球青少年 U16 联赛，琼中女足获得第 6 名，并获得比赛技能测试第 1 名。2010 年，球队成为海南历史上首支冲进全国 U18 锦标赛的球队并获得了第 4 名的成绩。2011 年，两名球员入选国家青年队集训名单。

这些成绩的背后，是肖山和小球员们无数的汗水和泪水。琼中中学其他的孩子都有周末，但女足姑娘们一年却只有一周的假期。“每天清晨 5 点半，我们的队员就开始训练了，不管下多大的雨，刮多大的风，太阳有多烈，她们到点就会准时站到操场，天天如此，从未间断。”肖山说，要让这些山区里走出来的孩子成为一名真正的球员，必须在训练上严格要求，足球不如篮球容易上手，足球需要时间打基础，没个三五年根本行不通。

琼中位于山区，天气湿热雨水多。但是，即使是磅礴大雨，也浇不灭女足队员们训练的热情。跟孩子们一样，不管多大的雨，训练时肖山的身上都见不到任何的雨具。一场训练下来，所有人都成了“落汤鸡”。这时，肖山又会展示出柔情的一面：“回去赶紧洗澡换衣服，不要感冒。”

在琼中中学的球场边，2015 年时只有 14 岁的苗族小姑娘郭秀好很腼腆地告诉记者：“天天都要训练真的很累，好几次都想离开球队，最终还是舍不得走。肖老师虽然在训练的时候对我们要求非常严格，但是在生活上也特别关心我们。”

在肖山眼里，也许琼中女足小队员们的技术不是最棒的，但在球场上却是最坚韧最顽强的。她们 12 分钟耐力跑甚至达到了中超男子职业运动员的水平，由于在场上拼抢积极、“跑不死”，琼中女足甚至还被对手称为“橡皮糖”球队。

一线队员大都是本科生了

肖山回忆说，琼中女足这支诞生于国家级贫困县、由 24 名黎苗族学生组成的球队，从 2006 年创建之初至今，在成长之路上得到了上至时任海南省委书记罗保铭，下到普通黎乡苗寨百姓的关爱。

早在 2008 年，球队刚起步，在比赛中还未能取得过名次。时任海南省省长的罗保铭从报纸上看到有关琼中女足的报道后，当即从省长专项经费中拨出 20 万元，支持琼中女足发展。“这笔经费真是雪中送炭啊！得到省长的关注与支持，我们没有任何理由不全力以赴。”肖山告诉记者，球队用这笔经费购置了训练器材，女足队员的伙食也得到了改善。2012 年，海南教师节座谈会上，海南省委书记、省人大常委会主任罗保铭等领导又当场拍板，省财政再次为琼中女足拨款 100 万元。

肖山自豪地告诉记者，虽然要经常外出训练、比赛，但是他的队员在班上的学习成绩都不错，近几年带的一线队员基本上都是本科生了，而且所有的队员都是国家一级运动员。他希望这些球队的队员们，特别是上了大学的“那帮孩子”，以后能够像种子一样撒在海南的每一个县，通过她们，在每一个县都建立一支女子足球队。

随着校园足球的蓬勃发展，肖山的教师编制终于落实了，琼中县教育局、文体局等部门也已下定决心为这支球队解决训练基地的问题。“我现在没有任何后顾之忧了，中国足球事业也走进了万紫千红的春天。今后我将继续扎根山区，带领琼中女足创出更多佳绩，为海南校园足球发展、为中国女足发展做点实事。”对于自己身边这群含苞待放的铿锵玫瑰，肖山信心满满。

正如球队的队歌《向天空画出未来》里唱的一样：大步向前，穿过暴风雨，带着来自大山的祝福，这帮孩子们正在走向美好的未来。

（《中国教育报》记者　翁小平　刘见　高毅哲　2015 年 3 月 19 日报道）

广东省

核心提示

广东省2011年制定《广东省青少年校园足球活动试点工作方案》，增加了江门、湛江、中山和佛山4个省级校园足球布局城市。下一步，广东将继续扩大足球人口，把推广校园足球工作作为推进学校体育改革的突破口，通过启动足球文化进校园，提高足球课程的普及率。

《中国教育报》“校园足球神州行”采访组在中山市实验小学采访。（卢家明　摄）

省级行动

广东：扩大足球人口，培养有文化的足球人

从雾中的北京起飞，踏上郁郁葱葱的南粤大地，在走访了广州市、中山市、清远市的几所校园，在呼吸清新湿润的空气之外，我们也感受到了一种南国生机勃勃的运动气息：男孩、女孩在球场上自由奔跑，校长和老师们融入其中，家长们踊跃出来当志愿者，有这样的氛围，难怪广东培养出了江嘉良、易建联、张洁雯、何冲、胡佳、朱芳雨、劳丽诗、冼东妹等这么多全国有名的运动员。

“我们在 2011 年就制定了《广东省青少年校园足球活动试点工作方案》，在广州、深圳、梅州 3 个全国校园足球布局城市的基础上，增加了江门、湛江、中山和佛山 4 个省级校园足球布局城市。”时任广东省教育厅厅长罗伟其一见到我们，就开始谈起他们的校园布局。经过几年的建设，广东省已初步建立起了以国家级布局城市为主线，省级布局城市为补充的校园足球网络。

广东省教育厅和体育局联合成立了广东省青少年校园足球工作领导小组，各布局城市按照国家和省的要求，成立校园足球工作领导小组，建立和完善管理体制、运行机制，保证校园足球活动的健康有序发展。

在广东，省长亲自抓足球已经不是一件稀罕事。2014 年举办的首届广东省“省长杯”青少年足球联赛是由前省长朱小丹倡导，许瑞生副省长部署，省教育厅和体育局联合主办的一项全省联动的青少年足球联赛，成为该省推动校园足球快速发展的重要举措。

下一步，广东将继续以扩大足球人口、培养有文化的足球人为目标，把推广校园足球工作融入学校教育诸个环节并作为推进学校体育改革的突破口；通过启动足球文化进校园活动，提高足球课程的普及率，让更多的孩子享受足球的乐趣。

（《中国教育报》记者　黄蔚　王强　赖红英　2015 年 2 月 15 日报道）

地方经验

广州：营造校园“足球文化”环境

2015 年 2 月，记者一行走入广州市海珠区一条不起眼的小巷子，后乐园街小学就坐落在这庭院深深之处。

一进校门，迎面看见最刺激眼球的就是一块充满活力的足球场，孩子们的笑声和奔跑的脚步声交织在一起，让人感受到了一种浓浓的足球氛围。

后乐园街小学校长梁卓琳介绍，该校组织了《足球》校本课程课题组，优化足球教育，面向男女同学都开设足球课程，以游戏的形式，培养学习足球技术与意识。近半个世纪以来，该校为国家、广东和广州足球队输送了陈熙荣、孔国贤、温志军、麦广梁、卢琳等一批优秀运动员。

广州市教育局局长屈哨兵介绍，当地的校园足球运动有良好的基础，目前全市有54所中小学校为市足球传统项目学校（其中国家足球传统项目学校1所、省足球传统项目学校6所），有304所学校成为首批广州市校园足球推广学校。

在广州一中，记者再次感受到了校园足球的魅力。2014年，广州一中初中男子足球队参加广州市“市长杯”青少年校园足球联赛，荣获初中甲组冠军，从而以广州市冠军队伍的资格，代表广州组队参加2014年广东省第一届“省长杯”青少年足球联赛全省总决赛，最后获得冠军，该校学生陈伽豪、李广曦通过全国足球海选，入选中国足球“希望之星”赴西班牙留学深造，苏梓涛也入选了中国国少队，这些都是在校园足球中培养出来的学生。

余俊龙，这位广州市第一中学的体育教师对记者说，取得成功的关键就是在学校营造良好的“足球文化”环境。相比于专业队员，普通学校学生起点低，前期以培养兴趣为主，以兴趣指引，吸引更多的小孩参加进来，形成浓烈的校园足球氛围，这是校园足球推广和开展的关键环节。

在经费上广州也毫不含糊，对校园足球的开展给予大力支持。广州市教育局按照省级体育传统项目学校每校5万元，市级体育传统项目学校每校3万元，市校园足球推广学校每校1.5万元的标准，2014年市财政对54所市足球传统项目学校下达补助经费176万元，对304所广州市校园足球推广学校下达补助经费456万元，合计632万元。

在校外引进、拓展资源方面，广州番禺区充分利用本区业余体育机构和团体，引进校外专业退役的足球人才，例如与明珠足球俱乐部多年合作，设立了20多所足球网点学校，形成了人才梯队，对提升足球运动水平起到很好的作用。

“广州的校园足球已经推进到全新的阶段。”广州市副市长王东表示，足球进校园不搞应试，旨在提高青少年体能并培养兴趣，学生同等条件下，优先录取足球特长生。在足球师资相对紧缺的情况下，考虑体育教师招聘吸收引进退役运动员到校当教练。

2016年，广州市逐步设立500所校园足球项目推广学校，组建5 000支校园足球队伍，吸引5万名青少年学生参加各级各类校园足球培训和竞赛活动。从2015学年起各校园足球项目推广学校每学期要开4～6节足球课。

（《中国教育报》记者　黄蔚　王强　2015年2月15日报道）

吹响校园足球“冲锋号”

——中山市教体合一推广校园足球采访纪行

前不久，广东地区迎来了较大范围的一场降雨，雨过天晴，中山市东区朗晴小学操场上，6支足球队分片展开激烈的对抗训练，3位教练员全神贯注地投入指挥。

场边，几位家长时不时大声喊出一些动作技术要领。“足球已经成了我们家庭最重要的一项运动了。”东区朗晴小学三年级（4）班学生梁军豪的妈妈告诉记者，“我们经

常陪孩子一起练球，有时还会带孩子一起去广州天河体育场看中超足球比赛，在学校足球教练员的指导培训下，我也成了一名家长教练员。”

“在中山，足球不仅在校园里流行，在家长中也很流行，可以说，在校园足球的带动下，越来越多中山市民都开始参与这项运动了。”时任中山市委书记薛晓峰说。

突破体制机制限制——教育、体育行政部门合二为一

中山校园足球之所以这么“火”，跟该市冲破体制机制限制，统筹教育、体育资源有很大关系。

“校园足球的发展离不开教育系统和体育系统的联手合作，中山市教体局的‘诞生’可以整合更多的教育、体育资源，减少‘体教结合’的磨合。”中山市教体局局长李长春告诉记者。

由于大部制的需要，中山市教育局和体育局于 2014 年 8 月 29 日正式“合并”。这对于发展校园足球来说，是一个契机。

以前，资金、教练员、场地的管理分别由教育和体育两个部门各自管理，很难最大程度地发挥效益，如今，制度上的改革为中山体育发展提供了重要保障。

教育、体育局合并后，新成立的市教育和体育局很快修订和完善原体育局制定的《振兴校园足球行动计划》，该计划目前已经进入实施阶段，市政府每年将划拨 600 万元作为专项经费，通过成立校园足球协会，设立校园足球发展基金，拓展社会资金渠道来扶持校园足球。市局还因地制宜增建和改造足球场地，2014 年全市新建成 53 个社区体育公园，其中 12 个体育公园配建了高标准小型足球场，全市 240 所公办中小学中，208 所学校拥有 5 人制以上足球场。

根据规划，中山市还将逐步构建“123”金字塔形的项目布局，初步发展 108 所足球定点学校，并将试点招收足球特长班。

2015 年秋季学期起，中山市计划把市体校的足球专业班下放到两所市名牌中小学来办。

“这样一来，今后足球运动员后备人才的培养将不再局限于中山市体育运动学校，运动员今后也会多一条出路，即使将来不能成为专业运动员，也可以考上大学，可以从其他方面成才，这样就会吸引更多的家长愿意让小孩去踢球。”担任过中山市教育局副局长、中山市体育局局长，现任中山市教体局副局长的李良说。

利用华侨资源请“洋教练”——马拉多纳队友担任足球教头

“中山旅居世界 90 多个国家、地区的华侨和港澳台乡亲近百万人，这是中山经济社会发展的重要力量，也是发展校园足球的资源优势。”薛晓峰说，中山在发展校园足球中，将“洋教练”请进校园指导校园足球活动的开展就多亏了中山华侨的牵线搭桥。

2012 年，中山市人民对外友好协会为市体育局、市足球协会牵线搭桥，与阿根廷——中国文化协会商讨青少年足球项目合作。此外，在中山华侨的帮助下，2012 年 5

月，孙中山青少年基金会与英格兰足球总会签署“中英校园足球合作”项目协议，2014年2月中山市分别与阿根廷和哥斯达黎加签署体育合作交流协议。

2015年1月，英国专业足球教练为中山足球教练员进行了为期一周的专门培训，阿根廷于2014年9月派遣了一流的青训教练团队到中山执教，哥斯达黎加则同意接待中山足球运动员交流培训，并派遣专业教练到中山进行足球培训。

“就在前不久，我们又与英方签订长达15年的合作协议，每年在中山举办全部面向中山市教师的足球教练员培训班，提高我市校园足球教练的水平。”李良说。

而在与阿根廷的合作协议中，阿根廷更是派出了前世界杯冠军获得者卢克带队，马拉多纳队友斯克斯等3人长期参与的驻中山足球教练团队。

短短半年来，3名阿根廷教练陆续到中山市实验小学、朗晴小学、雍景园小学等10多所学校进行校园足球培训、推广活动。截至目前，阿根廷教练员培训班已举办3次，共培训了120名左右的足球教练员。新的理念和技战术的合理运用，不仅使基层教练员的水平提升，而且促进了他们传播快乐足球理念的自觉性。

形成全民参与校园足球氛围——“校际联赛”如火如荼

职业足球的发展必须依托联赛这一平台，而校园足球的促进同样也少不了比赛的带动。

“中山市计划从今年起，开展涵盖小学、初中、高中、大学和教师、家长的‘4+2’六级校园足球联赛，鼓励有条件的学校积极开展班级足球赛，要求做到班班有球队，年级有比赛，校际有交流，希望通过各种层次的校园联赛在大中小学中形成浓厚的足球氛围。”李良说。

2014年3月以来，中山市以小学为试点，举办主客场制的校园足球联赛，全市24个镇区报名，1 000人次参赛，整个赛程历时两个多月。

“每次孩子参加比赛，我们的家长都全程参与。”朗晴小学校长林小舟告诉记者，依托家委会，一些足球比赛中容易出现的问题都很好地得到了解决，“例如，家长中有当医生的，我们就请来当我们的‘队医’，家长中有开大巴的，我们就请来当我们的免费‘司机’。”

“本来我们还觉得联赛推广起来有难度，但实际运作时比想象中顺利。让我们感到惊喜的是，中山市有几所幼儿园也成立了足球队，还积极到其他城市参加比赛。先不说他们能不能赢球，只要娃娃们站上球场，对校园足球的推广就有帮助。”李良说。

朗晴小学三年级（4）班学生李咏骏的家长李世忠告诉记者，孩子以前放学回到家，要不就是玩手机要不就是看电视，自练习足球以来，一有空余时间就练球，不仅减少了对手机和电视的依赖，还增进了亲子关系，“这是最大的收获”。

“现在我们的联赛已引起了社会的关注，特别是老师和家长身体力行参与比赛，更起到推波助澜的作用，我很有信心把‘4+2’六级的校园足球主客场联赛办得红红火火，热热闹闹。”李良说。

（《中国教育报》记者　王强　黄蔚　2015年2月15日报道）

愿做中山校园足球“政委”

对于青少年学生来说，培养技能固然非常重要，但培养他们远大的理想、高尚的情操、健全的人格、良好的心理素质更为重要。中国的足球上不去，技不如人是一方面，但更为痛心的是意志品质不如人，缺乏坚忍不拔的斗志和必胜的信念。

因此，中山市深入开展校园足球运动，就是要牢固树立“育人为本，健康第一”的指导思想，让学校教育和体育回归本义，始终围绕“立德树人”这一根本任务进行，着力培育青少年学生强烈的爱国主义情感，顽强拼搏的进取意识、遵守规则的意识和团结协作的团队精神，从小塑造青少年学生的精气神。

我在农村学校当过几年英语老师，在农村的磨炼是我很大的精神财富，不服输、不惜力，碰到问题敢于迎头而上，用意志力和方法去解决。这一点用在校园足球上同样讲得通。所以，如果中山校园足球需要我鼓劲加油的话，我愿意做一名中山青少年足球的“政委”，为学生的健康成长、为校园足球的良性发展做好服务，校园足球上去了，相信总有一天，中国足球会有值得我们骄傲的时刻。

（时任中山市委书记　薛晓峰）

人物风采

刘江南：新型足校领路人

他曾担任2010年的第16届亚运会组委会副秘书长，为确保亚运会的成功举办立下汗马功劳。

他是一名大学教授，曾担任广州体育职业技术学院院长，并自2007年起，担任华南师范大学博士生导师，培养硕士、博士40多人。

他曾长期担任广州市体育局党委书记、局长，执掌广州体育发展的大舵。

2012年，他离开行政岗位，来到广州恒大足球学校担任执行校长，当起了这所新型足球学校的掌门人。

他就是刘江南。

由于长期在广州工作，在广州体育界，刘江南的名字家喻户晓并不奇怪。而在中国足球界，刘江南的名字也如雷贯耳，因为他在中国足协当了11年的副主席，长时间接触足球。

“我们要打造一所新型的足球学校。”一到恒大足校，刘江南就提出了这样的办学目标。

随后，刘江南先后考察了西班牙皇家马德里、德国拜仁慕尼黑等世界一流足球俱乐部的青训体系，还有里皮发迹的地方——尤文图斯，以及阿贾克斯、克鲁伊夫体系。

考察结束，刘江南感叹，这些俱乐部在训练方法上，尽管每一家都有所不同，但是在他们之间存在着一些在青少年足球人才培养方面共有的最基本的要求和理念，值得我们学习和借鉴。

“我也不同意说今天学西班牙明天学德国后天学荷兰，其实把人家摸透了，基本东西是一样的。我希望通过对他们的了解、学习、借鉴，建立一套适合中国青少年发展的足球青训体系，为我们所用。”刘江南对记者说。

“我们与传统足球学校最大的区别就是，我们学校将体育和文化课学习结合在一起，以基础学习为主，用人大附中的优秀教师资源带动学生文化成绩的提高，用西班牙的优秀足球教练带学生进行科学的足球训练。”提到学校的最大办学特色，刘江南说，传统足球学校注重专业成绩，学生训练量大，文化成绩不理想。而在普通学校里，很多学生因不认识足球导致不想踢球，因场地、时间限制不能踢球，因缺专业教练而不会踢球，因没有激励政策、怕受伤不愿踢球。“我们学校就是要解决这些难题。”

为此，学校引进了 10 人的人大附中教师团队，20 多人的西班牙教练团队，并为学生建专业的水疗养设施，购买最先进的训练器材。

前不久，几位尤文图斯俱乐部的工作人员来学校考察时不禁感叹：“这些学生用的器材，跟我们俱乐部的队员用的一模一样。”

如今，经过两年多的实践，学校在文化课及足球训练方面都取得了令人刮目相看的成绩。

2015 年 1 月，教育部体卫艺司司长王登峰来到学校考察。在充分了解学校办学条件规模、软硬件设施，观看了孩子们的学习、训练与生活，在赛场上和家长沟通，并听取了刘江南的汇报后，他说，相比于传统足球学校，恒大足校的这套东西更具有可操作性，恒大足校就是校园足球特色学校的典型。

（《中国教育报》记者　王强　黄蔚　2015 年 2 月 15 日报道）

图书在版编目(CIP)数据

全国青少年校园足球发展报告(2015～2017)/《全国青少年校园足球发展报告》项目组编.—桂林:广西师范大学出版社,2017.8

ISBN 978-7-5495-9803-8

Ⅰ.①全… Ⅱ.①全… Ⅲ.①青少年-足球运动-研究报告-中国-2017 Ⅳ.①G843

中国版本图书馆CIP数据核字(2017)第108260号

出 品 人:刘广汉
责任编辑:刘美文
封面设计:王鸣豪

广西师范大学出版社出版发行
(广西桂林市中华路22号 邮政编码:541001
网址:http://www.bbtpress.com)
出版人:张艺兵
全国新华书店经销
销售热线:021-31260822-882/883
山东鸿君杰文化发展有限公司印刷
(山东省淄博市桓台县寿济路13188号 邮政编码:256401)
开本:787mm×1 092mm 1/16
印张:17 字数:365千字
2017年8月第1版 2017年8月第1次印刷
定价:45.00元